POURQUOI LA VACHE QUI RIT NE PLEURE JAMAIS
ET AUTRES SECRETS GÉNÉTIQUES DES GRANDES MARQUES

FRANK TAPIRO

Pourquoi La vache qui rit ne pleure jamais

ET AUTRES SECRETS GÉNÉTIQUES DES GRANDES MARQUES

Albin Michel

Préface

de Daniel Cohen

Auteur de la première carte intégrée du génome humain

Van Vogt, grand maître de la science fiction, avait envisagé dans l'une de ses œuvres des années 1950, *Les Faunes de l'espace,* la nécessité d'une caste scientifique particulière : les nexialistes, de *nexus* qui signifie « lien ». Un vaisseau du type l'*Enterprise* de *Startrek* voguait à travers l'univers et devait résoudre épisodiquement des énigmes dont la solution s'avérait vitale. Les « nexialistes » étaient chargés de fournir la réponse cruciale. Il s'agissait d'un groupe de scientifiques de toutes les disciplines, on dirait aujourd'hui interdisciplinaires, ce qui, il faut se le rappeler, caractérisait l'esprit de l'université à ses origines. Le but était la compréhension de l'univers. Les nexialistes, bien évidemment, après maintes disputes académiques sans pitié souvent mesquines, fournissaient quand même les bonnes réponses – ce qui permettait aussi à Van Vogt de poursuivre l'écriture de son livre. Une telle approche nexialiste, en réalité encore assez rare aujourd'hui, nous permettra probablement d'écrire la suite de notre histoire.

Considérer une marque comme un être vivant, telle est l'intuition fructueuse qui nous est proposée. L'éclectisme inné, irrésistible, voire incontrôlable, de Frank Tapiro en fut certainement le premier ingrédient. Une prédilection pour la biologie, un sens artistique profond et une vénération pour la discussion intime contradictoire firent le reste.

Les marques représentent une « espèce ». Les marques peuvent se féconder pour en engendrer de nouvelles. Chaque marque possède son génome avec ses propres gènes qui, dans un environnement donné, assurent son identité. Les génomes de plusieurs marques sont décryptés, ce qui invite à s'intéresser à celui de toutes les autres.

Comme du déjà-vu ou du déjà-entendu ou du déjà-fait, la connaissance précise du génome des marques permet d'identifier, de prévenir ou de trouver les remèdes à leur maladie, une sorte d'asthénie, mesurable par une baisse du succès des produits. La maladie des marques se révèle parfois monogénique, parfois polygénique, et les facteurs de l'environnement jouent un rôle déterminant.

Comme toute espèce dans l'arbre de l'évolution darwinienne, les marques ont des ancêtres. Dans l'espèce des marques, tous les individus ne sont pas issus d'une marque originelle – il n'y a pas d'Adam ou d'Ève à l'origine de toute la population, tout comme chez l'homme d'ailleurs où notre espèce semble avoir été engendrée indépendamment en plusieurs sites africains. Coca-Cola, qui serait la plus ancienne des marques, n'a pas engendré Bic, mais a par contre subi des mutations quasi létales qu'il a fallu traiter. Beaucoup de marques dérivent du croisement d'autres marques. Tous les modes de reproduction sexuée et asexuée se retrouvent.

Encore plus fascinant : on peut anticiper les espèces qui en dériveront… qu'engendrera le principe évolutif qui régit les espèces. Quel sera le concept « après marque », est-ce que les marques lui survivront ?

Ainsi, on retrouve ce combat pour l'éternité si propre aux hommes qui refusent la mort alors que celle-ci est indispensable à la vie, mais il est vrai que l'espèce des marques est une création humaine.

On retrouve également ces luttes fratricides si caractéristiques : plus on se ressemble et plus on se hait.

La similitude est telle qu'on finit par se demander si Frank Tapiro a mieux compris la vie des marques grâce à ses connaissances biologiques, ou mieux compris la biologie en contemplant la vie des marques.

Et, au-delà, on en revient, comme toujours me semble-t-il, à se demander si la logique du vivant n'obéit pas à un principe universel qui dépasse l'explication de l'individu biologique.

Ce principe semble régir le fonctionnement des processus complexes parmi lesquels la vie ne serait que l'un d'entre eux.

À propos de ce principe, Frank Tapiro suggère aussi que ce n'est pas parce qu'il aurait pu s'établir par hasard que c'est bien le hasard qui l'aurait conçu ...

Daniel Cohen
Professeur de génétique médicale
Fondateur du Généthon et de Pharnext

Avant-propos

Plaidoyer pour des marques à visage humain.

Pourquoi la Vache qui rit ne pleure-t-elle jamais ? Pourquoi Coca-Cola aura-t-il toujours le même goût ? Pourquoi LEGO fera-t-il toujours fuser l'imagination ? Pourquoi BIC offrira-t-il toujours le juste prix ?....

A-t-on vraiment tout dit sur les marques ? On pense avoir tout observé : leur naissance, leur histoire, leurs gloires et leurs défaites, leur vie et parfois leur disparition.

On a étudié, testé, quantifié, qualifié leur développement, analysé leur vitalité et même tenté d'en dégager une équation rationnelle sans pour autant se poser la question de leur déterminisme et de leur part d'humanité.

Une marque n'est pourtant pas le fruit du hasard. Elle est la résultante d'une étincelle créatrice, d'une réaction à un problème donné, d'une vision, d'un bénéfice recherché, d'un imaginaire et d'une projection vers le futur. La marque prend alors des allures protéiformes pour procréer en engendrant des produits qui eux-mêmes, à l'instant précis de leur naissance, la cristalliseront avec son temps et son public.

Ne dit-on pas des marques qu'elles sont éternelles, universelles, aspirationnelles, rassembleuses, généreuses ou rassurantes ? Et si les envisager comme des êtres vivants nous aidait à mieux supporter les excès de la société de consommation ?

Il y a une dizaine d'années, à l'heure où l'ADN commençait à peine à dévoiler d'infimes perspectives sur le miracle humain, le mystère de la vie et l'évolution, j'ai entrepris une quête pour tenter de démontrer, sur un modèle emprunté à celui du génome des êtres vivants, que les marques ont un génome.

Le génome d'une marque est la somme de ses valeurs fondamentales qui, chaînées les unes aux autres, permettent d'assurer son unicité et de garantir sa différence.

Il ne s'agissait pas d'une étude marketing de plus, ou d'une façon de raconter les marques autrement. L'ambition était de parler des marques de manière essentielle, dans cet espoir qu'elles apportent dès leur naissance et à travers leur histoire.

De poser aussi un garde-fou qui permette aux responsables de leur développement de rester toujours concentrés sur les fondamentaux qui déterminent leur patrimoine génétique, lequel a parfois fait d'une simple idée une grande marque.

Car, oui, une marque a une ligne de vie, un biorythme, un destin, une ambition. Elle a un créateur, un géniteur qui lui insuffle cette part d'énergie vitale à sa naissance qui fera d'elle ou non une marque majeure. Mais une marque est aussi fragile et à la merci de ceux qui pensent que seules les études de marché, le marketing ou les investissements financiers décident de son destin.

Aujourd'hui, le rapport aux marques, devenu plus charnel, vital, passionnel, organique, conflictuel voire émotionnel, n'est plus simplement basé sur la transaction mais sur un transfert de valeurs. On leur est fidèle ou infidèle, indifférent ou étranger, on les aime, on les rejette, on les recommande, on les oublie.Certains y attachent une très grande importance ou s'accrochent à elles comme à un rêve. On espère qu'elles nous rendront meilleurs que nous ne sommes : plus beaux, plus tendance, plus avant-gardistes, plus classiques, plus modernes, différents. Elles nous aident parfois à mieux vivre et nous régénérer.

Voilà pourquoi on ne peut plus les considérer comme de simples objets froids et inertes.

Mais tout cela ne serait pas possible si les marques étaient dépourvues de sens.

Sans vouloir apparenter cette démarche à une recherche scientifique, j'ai néanmoins souhaité en emprunter quelques principes, comme l'expérimentation et l'empirisme, afin de démontrer que toutes les grandes marques mondiales qui ont respecté leurs fondamentaux ont su à la fois prospérer et mieux gérer les moments de crise. En revanche, celles qui ont, à un moment donné, trahi ou ignoré leur code génétique, l'ont payé parfois durement.

Cette approche génétique a bien entendu été en général partagée avec les hommes et les femmes qui ont créé, fondé ou dirigé la plupart des marques étudiées dans cet ouvrage. Je relaterai des entretiens étonnants, des rencontres inoubliables, sources de découvertes passionnantes, tout en tentant de vous faire partager la longue épopée parsemée de surprises, d'embûches et de doutes qui m'a mené à publier ce livre qui se veut un outil de recherche et d'analyse plutôt qu'une vérité fondamentale.

Je n'affirme pas que les marques sont indispensables à notre vie, non plus que j'ignore qu'elles peuvent avoir des travers et créer parfois des besoins artificiels. Mais peut-être faut-il leur rendre un peu de crédit et cesser de les considérer comme les responsables de tous les problèmes économiques et sociaux.

Notre besoin d'acquérir pour exister et pour être intégré dans notre société de consommation a fait des marques de nouveaux repères qui s'ajoutent aux fondamentaux traditionnels. Il est aussi une source de déséquilibres. Et plus grandit notre besoin de jouissance, plus les marques prennent de l'importance, d'où une responsabilité accrue envers les consommateurs : les marques dites responsables sont aujourd'hui celles qui sont préférées sur l'ensemble de la planète.

Mais j'aimerais maintenant qu'on regarde les marques dans les yeux, dans leur vérité, en valeur absolue.

Je voudrais expliquer à tous ceux qui pensent que nous serions mieux s'il n'y avait ni marques, ni produits, ni publicité, que les marques sont une des plus formidables aventures humaines des deux derniers siècles et qu'elles sont la preuve du génie humain dans sa volonté de créer.

Que le lecteur mette donc de côté ses *a priori* face à la société de consommation et se laisse emporter dans ce que les marques ont de plus beau, de plus éthique, de plus utile, de plus indispensable, et de plus essentiel. Ne nous pressons pas de gâcher sans y réfléchir ce que nous avons mis tant de temps à créer.

Dans les périodes de crise, les plus grandes marques de la planète semblent se chercher en revenant sur leurs fondamentaux et tentent de trouver la voie qui leur fera passer le cap avec succès.

Et si la génétique venait alors à leur secours pour les éclairer et faire irradier ce trésor de valeurs enfouies en elles ?

Dites-moi Professeur
le Microscope en Lego®, c'est vraiment obligé ?
oui. Il faut être cohérent si on étudie l'ADN de Lego.
c'est ce que je craignais...

1 La génétique des marques, genèse d'une découverte

Il n'y a pas de découverte sans une belle histoire. La mienne a commencé le jour où je me suis demandé si les marques, comme les humains, pouvaient avoir un génome. Avec un profil créatif et ses promesses artistiques, un Bac D et ses promesses scientifiques, un diplôme d'école de commerce et ses promesses commerciales, je me trouvais dans l'impossibilité de me choisir un destin professionnel. Jusqu'à ce qu'une somme de coïncidences me fît embrasser la carrière de publicitaire, qui me permettait de faire de mes passions un métier en mettant fin à cette apparente incohérence. Écrire, inventer, rechercher, créer, imaginer, réaliser, composer, vendre, concevoir, la publicité est un paradis pour les éclectiques aux aspirations diverses et variées qui veulent tout choisir sans jamais renoncer. Ce métier formateur allait me faire vivre de merveilleuses aventures et de formidables rencontres. Après avoir créé avec mes camarades de l'ISG en 1985 la première agence de pub étudiante, Périscope, je fis la rencontre de mon mentor, Jacques Séguéla, avec qui j'allais travailler en tant que créatif pendant huit ans chez RSCG, en côtoyant l'objet de toutes mes convoitises : les grandes marques, telles que la Vache qui rit, Air

France, Bic ou Guerlain. Le 1er avril 1996, je me décidai à créer ma propre agence, Hemisphere droit, pour « réveiller l'hémisphère droit des marques ». L'hémisphère droit est la partie du cerveau qui gère l'intelligence émotionnelle, l'imagination et la créativité. Avec mes deux associées, Corinne Pinoncely et Marie Deshaires, nous voulions pousser les marques à sortir du cadre établi pour proposer des solutions différentes, afin de les bousculer et les rassurer dans le même temps. Hemisphere droit me semblait la marque évidente tant elle correspondait génétiquement au positionnement que je voulais adopter et au déterminisme que je voulais lui imprimer. Trouver le bon patronyme est fondamental dans la création d'une marque. L'acte de naissance doit introduire une différence sur le marché, de façon à la fois naturelle et authentique. Cette vision latérale, *out of the box*, ne pouvait se limiter à une déclaration d'intention. Nous devions désormais faire nos preuves. Après tout, on n'est jamais à l'abri d'un succès.

Lego, un clic, un déclic

Quelques jours après la naissance d'Hémisphère droit, nous avons appris que la société Lego® lançait un appel d'offres pour son budget européen. Bien plus qu'un appel d'offres, c'était un véritable retour en enfance. Mais avais-je véritablement grandi ?

Enfant, je passais le plus clair de mon temps à imaginer, construire, détruire, reconstruire, et recommencer, sans cesse. Avec Lego, le temps n'existait plus, les barrières non plus. Je ne pus donc me résoudre à répondre au *brief* tel qu'il était rédigé. Dans ce *brief* totalement rationnel, la boîte de Lego était considérée comme un produit lambda avec un code de référence et de vulgaires briques de couleur à l'intérieur. Mais une boîte de Lego, c'est un peu comme une boîte de magie. Chaque brique, miracle d'ingéniosité, est à la fois un objet réel et virtuel. Réel, car elle ne change jamais de forme, de taille ou de couleur. Virtuel, car la même brique sert à imaginer un avion, un camion, un tracteur, un château ou un prince charmant. Les seules limites, ce sont celles de l'imagination.

La demande de Lego concernait la coordination de la communication des différentes marques Duplo, Primo et Belleville dans tous les pays d'Europe. Marie, Corinne et moi savions que nous ne pourrions remporter cette compétition face aux plus grandes agences d'Europe avec une réponse standard. Après une nuit de réflexion, je leur proposai d'adopter une approche radicalement différente de ce qui était attendu : une approche génétique.

> Enfant, je passais le plus clair de mon temps à imaginer, construire, détruire, reconstruire, et recommencer, sans cesse.

Sans entrer dans des considérations pseudo-scientifiques, on peut observer que Lego a des valeurs fondamentales qui font d'elle une marque totalement à part sur le marché des jouets, et des grandes marques mondiales en général. À l'origine, en 1932, le Danois Ole Kirk Christiansen, charpentier-menuisier au chômage, imagina un jeu de construction avec des briques en bois. Ce n'est que seize ans plus tard que son fils Godfred créa la fameuse brique en plastique dont il déposa le brevet en 1954. Après 350 milliards de briques vendues dans le monde depuis 1948, ce brevet est aujourd'hui dans le domaine public, ce qui enlève à Lego la propriété exclusive de la brique, mais pas son statut de créateur et de pionnier. En fouillant dans de nombreuses revues d'époque, traduites du danois en français, je tombai sur un article du fondateur qui déclarait ceci : « Laissez les enfants jouer, rêver et imaginer, ils inventeront un monde plus créatif que celui que nous, adultes, pourrions jamais inventer. » Cette phrase traduit bien le déterminisme d'Ole Christiansen dans sa volonté d'offrir aux enfants des outils de développement de l'imagination sans limite.

Mon idée fut de réinitialiser les valeurs génétiques de la marque qui, à mon sens, s'étaient perdues depuis quelques années dans des considérations purement industrielles et financières, laissant de côté la posture créative et cette formidable source d'innovation propre à Lego.

Nous avons opté pour une présentation qui parle d'abord au cœur, car l'essentiel est invisible pour les yeux. Pas de plan d'action, pas de vision technique et opérationnelle du compte, pas de proposition de réunions transversales européennes ou de comité de pilotage. Nous n'avions rien à perdre avant ce meeting qui était aussi la première présentation officielle de l'agence, dont les statuts venaient d'être déposés. Nous avons pris l'avion pour Billund, siège historique du groupe, qui accueille le fameux Legoland, version danoise d'un Disneyland construit intégralement avec des briques de Lego. Nous sommes entrés dans une salle immense où trônaient de-ci de-là des personnages géants, des animaux et des vaisseaux spatiaux qui me rappelèrent bien des souvenirs. J'avais d'ailleurs préparé une surprise à mes associées, que je voulais sortir au moment opportun. Je rigolais en silence sur l'effet que ma blague allait produire dans une réunion aussi solennelle. Le stress et l'angoisse avaient fait place à l'excitation et l'envie de surprendre.

La première partie de notre exposé était une introduction sur l'histoire de la marque et sa naissance. C'était la première fois de ma carrière que je me lançais dans une présentation sans vraiment savoir où j'allais et comment réagirait l'assistance. Je fus étonné que la majorité des personnes présentes ignorent ces détails qui n'en étaient pas. Au bout de quelques minutes, je m'aventurai un peu plus, annonçant que, après étude au microscope électronique, j'avais découvert une particularité surprenante au cœur même de leur logo.

Je sortis soudainement un élastique de ma poche. Un élastique à bords larges et épais qu'on utilise pour attacher de gros dossiers entre eux – ou pour lancer des projectiles en le transformant en fronde. Sur cet élastique, j'avais dessiné le logo de Lego au feutre noir.

Je me mis face à l'assistance qui me voyait agiter cet élastique. Je lisais une certaine inquiétude dans les regards, à la fois polis et décontenancés.

Je pris l'élastique par les deux extrémités et me mis à l'étirer. Le caoutchouc élastique a comme propriété qu'on peut y écrire des mots qui ne pourront être lus qu'après extension. Au beau milieu du logo, j'avais placé une phrase qui com-

mençait par LE et qui finissait par GO, comme un petit rébus dont la solution se trouvait à l'intérieur.

Au final, l'assistance put lire « LEt imagination GO ».

Je jouai alors frénétiquement avec mon élastique en faisant disparaître et apparaître le slogan, ce qui ne manqua pas de provoquer une vive réaction chez mes nouveaux amis danois et chez Corinne et Marie, à qui j'avais caché ce tour. Tout comme l'élastique, ça passait ou ça cassait. Ça avait l'air de passer. Je rangeai mon jouet et revins au fil de ma présentation. Je projetai sur l'écran un petit film d'animation sur lequel le logo de la marque était représenté sur des briques de couleurs différentes. Le L sur une brique jaune, le E sur une brique verte, le G sur une brique bleue, le O sur une brique rouge. Le jingle commença, les briques se mirent à bouger. Les deux premières briques se séparèrent des deux autres.

« LE » d'un côté, « GO » de l'autre. Le slogan vient alors s'imbriquer au milieu : « LEt imagination GO ». (« Laissez fuser l'imagination »)

Le premier *concept* génétique de mon étude venait d'apparaître.

Et si les marques avaient un génome, à l'instar des êtres humains ?

Vinrent alors des applaudissements à la fois émus et étonnés. Nous avions réussi à faire vibrer et réagir notre public. Ils étaient sortis de leur cadre habituel et semblaient comme soulagés. Soulagés de se souvenir que Lego était davantage qu'une simple fabrique de jeux, un peu plus qu'un monde rationnel et froid, un peu plus qu'un problème marketing et financier. Soulagés de se souvenir que Lego était la contraction de « Leg Goet » qui, en danois, veut dire « Joue bien ». Ils retrouvaient l'esprit du Legoland, véritable pays imaginaire peuplé de personnages géants en Lego, de constructions merveilleuses, de bateaux, de ponts et de multiples réalisations en briques multicolores exécutées par des adultes qui n'ont jamais voulu grandir, atteints par le syndrome de Peter Pan dans le monde imaginaire de Neverland. Ce pays où l'échec n'existe pas. Où seul l'acte créatif compte, sans limites, si propice au développement psychique et intellectuel de tout enfant désireux de se construire tout en construisant. Ce petit film d'animation fit l'effet d'une bombe dans cette compétition. Nous avions changé les règles du jeu.

Quelques jours plus tard, nous reçûmes la réponse faisant de nous l'agence principale de Lego en Europe. Gagner le budget Lego au moment où nous construisions notre agence était pour nous un signe positif, un joli cadeau de naissance. Nous avions été choisis pour notre âme d'enfant restée intacte, plus que pour la taille de notre agence ou la puissance de notre réseau. Une fois dépassée la joie immense qui s'empara de nous, je ne pus m'empêcher d'avoir une pensée pour ce petit plus qui nous avait fait gagner sans lequel nous n'aurions fait qu'une banale présentation : l'approche génétique.

Et si les marques avaient un génome, à l'instar des êtres humains ? Et si les marques étaient des êtres protéiformes, condamnés à créer ?

Et s'il existait un ADN des marques, permettant d'en connaître les fondamentaux essentiels qui les différencient les unes des autres ?

L'expérience Lego avait provoqué le déclic : celui d'une vision génétique des marques. Ma quête pouvait commencer.

J'étais loin de savoir quel formidable champ d'investigation, de réflexion et de découvertes s'ouvrait à moi.

l'adn...
je vais faire un bref rappel scientifique ...
je ne débuterai que quand je serai sûr que personne n'a rien compris.

2 Du génome humain au génome des marques

2-1 Petit rappel des principes du génome humain

Les marques, souvent trop inquiètes pour prendre des risques, attendent à la fois qu'on les rassure et qu'on les bouscule. Le fait de savoir d'où elles viennent devrait leur permettre de mieux voir où elles doivent aller.

Avant de commencer mes recherches, je rassemblai donc les souvenirs encore frais de mes années lycée et je jetai sur le papier les notions que j'avais acquises sur le génome humain : elles me serviraient de référence pour établir ce qui serait peut-être une définition générale du génome des marques.

Le génome est l'ensemble de l'ADN présent dans le noyau de chacune des cellules d'un organisme. Il correspond à l'ensemble des chromosomes.

L'ADN (acide désoxyribonucléique) est une molécule présente dans les cellules de tous les êtres vivants. Elle contient les gènes, support matériel de l'hérédité. Toutes les cellules d'un individu contiennent le même ADN. C'est ce qui fait son identité.

Le gène est un morceau de l'ADN contenu dans le noyau de nos cellules. Il est porteur des informations relatives aux caractéristiques d'un individu. L'homme possède environ 30 000 gènes, ce qui ne représente que 5 % de son ADN. On ne connaît pas encore le rôle de la totalité des séquences non codantes qui constituent les 95 % restant.

Chaque gène existe en deux exemplaires (les allèles), localisés à un endroit précis sur nos chromosomes et délimités à leurs extrémités par des codons particuliers. Chacun porte le plan de fabrication (code) d'une protéine. Toutes nos cellules contiennent les mêmes gènes mais, selon la cellule, les uns « s'expriment » et les autres demeurent « silencieux ». Ainsi, les gènes codant pour les protéines de nos cheveux s'expriment dans les cellules des cheveux mais pas dans celles du foie. Un même gène peut coder pour plusieurs protéines. Inversement, une protéine faite de plusieurs polypeptides est codée par plusieurs gènes. L'homme ne peut se résumer à ses gènes, mais les défauts de certains gènes sont clairement la cause de maladies génétiques. Lors de la division cellulaire, il arrive aussi que des **mutations** aux conséquences parfois graves apparaissent dans les bases ADN des nouvelles cellules. La **thérapie génique** permet d'espérer les corriger.

L'empreinte génétique est la portion d'ADN spécifique à chaque individu, sorte de signature génétique.

Les protéines sont des macromolécules présentes chez tous les êtres vivants, indispensables à la vie de la cellule et de l'organisme tout entier. Elles sont fabriquées par nos cellules à partir de leur ADN et grâce au code génétique. Leurs fonctions sont très variées : structure (kératine, cheveux, collagène de la peau…), transport (hémoglobine qui transporte l'oxygène dans le sang), défense contre les micro-organismes (anticorps), hormonale (insuline, adrénaline), activation des réactions chimiques des cellules (enzymes), etc.

Le code génétique est le système de correspondances entre le langage de l'ADN et celui des protéines, indispensable à la cellule pour fabriquer les protéines. Il traduit des « mots » de l'ADN en acides aminés. Le code génétique est universel chez tous les êtres vivants. Voilà comment le génie génétique permet de faire produire des protéines humaines par des bactéries, en leur injectant la séquence d'ADN codant pour cette protéine.

Le chromosome est un élément en forme de bâtonnet, constitué d'ADN et de protéines, qui apparaît dans le noyau des cellules quand elles se divisent. Chaque chromosome est formé d'une molécule d'ADN enroulée autour de protéines. Chacun contient des gènes précis, porteurs d'informations génétiques transmises des cellules mères aux cellules filles lors de la division cellulaire, et des parents aux futurs enfants lors de la fécondation.

La plupart de nos cellules ont 23 paires de chromosomes, elles sont dites diploïdes. Dans chaque paire, un chromosome est hérité du père, l'autre de la mère.

Le génotype est l'ensemble de l'information génétique d'un individu portée par ses gènes, qu'elle soit ou non exprimée sous forme de protéines.

Le **phénotype** est l'ensemble des caractéristiques physiques et physiologiques d'un individu, résultant de son génotype et de son environnement. Ainsi, un gène de prédisposition à un cancer peut très bien ne jamais s'exprimer suivant le mode de vie d'un individu.

Le phénotype, c'est l'apparence. Le génotype explique le pourquoi de l'apparence.

Une fois ces principes retrouvés, les correspondances entre les êtres vivants et les marques me parurent encore plus évidentes. Je savais pourtant que ce genre de parallèle allait causer autant de rejets que d'adhésions. Il fallait que je sois précis dans mes arguments et que j'avance pas à pas en démontrant chaque résultat et en justifiant chaque découverte.

2-2 Les différents génotypes de marques

Les marques modernes sont nées avec la révolution industrielle, à partir de la deuxième partie du XIXe siècle. L'apparition du consommateur pose le problème de la relation et de l'interdépendance entre l'univers de production et celui des individus. Le déplacement qui s'opère du produit vers le marché, puis du marché vers le consommateur implique une transformation de la nature et du fonctionnement des marques. Elles deviennent progressivement un vecteur de sens et un médiateur de valeurs socioculturelles.

De nombreux facteurs vont rendre les marques indispensables : la production de masse, la production standardisée, l'anonymat des échanges, la complexité du réseau de distribution et enfin l'ignorance de ce qu'on achète, qui implique une explication et une garantie.

On distingue différents génotypes de marques :

La marque-produit

C'est l'ensemble des signes associés à un produit spécifique. Ce type de marque, dont le nom est lié de façon étroite à un seul produit, se rencontre dans tous les domaines (ex. : Ariel®, Vizir®, Badoit®, Evian®, Twingo®...). La marque-produit permet d'associer un nom et une promesse spécifique à chaque produit. L'unicité du produit amène le consommateur à le traiter comme un individu, en l'appelant par son nom propre : le Lego, la Suze®, le Schweppes®, etc.

La marque-gamme

Elle est utilisée pour désigner un ensemble de produits homogènes (ex. : Findus®, gamme de produits alimentaires surgelés salés). La marque-gamme permet de construire une image de marque cohérente et durable.

La marque-ombrelle

Elle désigne un nom de marque sous lequel est commercialisé un ensemble hétérogène de produits. Elle coiffe une catégorie de produits différents sur des marchés ou des métiers très divers. À l'origine, c'est une marque forte en notoriété qui dispose d'une image valorisante (ex. : Nivéa®). Elle permet de lancer de nouveaux produits en capitalisant sur les acquis, tout en risquant aussi de les banaliser si la cohérence n'est pas évidente.

La marque-caution

C'est une marque liée à plusieurs gammes complexes de produits s'articulant autour de diverses marques-produits ou marques-gammes. Son rôle est d'assurer la cohésion et l'authentification de l'ensemble des produits. La caution peut s'exprimer par l'utilisation du préfixe de la marque-caution pour le nom de ses produits. Par exemple, Danone® a créé Dany®, Danette®, Danino®, Danerolle®, etc.

La marque institutionnelle

C'est la marque de la holding ou société de tête qui détient souvent plusieurs marques avec des noms différents. Par exemple, le groupe PSA® détient Peugeot® et Citroën®.

Et le consommateur, dans tout ça ? Il aime reconnaître immédiatement une marque dont il a été satisfait dans un linéaire ou un catalogue. Il a aussi spontanément confiance en une marque connue. Une grande marque donne une garantie par son statut, sa notoriété et son image valorisante. Il aime également s'identifier à une marque qui véhicule un ensemble de signes et de symboles. L'achat d'une marque peut être aussi le révélateur de sa personnalité. Il la repère et la choisit de façon ludique.

On voit donc à quel point les marques, loin d'être neutres, servent à se distinguer, à se différencier et à s'identifier. La marque est un moyen d'expression, un langage, une signature qui donne de nombreuses indications. Pour réussir, elle doit être lisible, audible, prononçable, mémorisable, évocatrice, distinctive, déclinable et disponible. L'approche génétique permettra d'en approcher la vérité profonde.

Je ne me limiterai pas à une seule catégorie, et tenterai d'expérimenter une marque dans chacune d'entre elles. On verra à quel point le nom ou le patronyme influencent la vie d'une marque dans le temps.

À la recherche de l'ADN des marques : « l'Authentique Différence Naturelle »

Le big bang des marques

Revenons à ma quête de départ. Après avoir posé des bases, il me fallait, pour valider mon hypothèse de départ, trouver une correspondance dans le but de créer un système, inspiré de celui du génome humain, qui traduise ma vision du génome des marques.

Si l'homme ne peut se résumer à ses gènes, en est-il de même pour une marque ?

Par le passé, chez RSCG, j'ai été confronté au concept de marque-personne : une marque incarnée par un physique, un

caractère et un style. Cette « star stratégie », avec une façon différente de les envisager, s'appliquait à toutes celles dont s'occupait l'agence. Trois caractéristiques qui insistaient plus sur le côté « visible » des marques, leur apparence, leur look, leur posture. J'avais envie d'aller plus loin et de définir ce qui déterminait cette apparence. Comme je l'ai dit, cette vision ne fonctionne que dans l'univers des phénotypes. Mon premier objectif était de basculer dans le génotype.

Je voulais savoir pourquoi une marque est dite « généreuse », « challenger », « rassurante » ou « aspirationnelle », nouveau barbarisme qui qualifie une marque qui « aspire » son public par son système de valeurs. Le génome d'une marque n'est pas la valeur de la marque, il lui est antérieur. La valeur doit logiquement découler du génome, et non l'inverse.

La création de différence intervient dès la naissance d'une marque.

Distinguer le phénotype du génotype est donc la première opération à effectuer pour déterminer les deux niveaux de réalité d'une marque. Il me fallait retrouver cet ensemble de valeurs fondamentales qui font d'une marque un être protéiforme unique.

L'ADN des marques : mode d'emploi

Une marque n'est pas le fruit du hasard. Elle provient d'une étincelle. C'est une réponse à un manque, un besoin, une demande, une contrainte ou un problème. C'est une solution, une vision, un soulagement, une évidence. Il y a autant de déterminisme dans la création d'une marque que dans son évolution. Créer une marque et des produits qui nous accompagnent dans notre vie en nous apportant du plaisir, voici un acte créatif et positif, qui donne une justification à notre société de consommation.

Toute marque a besoin de se distinguer : vis-à-vis du consommateur, c'est la différence qui crée la préférence. C'est l'argument clé qui lui ouvrira une brèche pour s'installer sur le marché. La création de différence intervient donc dès sa naissance. Cette différence devra être perçue de manière visible et évidente, naturelle et authentique. Ces derniers mots, loin d'être anodins, me permettent de donner une nouvelle traduction du mot ADN : **Authentique Différence Naturelle**.

Authentique : de l'authenticité pour une recherche de vérité particulière, fondée et incontestable.

Différence : de la différence pour se distinguer de façon unique et se créer une place sur son marché.

Naturelle, enfin, pour dépasser les critères superficiels. La naturalité assure un retour sur l'essentiel et évite tout artifice.

Plus qu'un jeu de mots ou un effet de manche, cette « Authentique Différence Naturelle » est la façon la plus simple de traduire la volonté qu'ont les marques de se différencier et d'exister de façon unique et authentique.

Mais avant d'aller plus loin, pour faire de cette vision du génome des marques à la fois un outil pratique pour tous ceux qui président au destin des marques et un garde-fou qui permette à une marque d'évoluer sans jamais trahir ses valeurs fondamentales, je décidai de confronter ma vision à l'avis d'experts en génétique.

Justement, mon frère cadet, Michaël, est diplômé en biochimie et a longuement étudié la génétique. Il est aussi mon contradicteur préféré. L'interlocuteur idéal, en somme, pour tester mon concept. Comme tout scientifique qui se respecte, Michaël m'a tout d'abord fait comprendre que, pour lui, il était « sacrilège de créer une analogie, même allégorique, entre l'ADN humain et

l'ADN mon vieux.
l'Authentique Différence Naturelle !
Ah ? je pensais que ça voulait dire un truc genre...
Arrête De Nous pipoter.

le prétendu ADN des marques ». Quelques jours de réflexion plus tard, Michaël a fini par montrer un certain intérêt pour ma vision. Après que je me suis engagé à mettre plus de rigueur dans ma démarche, nous avons commencé à travailler d'arrache-pied pour obtenir un outil de recherche crédible. Et nous avons élaboré ensemble un instrument assez pertinent pour aller au-devant des marques qui voulaient en savoir plus sur leur ADN.

Néanmoins, à l'occasion de l'écriture de cet ouvrage quelques années plus tard, j'avais besoin d'une caution supplémentaire, d'un avis autoritaire, plus objectif, pour me rassurer tout autant qu'inspirer confiance à mes futurs interlocuteurs. J'avais en tête le nom d'un des pionniers du décodage de la séquence de l'ADN humain et de la carte génétique : Daniel Cohen, le fondateur du Généthon. Il est connu pour son esprit positif : pour lui, « il faut faire confiance au génie humain ; si l'homme est un loup pour l'homme, il est capable d'évoluer pour le meilleur dans la maîtrise de son savoir et l'exploitation de ses connaissances ». L'homme idéal, donc : un scientifique assez ouvert d'esprit pour m'écouter jusqu'au bout et peut-être apprécier ma théorie. Je lui téléphonai et, sans lui en dire trop, je pus aiguiser suffisamment sa curiosité pour qu'il accepte de me rencontrer.

Je commençai alors à douter : qui étais-je pour oser me confronter à ce génie de la biologie et lui exposer ma proposition sacrilège ? La veille du rendez-vous, je passai la nuit à lire et relire mes notes en remettant en cause chaque mot, chaque virgule...

Le premier contact fut si chaleureux que j'oubliai immédiatement le stress immense des derniers jours. Prenant mon courage à deux mains, j'exposai de but en blanc, en 3 minutes 30 secondes, ma théorie sur les « marques vivantes et protéiformes condamnées à créer », puis sur « l'Authentique Différence Naturelle » et je conclus par quelques exemples d'aberrations génétiques que notre marketing dépassé et obsolète a engendrées ces cinquante dernières années. Je n'avais plus qu'à attendre le verdict du père de la carte génétique.

Au moment où je m'apprêtais à m'excuser de lui avoir fait perdre un temps si précieux, il m'adressa un sourire et un regard empreints d'étonnement, que j'interprétai comme :

« Ça ne tient pas la route, c'est ça ? »

Il sourit à nouveau et me répondit que la théorie était osée mais « intéressante et pertinente ». Il y voyait la preuve que le modèle du génome humain était un modèle universel car, si on pouvait l'appliquer à des marques, pourquoi pas à d'autres domaines comme la religion, le design, la musique ou la peinture ? Il n'était pas le moins du monde choqué que je puisse avoir l'audace de venir lui parler, à lui, du génome des marques, même si je tins encore à lui assurer que je ne me prenais pas pour un scientifique mais que j'empruntais seulement à la science un modèle pour tenter d'en créer un autre. Il n'était ni snob ni corporatiste, mais un de ces esprits indépendants que rien d'autre n'intéresse que le bonheur de l'homme. Détendu, je pus alors dérouler la suite de mon exposé tout en échangeant avec lui. Ce fut le début d'une longue amitié.

> En ce qui concerne l'ADN, le chef d'orchestre est invisible, et son mode d'intervention demeure un mystère.

C'est une chance unique d'avoir pu rencontrer Daniel. Outre la passion de la génétique, nous avons découvert que nous partagions celle de la musique classique. Daniel est un pianiste concertiste émérite qui a appris sur le tas – et sur le tard – la direction d'orchestre. Quand on connaît cette difficile discipline, on l'imagine aisément appliquer avec son orchestre le même travail qu'avec les gènes. Tous les gènes font en effet partie d'un seul orchestre, l'ADN. Pourtant, chacun possède sa partition propre, son rôle défini, avec une mission claire, qui se révèle ou non à un moment donné pour participer à la réalisation de l'œuvre que représente la vie d'un être humain. On n'ose imaginer quel chef d'orchestre est capable de coordonner, classifier, séquencer et décrypter ces milliers d'instruments qui jouent à l'unisson tout au long de notre vie. À chaque fausse note, il corrige, relance, coordonne. À chaque séquence, il change de tempo, de ton, il module, accélère ou ralentit. Comme une partition d'orchestre, la séquence d'ADN se lit verticalement et horizontalement, en prenant en compte, en même temps, tous les paramètres, en solo ou en *tutti*. Daniel Cohen n'est pas chef d'orchestre par hasard. La seule différence entre la musique et la génétique, c'est qu'en musique, même une partition compliquée est lisible, décodable, traduisible. On la lit de la première à la dernière note, on connaît le nombre d'instruments, le tempo et la tonalité. En musique, le chef d'orchestre est connu et reconnu. En ce qui concerne l'ADN, le chef d'orchestre est invisible, et son mode d'intervention demeure un mystère. C'est ce qu'on appelle le hasard, cette force implacable qui fait s'entrechoquer les éléments et les êtres vivants selon un ordre qui paraît chaotique, mais qui semble avoir un sens, un début et une fin pour les plus spiritualistes d'entre nous. Même si tout est écrit, l'ADN est une symphonie inachevée au compositeur inconnu qui n'a pas encore dévoilé tous ses secrets.

Ce pianiste de l'ADN, qui considère en outre que le seul risque qui existe est celui de ne pas en prendre, était devenu mon référent scientifique, ma caution et surtout mon ami fidèle. Je pouvais désormais prendre tous les risques…

L'étape suivante serait l'élaboration d'une méthode de recherche afin de séquencer tous les items nécessaires à l'élaboration du génome d'une marque.

L'empreinte génétique : l'esprit fondateur

Au préambule de chaque recherche d'ADN d'une marque, il est primordial d'en dégager l'empreinte génétique. C'est le déterminisme de la marque, la phrase clé du fondateur qui imprime sa vision et son ambition. Cette empreinte influence la naissance et l'évolution de la marque à travers le temps.

Toute marque raconte une histoire. Tout commence donc par un travail de recherche sur l'historique et les origines. Il faut en premier lieu retrouver ce que le géniteur d'une marque avait en tête au moment où il l'a créée, pour déterminer l'origine du « big bang ». Une simple citation, une intuition, un rêve, une nécessité, une anticipation, une opportunité, un besoin, un slogan, une vision : tout élément culturel ou historique qui pourrait être considéré comme une étincelle créatrice nous intéresse. La citation que j'avais trouvée sur M. Christiansen, le géniteur de Lego, était un bon exemple. Elle donnait toutes les informations sur les valeurs génétiques essentielles, **authentiques, différentes et naturelles** de la marque : l'imagination.

Les produits sont en quelque sorte les protéines des marques qui sont condamnées à créer. Le patrimoine génétique est un message qui se doit d'être lu, puis transcrit, et enfin traduit sous forme de « produit », manifestation physique conforme au message initial.

Il faut évidemment prendre en compte le contexte de l'époque avec ses préoccupations, ses demandes, ses offres et ses craintes. À chaque époque correspondent en effet certaines marques qui, quelques années plus tôt ou plus tard, n'auraient jamais vu le jour. Nous avons vu dans l'étude du génome humain l'importance du milieu et de l'adaptation à ce milieu. Une marque est souvent la résultante d'une équation simple, un point de rencontre entre un problème donné et une solution dans un certain milieu (le marché). L'étincelle est une vision et une promesse de changement.

> L'ADN des marques est une combinaison qui naît de la fusion entre les valeurs associées d'une idée et de son créateur.

Au même titre que nous sommes la combinaison génétique de nos parents, l'ADN des marques est une combinaison qui naît de la fusion entre les valeurs associées d'une idée et de son créateur, mais à un moment donné, dans un système de contraintes connu. Voilà pourquoi les grandes inventions et les grandes marques ont souvent vu le jour pendant les périodes de crise. Le Monopoly®, par exemple, est né de la crise de 1929 en apportant du ludique et l'espoir de « se refaire » au moment même où l'argent n'avait plus de valeur.

Plus le contraste entre les deux parents – valeurs/créateur – est grand, plus la marque qui en résulte est forte. Plus la contrainte est importante, meilleure est l'idée, et meilleure sera la marque qui en découle.

Si on ne peut trouver de citation précise ou de données sur le contexte qui a amené le créateur d'une marque à accoucher de l'idée première, il faut rassembler toutes les informations sur le marché sur lequel est apparue cette marque, ainsi que les données culturelles de son pays natal en matière de consommation. Elles permettent de déterminer le degré de rupture ou de changement qu'une marque a imposé. Le moindre détail compte et peut donner une indication essentielle qui nous aidera à débloquer beaucoup de situations.

À chacun sa méthode. La mienne consiste à faire le « grenier des marques » et à demander, soit au président, soit au directeur du marketing, de m'ouvrir les archives, afin de pouvoir y chercher ces trésors cachés. Toutes les marques qui savent consciemment ou inconsciemment l'importance de maîtriser leur ADN gèrent leurs archives de façon méthodique et organisée, à la façon d'un conservateur de musée avec des œuvres d'art. Certaines ont parfois même décidé de les exposer ou ont déjà publié un livre sur leur histoire, comme Lesieur®, Yoplait® ou la Vache qui rit®. La différence entre un livre historique et un livre « génétique », c'est que le second ne va pas se contenter d'exposer les faits, il va tenter d'expliquer leur pourquoi. Plus qu'à l'histoire, la démarche s'apparente à une « paléontologie », une « sociologie » des marques et à une analyse sémiologique.

C'est un travail de fourmi, mais sans lequel on risque de passer à côté du petit détail qui fait toute la différence. Un exemple qui part d'un de ces détails apparemment sans importance : Bic®, inventée par le baron Marcel Bich, reste encore aujourd'hui un exemple d'entrepreneuriat et de réussite en France et partout dans le monde. La particularité de Bic est d'être considérée comme une marque locale là où elle se trouve. Italienne en Italie, belge en Belgique, africaine en Afrique du Sud, etc. Cela est dû en grande partie au fait que la marque se lit de la même façon dans tous les pays du monde. Le baron a peut-être senti qu'en enlevant une lettre à son nom, en le simplifiant, il en assurait l'universalité. Simplifier, toujours simplifier. Comme vous le verrez plus loin, la simplicité est l'empreinte génétique fondamentale de Bic dans son ADN, de sa marque jusqu'à ses produits.

> Une marque a parfois oublié le pourquoi de son action, sa vision, sa raison d'être.

Cette investigation demande autant d'intuition que d'attention. Il faut donc se servir à la fois de son hémisphère gauche et de son hémisphère droit pour lire entre les lignes et distinguer les éléments fondamentaux des informations superficielles. Hémisphère gauche pour l'histoire d'une marque, hémisphère droit pour le décodage de l'ADN.

Une fois les documents répertoriés, il faut ensuite en vérifier l'authenticité. Certaines archives peuvent donner plusieurs explications pour un même fait. Il arrive même que des données émanant de l'entreprise elle-même ne correspondent pas exactement à la réalité historique !

Par exemple, l'origine de la petite fleur Yoplait. Dans *Mémoires de lait*, le livre d'histoire de la marque, il est dit que ses six pétales représentent les six coopératives laitières qui se réunirent en 1965 pour créer Yoplait. Nous verrons plus loin que la réalité est tout autre et bien plus poétique. Bien plus génétique.

On peut aussi retrouver des documents que la marque ne possède pas ou dont elle n'a jamais entendu parler. C'est le moment le plus excitant de toute cette démarche, car on permet à des personnes qui travaillent depuis de nombreuses années pour elle de la redécouvrir et de l'envisager différemment. Quand on découvre de telles richesses, on ne peut que s'identifier à un chercheur de trésors.

L'ADN d'une marque peut l'aider à renouer avec un passé glorieux. Certaines marques en sommeil, que je qualifie de « Belles au bois dormant », peuvent être réveillées très simplement : une révélation historique et génétique agit sur elles de façon aussi radicale que le baiser d'un prince charmant. Une marque a parfois oublié le pourquoi de son action, sa vision, sa raison d'être. Elle est comme paralysée, par orgueil, par peur de prendre des risques ou de perdre, tout simplement. Il suffit parfois de rappeler une réalisation marquante du passé pour faire rejaillir le courage dans ses troupes. Une marque qui a brillé par ses prises de risque et sa créativité ne risque rien à continuer à le faire : le public est habitué et attend même dans certains cas d'être surpris et bousculé.

L'investigation consiste aussi à recueillir des témoignages humains : auprès des fondateurs, s'ils sont toujours en vie, de leur famille, leurs héritiers toujours aux commandes de l'entreprise, des anciens collaborateurs et, surtout, des clients. Qu'on le veuille ou non, la réalité d'une marque n'est que la somme des souvenirs qu'elle laisse à ses publics. Je préfère parler de « publics » plutôt que de « cibles ». Une marque s'adresse à des individus qui, s'ils le désirent, deviendront clients ou consommateurs. C'est parce que trop souvent on considère déjà les cibles comme des clients et qu'on envisage la phase de séduction comme acquise qu'on se trouve rejetés par ces supposés clients.

Quand on interroge les clients, on observe que certaines marques ont laissé des souvenirs indélébiles dans l'inconscient collectif et dans notre patrimoine culturel – souvenirs qui sont une autre preuve de l'existence du génome des marques. On peut s'en souvenir comme d'un être aimé. Certaines nous font rêver, nous surprennent, nous valorisent, nous secouent, nous protègent, nous rassurent ou nous excitent. On se projette même dans les marques qu'on aime. La relation que l'on tisse avec l'une ou l'autre au fil du temps influe sur son évolution et sa mutation, ses succès ou ses échecs. On peut dire qu'une marque réussit quand elle arrive à faire concorder ses valeurs avec celles de ses publics, soit de façon fusionnelle, soit par mimétisme : « J'aime cette marque parce qu'elle me fait rêver, je l'ai dans la peau », ou : « J'aime cette marque parce qu'elle me ressemble. »

Il faut donc enquêter et écouter attentivement chaque témoignage : il pourra nous donner des indications qui ne figurent dans aucune archive, puisqu'elles proviennent de nos mémoires et de nos inconscients.

Chaque enquête est une occasion d'apprendre, de réapprendre, parfois de désapprendre et de se surprendre. Je dois avouer avoir été à la fois surpris et ému de voir certaines découvertes parfois vieilles d'un siècle rester aujourd'hui aussi pertinentes. Comme les plus belles légendes, les vraies valeurs génétiques ont la vie longue – Coca-Cola® et Danone, nous le verrons, en sont la preuve.

La combinaison de toutes les valeurs d'une marque donne une empreinte génétique unique : comme une chaîne ADN, l'Authentique Différence Naturelle est une somme de valeurs fondamentales chaînées les unes aux autres. On ne peut en dissocier une sans faire bouger l'ADN tout entier. Voilà pourquoi il faut les manier avec précision, respect et responsabilité.

Pour savoir si une valeur fait partie de l'ADN ou non, il faut cependant effectuer ce *torture test* très simple : l'enlever et vérifier si l'ADN est toujours aussi fort, s'il fait encore sens et s'il crée encore la différence. S'il se révèle qu'une valeur n'est pas fondamentale dans l'élaboration de l'architecture de l'ADN de la marque, c'est qu'elle n'en fait pas partie : tout ce qui n'apporte pas de différenciation est inutile.

Le nombre de valeurs par ailleurs importe peu. La plupart des marques ont une ADN constituée de 1 à 10 valeurs fondamentales. On se sépare ici de l'ADN humain avec ses 30 000 gènes dont certains – ainsi que certaines combinaisons – n'ont pas d'utilité connue ou de rôle particulier, sans que la science permette encore de connaître le sens de ces gènes dormants. L'étude de l'ADN des marques ne concerne que les gènes utiles, connus et décodés. Mais sur le même modèle que chez les êtres humains, on peut procéder à une hiérarchisation des gènes en suivant leur caractère évident, essentiel et fondamental pour en sortir un classement par ordre d'importance. On identifiera un « gène leader » qui sera le gène fondateur essentiel de la chaîne de valeurs dans l'ADN d'une marque. Par

entre ces quatre lettres se cache un Slogan !
Saurez vous le trouver ?
LE GO
Je sais !
"let My People Go" !
j'ai bon ?

exemple : le « goût » (formule originale) est le gène leader de Coca-Cola.

Armé de mon Authentique Différence Naturelle, me voici prêt à la tester sur mon premier cobaye consentant : Lego.

Le génome de Lego, le premier cobaye consentant

Empreinte génétique

« Let a child do and he will build a world much more rich and fantastic than an adult could conceive » (Ole Kirk Christiansen : « Laissez faire un enfant et il bâtira un monde plus riche et plus merveilleux qu'un adulte ne pourrait concevoir »).

Authentique Différence Naturelle

Gène leader : l'imagination

Lego n'est pas un jouet. C'est un outil qui excite et éveille l'imagination des enfants, et de l'enfant qui sommeille en chaque adulte.

Lego, c'est l'imagination sans limite et sans fin, tant il y a de combinaisons possibles avec des briques de couleurs différentes. L'imagination est une réaction à une contrainte, c'est le déclic de la construction.

Le jeu

Le jeu est la manière d'apprendre des enfants. Ils apprennent en découvrant, en testant. Avec une brique de Lego, on conçoit, on crée, on risque, on rebondit…

La brique

C'est l'outil de base qui sert à matérialiser l'imagination. Une brique a un phénotype unique mais un destin multiple : la même brique peut servir à bâtir une maison, un avion, une voiture ou un sabre laser. Une brique est comme un même gène qu'on retrouve dans des chaînes d'ADN différentes.

On peut faire un parallèle entre les quatre couleurs jaune, rouge, bleu et vert des briques et celles données par les scientifiques aux bases azotées de l'ADN : adénine, thymine, guanine et cytosine.

Il faut au moins deux briques pour pouvoir commencer à construire.

La construction positive

Lego impose un cycle de construction où l'échec n'existe pas. On imagine, on construit, on détruit, on reconstruit. Au début, il y a une boîte avec des briques et un modèle, un cadre. Une fois que ce modèle est réalisé, on le détruit et on en invente d'autres, qu'on imagine, ceux-là. C'est une histoire sans fin.

Le développement personnel

Lego accompagne l'enfant dans sa construction. Lego construit les adultes créatifs de demain. Lego développe l'ego.

Concept génétique

« LEt imagination GO ».

Une fois ces valeurs isolées, testées et validées en collaboration avec les responsables de la marque, nous nous sommes

LE GÉNOME DE **LEGO**

L'EMPREINTE GÉNÉTIQUE

«LAISSEZ FAIRE UN ENFANT ET IL BÂTIRA UN MONDE PLUS RICHE ET PLUS MERVEILLEUX QU'UN ADULTE NE POURRAIT CONCEVOIR.» (OLE KIRK CHRISTIANSEN)

«LET A CHILD DO AND HE WILL BUILD A WORLD MUCH MORE RICH AND FANTASTIC THAN AN ADULT COULD CONCEIVE.»

AUTHENTIQUE DIFFÉRENCE NATURELLE

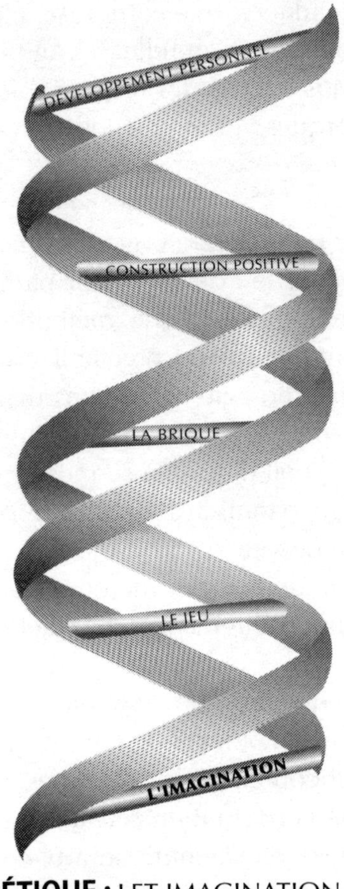

CONCEPT GÉNÉTIQUE : LET IMAGINATION GO

risqués à reprendre le fameux dessin du double hélicoïde pour dessiner l'ADN de Lego en trois dimensions.

Je fus agréablement surpris du résultat. Il était flagrant que la marque se lisait au travers et que nulle autre marque ne pouvait revendiquer les mêmes valeurs. C'était une façon dynamique de faire adhérer une entreprise à la vision du génome des marques.

L'ADN d'une marque : à quoi ça sert ?

Le travail le plus délicat, le plus long et aussi le plus compliqué est de faire adhérer une entreprise à la découverte de l'Authentique Différence Naturelle. Il s'agit ici de confronter les résultats obtenus à l'avis des responsables qui maîtrisent le destin des marques, avant de leur accorder une quelconque pertinence.

Bien que basé sur une réflexion rigoureuse et dépourvue de tout artifice exogène, le concept vient parfois à l'encontre d'une culture d'entreprise, d'une méthode, d'un *business model*, d'un système de valeurs préétabli, d'une organisation, d'une vision. La psychologie de certains managers, qui refusent de lire les valeurs d'une marque en dehors de leur prisme personnel, est un écueil difficile à surmonter. J'ai souvent été vilipendé, et parfois banni, avant d'être réhabilité et de parvenir à convaincre que cette vision n'était pas celle d'un médium, mais d'un amoureux des marques qui utilise un outil efficace pour les aider à tirer le meilleur d'elles-mêmes.

Ce concept ne fait que révéler une réalité déjà présente mais souvent ignorée, avec l'objectif de faire jaillir un patrimoine parfois caché ou inconnu. Mais l'ADN des marques n'est ni de l'intuition ni de la post-rationalisation. Ce n'est ni le job d'un gourou déguisé en scientifique aux concepts fumeux, ni celui d'un expert en marketing, trop souvent influencé par des modèles du passé où chaque référence peut se copier-coller. C'est un job de « révélateur » et non d'« inventeur ».

Pour vaincre les réticences des managers, j'ai donc décidé de rationaliser un peu plus mes découvertes et d'en renforcer les conséquences en tentant d'explorer les mutations, les aberrations génétiques et les thérapies géniques.

Puis, fort de mon modèle et convaincu du bien-fondé de ma démarche, je suis parti à la conquête de l'ADN des plus grandes marques du monde. J'avais opté pour une approche globale qui intégrerait toutes les questions gênantes et contradictoires. Pour les marques comme pour les êtres vivants, il n'y a d'ailleurs pas de vérité absolue. Juste une inflexion, une volonté. Toujours des convictions, mais pas de certitudes ! Sinon que toute marque naît libre, unique et déterminée à créer.

La liste était longue, et l'entreprise ambitieuse. En effet, une fois déterminé l'ADN d'une marque, j'étais décidé à démontrer aux annonceurs que c'était un formidable outil pour aborder n'importe laquelle d'entre elles d'une façon différente et authentique, simple en outre à utiliser après une formation adéquate. J'étais prêt à leur proposer de devenir à leur tour les généticiens de leur marque.

Je n'imaginais pas alors à quel point il serait difficile de faire admettre ce qui, pour moi, paraissait aussi évident et essentiel.

Hémisphère droit a utilisé elle-même cet outil pour créer des campagnes qui semblent aujourd'hui indissociables du patrimoine génétique des marques dont elle a géré la communication : les fromages de Hollande, ou comment utiliser Dave, le plus Français des Hollandais au pays du fromage, pour relancer des fromages sympathiques à l'aspect et au goût différent ; Sharp®, ou comment un court-métrage publicitaire de 2 minutes 30 avec Éric Cantona a redonné du souffle à cette marque d'électronique grand public en s'appuyant sur le sens génétique de Sharp (précis, pointu, affûté). Jamais nous n'aurions osé proposer des campagnes aussi décalées dans la forme si elles n'avaient pas été totalement étayées sur l'ADN de la marque. Démonstration était faite que l'ADN des marques est un élément fondamental, quelles que soient la campagne et la discipline de communication concernées, de la pub au design, de la recherche & développement au marketing relationnel, du corporate à la communication interne, de la distribution à la promotion, et qu'elle est aussi utile aux annonceurs qu'aux communicants. Certaines marques, comme Yoplait, m'ont d'ailleurs sollicité pour décoder leur ADN alors qu'elles avaient déjà une ou plusieurs agences de communication gérant leur budget.

J'ai réalisé depuis plus de treize ans une cinquantaine de génomes auprès d'une cinquantaine de marques dans tous les secteurs d'activité. Marques patrimoniales, nouvelles marques, marques internationales ou franco-françaises, autant de cas passionnants et enrichissants qui m'ont aidé à améliorer mon outil.

L'ADN est un élément sérieux et important qui remet l'accent sur les valeurs, à une époque qui est justement en panne de valeurs, de repères et de références. Ce respect des fondamentaux n'est pas incompatible avec une évolution, voire une mutation. L'adaptation au milieu fait partie de notre vie. Mais cette manifestation non voulue et inconsciente est inscrite dans les gènes de tout être vivant, c'est ce qui assurera sa longévité ou sa mort. Et une marque est un être vivant.

Toute marque naît libre, unique et déterminée à créer.

Les dix cas pratiques que j'ai sélectionnés me permettront de vous en convaincre.

Rassurez-vous chers actionnaires
l'espèce est solidement implantée
Je vois mal un de nos concurrents prendre le dessus dans l'évolution... Sauf catastrophe majeure.
Mais ce serait vraiment pas de bol.

Pourquoi dix fondamentaux?
et pas... 7 ?
à cause des 10 commandements.
et il y avait déja les sept nains

3 Le génome des marques 10 cas pratiques

Il est des marques qui nous suivent tout au long de notre vie. Elles nous sont attachées de façon si intime qu'il nous semble avoir en commun certaines valeurs, un même état d'esprit. Comme si nous partagions des gènes similaires.

Plusieurs marques m'accompagnent depuis toujours : Lego, l'imagination au pouvoir ; la Vache qui rit et son sourire facétieux ; Virgin® et son esprit rebelle et anti-establishment ; Bic et son énergie créatrice. Et bien d'autres encore qui ont, à un moment donné, joué un rôle dans ma vie personnelle ou professionnelle. Je vais tenter d'en dresser le portrait génétique à travers des expériences vécues qui démontrent que la vie et le destin d'une marque ne sont pas dus au hasard. Ces marques qui jalonnent nos existences sont parfois des partenaires, des soutiens, des amis ou de simples fournisseurs de bonheur. Bien loin des clichés déshumanisants diffusés par les détracteurs de la société de consommation, l'approche du génome des marques révèle une véritable aventure humaine à laquelle les marques sont liées de façon intime et sensible.

Cet hommage aux marques est illustré d'histoires vraies – parfois étonnantes par leurs coïncidences multiples –, de témoignages et d'exemples concrets qui ont pour but de familiariser le lecteur avec cette quête d'évidence qui révèle l'âme des marques que nous côtoyons depuis toujours sans avoir songé à ou accepté d'y voir une part d'humanité.

Le génome des marques : rappel des 10 fondamentaux

1. Cette vision consiste à comparer la marque à une créature vivante qui possède un génome, détenteur des valeurs fondatrices de la marque.

2. Le génome des marques est le garant des « racines du futur ». C'est une information fondamentale, un garde-fou, qui renseigne sur le passé, le présent et le futur d'une marque, tout au long de sa vie.

3. Ce principe universel exprime une réalité à travers un raisonnement emprunté à celui de la biologie. C'est un modèle calqué sur les lois qui régissent le génome ou patrimoine génétique d'un être vivant.

4. Nous considérerons qu'une marque, à l'instar d'une protéine, est une création vivante, dynamique, polymorphe, non inerte, protéiforme et modulable selon les influences intérieures ou extérieures qu'elle rencontrera, le tout coordonné par une structure interne stable servant de référence. Comme tout organisme, une marque est vouée à créer.

5. L'ADN (Authentique Différence Naturelle) est la somme des valeurs génétiques et fondamentales d'une marque, combinées les unes aux autres, dans un ordre hiérarchique. Elle constitue la matrice originelle, le squelette, qui codifie chaque fonction autour de la marque et qui assure l'interconnexion transversale des différents vecteurs : produit - communication média - communication interne - rôle social - position internationale - communication digitale, etc.

6. Les valeurs d'une marque découlent de son ADN et non l'inverse.

7. Le respect de son patrimoine génétique est l'un des garants du succès de la marque au cours de sa vie.

8. L'identité biologique d'un individu ou d'une marque est la manifestation de son unicité.

9. Cette vision est un outil essentiel à la quête de l'évidence d'une marque.

10. Le génome d'une marque est le miroir de son âme.

3-1 La Vache qui rit® : le gène transgénérationnel

Historique : une sacrée Vache qui rit

La vache est cet animal que certains pays considèrent comme sacré car il représente à lui seul les valeurs essentielles de la vie : nourriture, maternité, chaleur, générosité, sérénité, transmission. Elle est intimement liée à l'enfance, de l'homme comme de l'humanité.

Incarnant ou symbolisant plusieurs divinités de l'Antiquité égyptienne (Apis, Hathor), la vache s'est retrouvée liée à la fertilité, la vie et l'amour. Ces divinités ont en commun d'être des figures positives. Une symbolique qui s'explique car c'est un animal bon, de faible dynamisme mais de grande endurance. Elle est l'expression du maternel, de la chaleur et de la gestation car elle produit non seulement de la viande, mais aussi du lait, nourriture essentielle.

En Inde, la vache, que l'on trouve absolument partout, est censée être le symbole vivant de la Terre nourricière, représentant la fertilité et l'abondance. On la dit aussi sacrée que le Gange…

La Vache qui rit a d'ailleurs adopté un slogan dans les années 1980 qui en dit long sur le symbole qu'elle véhicule : « Sacrée Vache qui rit ».

Cette vache rouge m'a suivi toute ma vie. Il y a des symboles qui ne vous quittent jamais. À l'âge où je partais le matin avec mon quatre-heures dans mon cartable, que croyez-vous que j'emportais avec moi ? Une portion de Vache qui rit, bien sûr.

Ce petit fromage à part, fait de fromage fondu, était un clin d'œil de bonne humeur quotidien. J'étais sincèrement convaincu que la belle vache rouge me regardait « pour de vrai », qu'elle me souriait. Elle véhicule en effet cette image la fois malicieuse et rassurante. C'est une des raisons qui font d'elle, encore aujourd'hui, une grande marque universelle et internationale qui jouit d'un capital sympathie très fort.

On a tous quelque chose en nous de Vache qui rit

J'ai eu l'opportunité, arrivé à l'âge adulte, de travailler sur la compétition du budget de communication de La vache qui rit. Tout le monde aimait La vache qui rit, tout le monde la connaissait et tout le monde appréciait ses publicités. Le problème, c'était que la publicité ne faisait pas consommer davantage ses produits. Il faut dire que les campagnes de pub se contentaient de mettre en scène le personnage de la vache en faisant l'impasse sur les produits. La fameuse pub du casting, « Trop banale ! Trop lourde ! Trop maigre ! », était la pub préférée des Français sans faire décoller les ventes pour autant. C'était une indication suffisante pour nous donner la voie à suivre et nous pousser à revenir aux fondamentaux du produit : la portion. D'autant plus que Bel voulait lancer une nouvelle portion à ouverture rapide, le petit fil de plastique rouge étant à cette époque obsolète et décalé par rapport aux évolutions des modes de consommation. Le fromage fondu semblait aussi ne plus faire l'unanimité. Bel cherchait alors à diversifier ses produits pour lui offrir de nouveaux « véhicules ». En conservant sa formule aussi secrète que celle du Coca-Cola, il pouvait imaginer de nouveaux produits sans rien changer à sa recette et à son goût inimitable. Ce fromage à part, « vachement » bon, devait être à nouveau « vachement » apprécié par les consommateurs.

> La fameuse pub du casting, était la pub préférée des Français sans faire décoller les ventes pour autant.

Mon premier réflexe fut de remonter dans l'histoire de la marque pour tenter de comprendre quels étaient les fondamentaux sur lesquels nous pouvions asseoir notre communication. J'ai ainsi découvert comment Léon Bel s'était associé avec les frères Graf, des Suisses ayant mis au point un procédé de fromage fondu révolutionnaire à l'époque de la Grande Guerre. Conservé facilement dans des boîtes métalliques dessinées par Léon Bel lui-même, ce fromage simple, savoureux et économique n'était pas encore commercialisé en portions lors de son lancement en 1921. Sur la boîte, on pouvait lire « Fromage moderne, La vache qui rit, de Léon Bel ». Une illustration représentait une vache au sourire bovin, qui évolua par la suite sous le trait habile de Benjamin Rabier qui la teignit en rouge, l'affublant de boucles d'oreilles en forme de boîtes de Vache qui rit. Ce fut d'ailleurs le premier logo à utiliser le procédé de mise en abyme, avant que Flodor® ne le fasse quelques années plus tard sur ses paquets de chips.

Et c'est là que réside le secret de la réussite mondiale de La vache qui rit : avoir fait le pari audacieux qu'une vache rouge, dessinée par un caricaturiste de renom, souriant toutes dents dehors, saurait capter l'âme d'enfant qui se cache en chacun pour lui rappeler une notion essentielle, le rire. Savoir rire c'est savoir vivre. L'énergie positive éternelle qui se cache dans ce sourire était le lien universel que La vache qui rit allait tisser avec ses consommateurs. C'était la première fois qu'on représentait une vache en train de rire, ce qui avait pour conséquence de créer la surprise et de marquer les esprits. Ce visuel absurde, animal et humain, est mondialement connu et reconnu. C'est notre Coca-Cola *made in* France, il appartient à notre patrimoine culturel. On peut même se risquer à tenter une étude plus poussée. Considérons ce symbole visuel non pas comme un animal jovial et sympathique, mais comme un petit diablotin rouge, avec des cornes et des boucles d'oreilles, riant pour nous séduire, pour nous faire fondre. La beauté de ce diable inoffensif est aidée par le trait

hey mec...
une portion de vache qui rit contre un tour en avion ?
ça roule.

caricatural de Rabier. C'est sans doute le seul exemple connu à ce jour d'une marque qui a osé s'autoparodier sur son logo et son packaging. Mais pourquoi donc ce nom si particulier et singulier de La vache qui rit ? Comme le dit si bien Jean Watin-Augouard, le célèbre historien des marques : « Légendes, rumeurs et hypothèses entourent souvent la création d'une marque. » On raconte par exemple que c'est la femme de Léon Bel qui, jouant *La Walkyrie* de Wagner au piano, créa le déclic chez son mari (Vache-qui-rit). Le logo évolua dans le temps en abandonnant peu à peu le traité illustratif pour devenir plus humain et moins caricatural. D'autres racontent que Léon Bel et Benjamin Rabier étaient dans la même unité de combat pendant la Grande Guerre. Chargé du ravitaillement en viande des troupes, Rabier avait dessiné un sigle surnommé « La Walkyrie », représentant une vache rouge, baptisé ensuite « Vache qui rit » par les poilus. C'est la thèse qui semble se rapprocher le plus de la vérité.

Je trouvais pour ma part que cette fameuse vache rouge avait perdu de son charme et que le côté caricatural qui renforçait son aspect décalé et humoristique s'était estompé avec le temps et les liftings marketing. Elle était devenue sérieuse alors qu'elle était génétiquement facétieuse.

Rabier aurait dessiné un sigle surnommé « La Walkyrie », représentant une vache rouge, baptisé ensuite « Vache qui rit » par les poilus.

Totalement armée pour évoluer, grâce à sa formule toujours plus douce et onctueuse, elle s'était en revanche adaptée aux goûts des consommateurs et avait créé une gamme de produits pour en diversifier la consommation en fonction de l'âge, des besoins, des moments et des usages. Pionnière de l'ère du grignotage, elle semblait correspondre, à chaque époque, à l'air du temps. C'est une marque intemporelle qui sait voyager et s'adapter à toutes les cultures. Et si on traduit son nom dans les 89 pays où elle se trouve, elle ne perd ni son sens ni sa saveur. Universelle et intemporelle, il ne me restait plus qu'à essayer de traduire sa facette transgénérationnelle : La vache qui rit nous accompagne de la naissance à l'adolescence. On la boude ensuite jusqu'à l'âge adulte. On la redécouvre plus tard pour la transmettre aux générations futures, nos enfants et petits-enfants. C'est ce point qui me paraissait essentiel pour bâtir une stratégie de communication.

Je proposai de surprendre l'annonceur en communiquant sur la portion en tant que témoin et vecteur des valeurs de la marque, plus qu'une simple portion de fromage fondu. Il fallait *réinitialiser* les valeurs de La vache qui rit pour mettre en avant le côté transgénérationnel et donner aux « abandonnistes » de bonnes raisons de rester connectés à la marque. Dans son brief, La vache qui rit avait un *prétexte produit* intéressant, une véritable raison de croire : la portion à ouverture facile.

Lors du premier bouclage de création, je proposai l'idée d'un clip avec une chanson connue. Une chanson qui parle au cœur plus qu'à la tête : « On a tous quelque chose en nous de Tennessee », que j'avais rebaptisée. L'idée était de demander à Johnny Hallyday de faire un clip en l'honneur de la marque en modifiant légèrement ses paroles : *« On a tous quelque chose en nous de Vache qui rit. Cette volonté de rire à l'infini. Ce rire d'enfant qu'on garde toute la vie. Un fromage à parts qui nous donne envie. Quelque chose de Vache qui rit. »* Les images mettaient en scène Johnny qui se remémorait ses souvenirs d'enfance en croquant dans une portion de Vache qui rit. Un script simple qui parlait aux grands et aux petits. La présence de Johnny Hallyday démontrait à quel point nous sommes tous les enfants de La vache qui rit. Le concept consistait à créer un électrochoc émotionnel pour rappeler au plus grand nombre qu'une part de Vache qui rit sommeille en chacun de nous.

Johnny accepta le projet et l'appel d'offres fut remporté. Malheureusement, il se rétracta peu après notre victoire pour une raison encore aujourd'hui inexpliquée. Peut-être se réservait-il déjà pour Optic 2000 ? Je m'activai pour créer une autre campagne, tout en gardant la même stratégie sur l'émotion et la transmission transgénérationnelle. La nouvelle proposition était la traduction des paroles de la chanson en spot de pub : un pilote de chasse, s'avançant vers son mirage, aperçoit un petit garçon derrière un grillage, qui l'observe, émerveillé. Le pilote détourne ses pas vers l'enfant qui se retrouve devant son héros. Le pilote tend la main vers lui. L'enfant passe une part de Vache qui rit à travers le grillage. Le pilote regarde la portion avec un air qui en dit long. Il croque dedans. Son expression change, un léger sourire empreint de souvenir et d'émotion s'empare de lui. Il fait passer l'enfant sous le grillage et l'emmène avec lui vers l'avion. L'enfant est aux anges. Le pilote monte dans l'avion et salue l'enfant. Avant de refermer le cockpit, il colle l'étiquette de La vache qui rit sur le fuselage de son Mirage, à la manière dont on signale les combats victorieux en vol.

« On a tous quelque chose en nous de Vache qui rit »

Certes, on était loin du clip avec Johnny, mais le message restait universel. Pour inaugurer la nouvelle languette qui remplaçait le célèbre fil rouge, nous lançâmes une campagne d'affichage 4 x 3 sur le même thème : « Il n'y a pas d'âge pour lui tirer la langue », « Il suffit d'une fois pour être mordu à vie », « On revient toujours à ses premières amours », « Il y a des sourires qu'on affiche toute la vie ».

Quelques années plus tard, je me décidai à passer ma vache sacrée au prisme de la vision du génome des marques, afin de déterminer si le travail que nous avions effectué à l'époque était en phase avec son ADN.

Empreinte génétique

N'ayant trouvé dans les archives aucune citation connue et certifiée prononcée par Léon Bel, je me suis permis d'imaginer ce qu'il aurait pu dire en 1921 pour expliquer sa vision : « Je parie que j'arriverai à faire fondre de rire et de plaisir tous les Français de 7 à 77 ans avec du fromage fondu ! »

Il s'agit en effet d'un pari lancé et gagné près de quatre-vingt-huit ans plus tard, avec plus de 2 milliards de portions vendues dans le monde chaque année.

L'Authentique Différence Naturelle

Gène leader : l'aspect trangénérationnel

La vache qui rit se transmet de génération en génération, de 7 à 77 ans, comme un héritage culturel et alimentaire. On la consomme depuis la tendre enfance jusqu'à l'adolescence. Après un petit break dû à un besoin d'indépendance, on la redécouvre à l'âge adulte pour la transmettre à ses enfants.

La symbolique de la vache

La représentation illustrée de cette vache rouge quasi blasphématoire contraste avec le caractère sacré de l'animal. Elle permet de créer une différence visuelle très forte par la reconnaissance absolue de son air si particulier. La vache a un sens symbolique et mythologique universel. Une vache ne ferait pas de mal à une mouche, on ne peut en attendre que du bon. On peut aussi y voir l'évocation d'un petit diablotin rouge et noir, avec des cornes et des boucles d'oreilles, qui se moque de nous en riant aux larmes. La couleur rouge symbolise la passion, l'amour, l'appétit, la vie, et traduit aussi bien l'amour divin et le culte que la tentation du diable. Le rouge est également associé par l'esprit à la joie de vivre, l'optimisme et la vigueur. Enfin, c'est une couleur qui attire l'œil car elle est peu présente dans la nature et sa rareté en fait une couleur d'exception. D'un point de vue optique, c'est aussi la couleur qui excite le plus le cône de l'œil humain après le jaune.

Le patronyme

La vache qui rit est une marque signifiante et descriptive d'un animal parodique, surréaliste et caricatural. C'est en effet le seul exemple d'une vache qui rit ! Ce paradoxe est l'un des secrets de sa réussite, créant une surprise permanente et un effet garanti. C'est un nom amusant qui se traduit dans toutes les langues et qui tranche. Souvent imité, sans succès, son patronyme est l'un des plus connus de la planète.

Le rire

Il fait partie du nom de la marque, de son état d'esprit et de sa traduction visuelle. Le rire est aussi le propre de l'homme. C'est ce qui lui donne l'énergie positive, l'optimisme, l'espoir et l'envie. Rire, c'est être en vie. La vache qui rit est facétieuse et communique une bonne humeur naturelle. Le rire caricatural de ses débuts a évolué en un sourire maternel et rassurant. Elle s'adresse à tous ceux qui ont le sens de l'humour et le sens de l'amour.

La recette secrète

La vache qui rit a un goût consensuel et inimitable grâce à une recette à base de comté, d'emmental, de cheddar, de beurre et de lait, tenue secrète depuis 1921, à l'instar du célèbre Coca-Cola et de sa formule secrète. Cette recette est le patrimoine principal de la marque, son trésor, sa valeur, sa richesse.

Le fromage à parts

Léon Bel a rendu le fromage transportable en inventant une boîte révolutionnaire en fer, puis en carton, avant d'inventer la portion en 1924.

L'universalité

La vache qui rit est, après Coca-Cola, le produit le plus diffusé au monde avec plus de 10 millions de portions consommées par jour sur la planète. Elle est connue partout dans son appellation d'origine ou sa traduction littérale.

L'intemporalité

La vache qui rit n'a pas d'âge, elle paraît éternelle, intemporelle. Elle évolue au gré du temps et des époques. C'est un classique qui résiste aux modes.

L'enfance éternelle

La vache qui rit s'adresse à l'enfant qui est en chacun de nous. Elle apporte l'insouciance, la joie de vivre et la facétie dont nous avons besoin quel que soit notre âge.

La figure nourricière et maternelle

Elle confère à la marque une posture de mère de substitution. Elle nourrit, rassure, accompagne, apporte la confiance et la sérénité ; on la quitte pour se construire et on la retrouve sur le mode parental.

La générosité

L'image de la vache, généreuse et rassurante, rejaillit sur la marque qui innove sans cesse en utilisant le même matériau de base – le fromage fondu – pour proposer de nouveaux produits. Un peu comme une vache dont le lait sert à produire de très nombreux produits dérivés.

Concept génétique

« Sacrée Vache qui rit. »

Plus qu'un simple slogan, « sacrée Vache qui rit » contient le nom de la marque, comme s'il en était indissociable. L'utilisation du mot « sacrée » joue sur plusieurs registres, à la fois symboliques et humoristiques. Il induit le culte (rendu à cette marque adulée) et le caractère facétieux et irrévérencieux qu'elle véhicule. Un seul mot ajouté à la marque change tout. Il est simple et mémorisable.

Thérapie génétique : comment séduire le public des ados ?

Quand on observe avec précision l'évolution de son logo, on se rend compte que La vache qui rit a quelque peu perdu son côté caricatural et facétieux. En gommant les aspérités grotesques et autoparodiques du dessin au profit d'un trait plus esthétique, on lui a conféré une certaine intemporalité, davantage d'humanité et de gentillesse. En perdant son animalité amusante d'origine, la marque a lifté son aspect comique évident pour adopter un rire moins flagrant. Cette évolution est due à un certain « rejet » de l'image originelle de la vache de Benjamin Rabier dans les années 1950, qui est jugée vieillotte. Malheureusement, et puisque c'est un lifting, on a gommé ses rides d'expression. La vache est plus humaine, elle sourit comme une maman, mais elle ne rit plus vraiment. Sachant que les « abandonnistes » sont pour la plupart des adolescents qui rejettent La vache qui rit comme on rejette ses parents à

LE GÉNOME DE

L'EMPREINTE GÉNÉTIQUE

«JE PARIE QUE J'ARRIVERAI À FAIRE FONDRE DE RIRE ET DE PLAISIR TOUS LES FRANÇAIS DE 7 À 77 ANS AVEC DU FROMAGE FONDU.»

AUTHENTIQUE DIFFÉRENCE NATURELLE

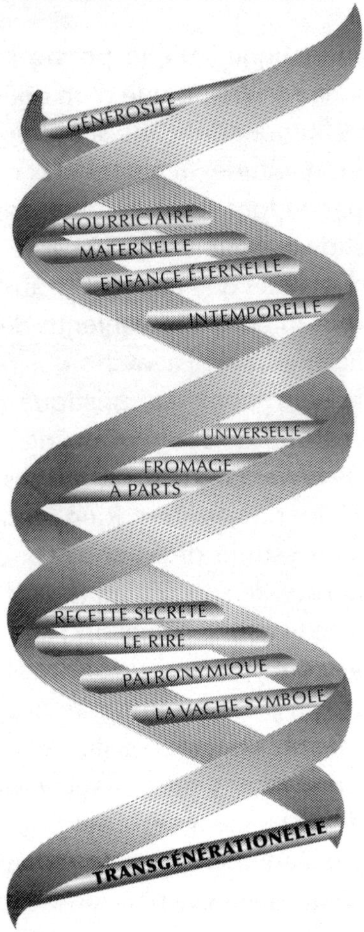

CONCEPT GÉNÉTIQUE : SACRÉE VACHE QUI RIT

l'âge où l'on se cherche une identité propre, on peut imaginer quel travail est à faire pour que la marque réaffirme son côté comique, caustique et humoristique auprès d'eux.

En adoptant le territoire de l'humour, en sponsorisant des spectacles, des festivals, des films et des programmes humoristiques, La vache qui rit ferait un travail d'exposition sur une valeur génétique et évidente. Elle est totalement légitime dans ce domaine et n'aurait pas de mal à exister en créant un label « Vache qui rit » qui deviendrait une référence auprès du grand public.

Le registre humoristique qu'elle pourrait adopter est plus proche de celui de ses débuts que d'un registre « fédérateur » et mou. Parodie, humour grinçant, *stand up*, vannes, mise en boîte (une vieille habitude), *tchatche*, les nouveaux registres ne manquent pas et font recette, à en croire les audiences des one-man-shows. Pour accrocher une nouvelle génération qui n'allume la télé que pour jouer aux jeux vidéo, habituée à regarder sur Internet des contenus débridés qui jouent sur des registres extrêmes, La vache qui rit doit prendre le risque d'incarner un label humoristique plus pointu sans pour autant se séparer de son public originel. Le public des moins de 25 ans ne repère, coopte et transmet que ce qui a des chances de faire rire les amis. Rien n'est pire que de faire suivre un contenu estimé drôle pour soi qui ne rencontre aucun succès auprès de son réseau. Plutôt que de produire des contenus avec le risque subjectif d'être drôle ou non, La vache qui rit pourrait sponsoriser ou labéliser un concours de création avec un jury reconnu par ce type public. C'est une manière efficace de taper juste sans être pour autant le héros du contenu lui-même. La vache qui rit ne doit pas croire en la fatalité et baisser les bras vis-à-vis des jeunes qui la quittent momentanément, avant de devenir des parents eux-mêmes, quelques années plus tard.

La marque n'est pas obligée d'apparaître en frontal mais plutôt dans un deuxième ou un troisième temps, en posture mineure ou même invisible. Les relais d'opinion et les circuits d'adoption passent d'abord par l'adoption d'un contenu sans marque apparente. Celle-ci intervient comme producteur, diffuseur ou sponsor du contenu, et non pas comme son auteur. On pourrait imaginer un « Label Vache » qui serait attribué à de jeunes auteurs pour leur permettre de donner une chance à leur talent. Une fois ces nouveaux talents révélés, on pourrait leur proposer de les mettre en contact avec des artistes reconnus, présents dans le jury, et de faire la première partie de leur prochain spectacle.

En désacralisant la « sacrée Vache qui rit », on lui redonnera ce petit plus de connivence et d'autodérision qui lui manque peut-être aujourd'hui.

Même si la marque a souvent communiqué sur le rire (« Pourquoi La vache qui rit rit ? »), on voit bien que la génération qui nous préoccupe semble imperméable à un message autocentré sur elle. Peu de marques peuvent se permettre de faire un geste « gratuit » vers leurs consommateurs. Seule une marque connue partout dans le monde peut choisir une valeur aussi universelle que le rire pour en faire un territoire de communication en dehors des sentiers battus. La vache qui rit doit revendiquer le rire partout, et surtout sur les nouveaux médias comme Internet, dans la musique ou le spectacle live. En désacralisant la « sacrée Vache qui rit », on lui redonnera ce petit plus de connivence et d'autodérision qui lui manque peut-être aujourd'hui.

L'ADN permet à une marque de créer du lien avec ses publics de différentes façons, du moment qu'elle est en phase

Les enfants ont La Vache qui rit,
Alors, je me suis dit,,,
Il est temps que les seniors aient leur fromage !
Je suis assez fier du nom,
MOUTON-QUI-PLEURE

avec ses fondamentaux. Il n'y a pas que le *push* pour faire passer un message aujourd'hui. Le *pull* (« attirer à soi ») semble bien plus efficace, même s'il n'est pas aussi quantifiable et surtout traçable. En sortant de son cadre traditionnel, La vache qui rit surprendra et réussira peut-être à conserver les ados avec une dialectique de valeurs communes, allant bien au-delà de l'offre produits.

Les marketeurs peuvent poser légitimement la question : « Faire rire les jeunes ? Mais ça ne fera pas vendre une seule boîte de Vache qui rit ! » Peut-être, mais le lien, distendu à l'adolescence, a des chances de rester plus solide et cela permettra au label de tisser une relation avec ce public grâce à d'autres produits de la marque. Le « Label Vache » devrait lui permettre de rester active dans leurs esprits et de ne pas accepter cette séparation comme un simple mouvement de résistance identitaire.

Cet exemple prouve à quel point certaines marques peuvent trouver une solution évidente, simple et efficace en se basant sur leur ADN. Il faut accepter de changer de phénotype – d'expression et d'apparence – pour conserver ce lien si important pour une marque transgénérationnelle. Pourquoi ne pas imaginer pour ce « Label Vache » un logo, un dessin et un traité totalement différents, plus trash, plus corrosifs et surtout plus proches des aspirations et des goûts des ados pour rester en phase avec eux ? Tant que l'ADN est respectée, on peut prendre tous les risques. Beaucoup de grandes marques lancent des logos spécifiques pour des cibles particulières, sans décalage de perception ou de sens. Les jeans Levi Strauss® ont connu le même problème pendant les années 1990, où les ados ont abandonné le 501 car c'était le jean de leurs parents ! La réponse de Levi Strauss, certes tardive, a consisté à conserver la toile de jean tout en lui donnant d'autres coupes, de nouvelles couleurs et de nouvelles coutures. On a osé déstructurer, transformer, muter le 501 classique pour rester en connexion avec les ados qui préféraient les nouvelles marques streetwear, les coupes baggy et les couleurs kaki, ocre, gris foncé, plus en phase avec leur façon de bouger, se déplacer et faire du sport. Après un passage difficile, Levi Strauss a résisté, a suivi le mouvement et, comble de l'ironie, revend aujourd'hui des 501 aux ados. Changer n'est pas trahir, muter n'est pas oublier le passé. L'ADN est une façon d'être en phase avec les racines et le futur d'une marque, tout en vivant l'instant présent. La vache qui rit est une marque patrimoniale qui risque de devenir davantage connue et aimée que consommée. Mais ses ressources semblent inépuisables tant elle incarne cette force tranquille et cette sérénité qui font la distinction entre les grandes marques et les marques légendaires.

La vache qui rit n'a donc pas fini de surprendre ceux qui la croient vieillissante ou ringarde.

3-1 Bic® : « Honor the past, invent the future »

Rétrospective : simple comme Bic

L'écolier que je fus attendait chaque année la rentrée dans une excitation indescriptible. Les grands magasins regorgeaient de nouvelles fournitures scolaires et l'odeur de cuir des cartables à bandoulières envahit encore aujourd'hui mes souvenirs. Armé de la fameuse liste et accompagné de ma mère, je parcourais les linéaires, les yeux écarquillés, afin de mettre la main sur le bon stylo, la bonne gomme, le bon protège-cahier, tous les outils qui allaient me permettre d'aborder une nouvelle année scolaire avec une parfaite sérénité. Toute mon enfance, et encore aujourd'hui, le même stylo m'a accompagné : le célèbre Bic 4 couleurs. À la fois ludique, simple et pratique, il était l'arme absolue pour ne jamais être à court d'un trait bleu pour écrire, noir pour dessiner, rouge pour souligner et vert pour corriger. C'était surtout le moyen le plus simple de ne pas oublier un stylo de couleur, puisque les quatre encres requises étaient présentes dans le même corps. Et il était loin, le bout de ces 4 kilomètres d'écriture que vous offrait un stylo Bic : une sobriété et une résistance de chameau qui vous faisaient traverser le désert de vos études sans encombres et sans panne.

Les plus tricheurs d'entre nous conviendront que son gros corps bleu était aussi la meilleure cachette pour les antisèches... Les Bic cristal me servaient en fait de sarbacane. Ils furent même interdits à l'école jusqu'en 1965, l'année de ma naissance. Qui n'a jamais envoyé de boulette de papier mâché à travers ce corps de plastique transparent, après avoir retiré au préalable le petit bouchon et la cartouche d'encre ?

Un stylo Bic est à la fois votre compagnon, votre associé, votre meilleur allié, votre partenaire de jeu – ou de triche – et votre outil de travail préféré.

Monsieur le baron vient de déposer le brevet d'une sarbacane à antisèches.
tout à fait révolutionnaire!
... et en plus ça peut servir de stylo!

On entre chez Bic par la porte des stylos puis, en grandissant, on devient un homme qui découvre ses premiers poils au menton. Il est temps de passer au rasoir Bic. La plupart des hommes se souviennent de leur premier rasage, la main tremblante, le visage nappé de mousse couvrant généreusement quelques poils qui se battaient en duel... et souvent, à la main un Bic orange, une lame pour faire de l'ado un adulte. Un adulte est en effet un ado qui se rase.

Ceux qui choisissent le chemin du bureau de tabac ont également l'occasion de découvrir le premier briquet démocratique et pas cher : le briquet Bic, véritable outil de précision à la technique infaillible, qui propose plus de 3 000 allumages. Même sans être fumeur, on a souvent un briquet Bic sur soi.

Bic est une marque tellement populaire et générique qu'il est difficile d'avoir un sentiment de propriété sur l'un de ses produits.

Il n'y a pas de stylo ou de briquet Bic aux objets trouvés de la rue des Morillons. On peut égarer ou donner un Bic sans problème : un Bic en remplace un autre. Un Bic est perdable. C'est peut-être le premier produit citoyen de grande consommation qui a initié des concepts comme le Vélib', où l'usage et la fonctionnalité comptent plus que le sentiment de propriété.

Le stylo Bic est un outil pour bien écrire, un vecteur, tout comme le briquet ou le rasoir. Ce sont des produits nus qui n'ont d'autre prétention que d'offrir ce pour quoi ils sont faits, sans ostentation ni complication. C'est une valeur ajoutée sans prix augmenté, ce qu'on appelle aujourd'hui une marque à bon rapport qualité/prix. Bic est sans doute la marque la plus contemporaine, la plus intemporelle et la plus universelle qui soit.

Ah oui... le parfum Bic ... Il y a eu un malentendu.
ce n'était pas très pratique pour s'épiler.
... alors on est resté aux rasoirs.

Le parfum Bic : la dernière tentation du baron Bich

À mon arrivée comme créatif chez RSCG en 1988, Jacques Séguéla me demanda de travailler sur le nouveau produit Bic qui s'annonçait déjà comme révolutionnaire : le parfum Bic.

Le simple fait de travailler sur Bic – ma marque préférée – me remplit d'allégresse tant je connaissais sur le bout des doigts ses produits et ses valeurs. Pourtant, lors du premier brief sur le parfum, je me trouvai dans une panne d'inspiration inhabituelle sur ce genre de dossier. Je n'arrivais pas à trouver d'idée assez forte pour briser la barrière de l'indifférence et assez « Bic » pour pouvoir être attribuable facilement. Mettant cette carence passagère sur le compte de l'émotion, je laissai reposer le dossier pour m'y remettre un peu plus tard. Toujours rien. Richard Raynal, mon directeur de création, débloqua la situation en trouvant le concept du « parfum nu ». Cette piste était poétique, évocatrice et traduisait à merveille la réalité du produit. Néanmoins je sentais que quelque chose ne tournait pas rond, comme si la marque était en train de se justifier sans proposer réellement de bénéfice clair. « Le parfum nu » était-il réellement une attente des consommatrices ? Bien que mes propositions fussent pauvres pour ne pas dire nulles, je ne pus m'empêcher de réagir spontanément en déclarant : « Désolé de faire l'oiseau de mauvais augure, ce n'est pas le genre de la maison, mais je pense que le problème ne vient ni du brief ni de la créa mais du produit lui-même. »

> Bic est une marque tellement populaire et générique qu'il est difficile d'avoir un sentiment de propriété sur l'un de ses produits.

Jacques Séguéla et Richard Raynal me fusillèrent du regard. Bic venait d'investir plusieurs dizaines de millions de francs sur le sujet, et un jeune arrogant était en train de dire que la marque faisait fausse route. Je résistai en essayant de justifier mes propos, essayant en vain de trouver un lien, une cohérence, entre Bic et son parfum. « Tu viendras leur expliquer ça ! » me rétorqua Jacques Séguéla avec ironie, m'invitant à la présentation chez lui, le lendemain.

Je retrouvai à cette présentation client (la première pour moi) Jacques Séguéla, Damien Coisne, le directeur de la com' et du marketing, et le baron en personne. Sans me démonter, je leur fis part de mes remarques aussi intuitives que sincères. On me pria de quitter la réunion, accusé de crime de lèse-majesté. J'avais réussi mon examen d'entrée chez Bic de façon fracassante en inaugurant le concept de créatif jetable…

J'avais réussi mon examen d'entrée chez Bic de façon fracassante en inaugurant le concept de créatif jetable…

Le sermon que me fit Séguéla le lendemain n'y changea rien. Je restai ferme sur mes positions, pariant que le produit ne saurait trouver son public et qu'il y avait une forme d'incompatibilité entre les valeurs de Bic et celles du parfum.

Quelques années et quelques millions de francs plus tard, Séguéla me fit venir à son bureau pour un brief très important. Le baron Bich venait de lui demander de faire ce qu'aucun grand patron n'avait jamais osé : retirer le parfum de la vente en s'excusant auprès de ses consommatrices.

L'inspiration, comme par magie, me vint quasi immédiatement et je conçus une annonce presse en forme de lettre signée par le baron lui-même : *« Je ne vous ai pas comprises. »* Cette dernière tentation du baron Bich se terminait par une ultime provocation.

Ce fut le début d'une longue amitié.

Le baron Bich et le génie français

C'était ça, le baron Bich. Un de ces génies français que le monde nous envie. Entrepreneur, capitaine de bateau et d'industrie, considérant que le gain est toujours proportionnel au risque. Un homme à la fois responsable et capable de briser toutes les conventions pour trouver l'idée simple qui va faire tilt. Une volonté inébranlable de créer du profit tout en faisant jouir les consommateurs de ses produits, sans leur faire payer le prix de l'innovation. Le *business model* de Bic est exemplaire, parfaitement en phase avec les périodes de crise que traversent la France, l'Europe et le monde depuis plus de cinquante ans.

Né en 1914, le baron Bich achète avec Édouard Buffard une fabrique de stylographes. À deux, ils fondent en 1944 la société PPA (Porte-plumes, Porte-mines et Accessoires) pour fabriquer des pièces de porte-plumes à réservoir. Le stylo-bille, inventé par Reynolds, aux États-Unis en 1880, fuit, il tache les vêtements et les mains. Pourtant, Marcel Bich pense que cette invention « est aussi importante à l'écriture que la roue à la brouette ».

Donnant un coup de hache au nom du baron pour le simplifier et éviter les problèmes de prononciation, la société PPA lance la marque Bic en 1950. Pour éviter de salir les vêtements, on ajoute au stylo un capuchon et une bille en carbure de tungstène dont Savignac, affichiste et premier publicitaire, s'inspirera pour créer le petit bonhomme à tête de bille, signe de reconnaissance de la marque.

En 1953, la société Bic est fondée et devient le spécialiste mondial de l'objet fonctionnel de masse. Bic offre la meilleure qualité au meilleur prix. Il devient numéro un mondial du stylo, du briquet (1973) puis du rasoir jetable (1975) avant de se lancer dans une série de diversifications, des planches à voile aux produits correcteurs Tipp-Ex®.

Quand on connaît les Bich et leur état d'esprit, on trouve chez eux tout ce qu'il faut pour être de bons entrepreneurs : le courage, le respect, la parole tenue, la responsabilité, la confiance et le professionnalisme. Le baron Bich était célèbre pour son caractère bien trempé et son goût de l'aventure. Dans sa lettre aux actionnaires, le 4 juin 1973, il donnait une vision de la société qui en dit long sur l'avance qu'il avait sur son temps. Cette anticipation est aussi nécessaire à tout entrepreneur sur son marché, s'il veut durer et être performant. Son message intemporel est encore vrai de nos jours : le risque et le courage sont essentiels pour réussir.

Têtu et déterminé, le baron n'était ni borné ni obtus. Le retrait du marché du parfum Bic en fut la plus belle preuve. Et il fallait avoir à la fois du courage et du respect pour « s'excuser » d'être passé à côté. L'aveu est la forme la plus positive de l'échec. Cela laisse une bonne impression de franchise, transparence et honnêteté dans l'esprit du consommateur, qui se dit que Bic reconnaît ses erreurs et agit en conséquence.

En 1993, Bruno, troisième des onze enfants du baron, a pris les commandes du groupe aux côtés de ses frères Claude (rasoirs et stylos), François (briquets) et Antoine (planches à voile).

En 1994, le baron Bich nous quitta.

Je proposai de rendre hommage à ce personnage hors norme en publiant dans les journaux une annonce très simple, mettant en scène un briquet, sur fond blanc : « Une flamme s'est éteinte. »

C'était bien peu, mais c'était notre façon de lui rendre hommage et de remercier celui qui nous a donné cette marque magique et universelle qui n'a pas fini de nous étonner, et qui représente si bien le génie français partout dans le monde. La France peut être fière d'avoir un si bon ambassadeur.

Par la suite, en 1995, je signai la campagne de lancement du rasoir Bic vert et du Bic rose Lady avec les frères Cantona. Je réalisai une fois de plus à quel point tout est une histoire de gènes. Éric Cantona est en effet génétiquement lié à la marque, de par son caractère et son état d'esprit. Anticonformiste, révolutionnaire, créatif, simple, inventif, populaire, efficace... C'est une symbiose parfaite. De nombreux annonceurs hésitent à utiliser des stars de peur qu'ils ne phagocytent ou vampirisent l'image de leur produit. Il n'y a pourtant aucun risque quand les gènes s'en mêlent.

Fort de mon outil naissant sur le génome des marques, je proposai à Bruno Bich de lui présenter le fruit de mes recherches sur la marque Bic.

Mon travail avait un double objectif : révéler l'ADN de Bic et essayer de trouver les véritables raisons de l'échec du lancement du parfum. Cette double motivation me poussa à redoubler d'efforts et à ne rien laisser au hasard.

La recherche de l'Authentique Différence Naturelle de Bic paraissait assez facile à déterminer, tant cette marque exprime parfaitement ses valeurs de manière simple et efficace. Néanmoins, on peut constater que cette ADN comporte un grand nombre de valeurs qui, additionnées les unes aux autres, confèrent à Bic toute son originalité. Il a donc fallu lister ces valeurs, les analyser, les décoder, les hiérarchiser et définir celles qui étaient fondamentales ou non. Au final, un travail d'architecture très complexe qui demande une connaissance pointue de la marque.

Il y a très peu de décalage entre la perception de Bic et sa réalité. Ses produits sont les meilleurs ambassadeurs de la marque. Ils la nourrissent autant qu'elle les nourrit. C'est l'équilibre parfait, un modèle du genre. Bic : trois lettres, trois produits phares.

Le génome de Bic

Empreinte génétique

L'invention du stylo-bille sera un jour aussi importante à l'écriture que celle de la roue à la brouette.

Authentique Différence Naturelle

Gène leader : la simplicité

Simple comme Bic et ses produits. La vocation de la marque est de simplifier la vie des gens. Année après année, sur chaque marché, Bic démocratise des produits simples et utiles pour la vie de tous les jours, qui offrent le meilleur de l'innovation à prix Bic.

L'inventivité

Résolument tournée vers l'innovation, Bic est une marque qui innove sans cesse, qui tente de trouver l'idée qui simplifiera la vie des gens et leur rendra service.

Le rapport qualité/prix

C'est l'équation génétique du *business model* de Bic qui veut industrialiser la production pour maîtriser le coût et assurer un meilleur rapport qualité prix. Le consommateur veut toujours la meilleure qualité au meilleur prix, c'est la raison d'être de Bic. Elle rend du pouvoir d'achat aux gens en leur offrant des produits abordables en plus de la qualité. Vouloir offrir le meilleur rapport qualité/prix nécessite néanmoins de garantir la performance des produits sur des marchés où la concurrence est très forte, notamment sur le marché du rasoir. Bic doit donc en même temps proposer des produits qui supportent la comparaison avec ses concurrents. Elle se concentre sur l'essentiel au détriment du superflu. Elle ne garde que ce qui est utile pour le consommateur, essayant de conserver un look qui puisse plaire au plus grand nombre, sans gadget inutile. L'inutilité n'a pas de place dans un Bic, car c'est souvent ce qui coûte cher et qui augmente le prix final.

La fonctionnalité

La marque a exprimé cette valeur en devenant leader des produits jetables, qui étaient à l'époque la meilleure traduction de la fonctionnalité. Elle cherche aujourd'hui une nouvelle traduction de la fonctionnalité, vers plus de responsabilité. Bic fabrique des produits pratiques, légers et transportables.

Le petit bonhomme à tête de bille

C'est lui qui incarne la marque depuis ses débuts. Même s'il représente le stylo, il est le symbole de l'esprit Bic, un enfant qui imagine un monde meilleur. Un enfant qui deviendra un grand professionnel et qui essaye de bien connaître sa leçon, d'être non pas le premier de la classe mais celui qui brillera par son anticonformisme et son inventivité. Le petit bonhomme cache un stylo dans son dos, comme pour montrer qu'il prépare une bonne petite blague. Il a une grosse tête mais il n'a pas la grosse tête. Il a la tête dure mais sait s'adapter en toutes circonstances. C'est le « Toto » de notre enfance.

Le goût du risque

Le goût du risque calculé et du marketing agressif a fait la marque Bic. Le baron était un compétiteur hors pair, non seulement dans le monde des affaires mais dans le monde du sport. Il avait couru la Coupe de l'America en 1970, 1974, 1977 et 1980. En participant à cette course légendaire, le baron voulait provoquer les Américains et les pousser à créer une compétition entre challengers. La course Louis Vuitton est son œuvre. Cet esprit challenger et compétitif donne à Bic une énergie qui lui permet d'être toujours au niveau de l'attente de ses consommateurs et de se battre sur un marché où ses concurrents sont plus gros et plus riches que lui.

La citoyenneté

C'est une marque qui nous appartient à tous, présente dans l'inconscient collectif. Elle est le meilleur ambassadeur des valeurs républicaines « liberté, égalité, fraternité ». C'est une marque qui veut bien faire et faire du bien. Elle cherche à être toujours exemplaire pour devenir une référence. Bic est une marque populaire qui s'adresse à chacun de nous, hommes, femmes, enfants, jeunes ou vieux. Elle traverse toutes les générations et les catégories socioprofessionnelles, du riche au pauvre. Bien que masculine à ses débuts, la marque a muté ces vingt dernières années grâce à des produits spécifiquement féminins ou mixtes. Même les produits masculins sont achetés par des femmes, ce qui rend de fait aujourd'hui cette marque mixte.

Le quotidien

Pour être une grande marque de produits de masse, on doit se focaliser sur un usage quotidien qui simplifie la vie.

La révolution

En proposant la meilleure qualité au meilleur prix, Bic généralise l'usage de certains produits chers ou de luxe. Il incarne une forme de rupture en démocratisant l'écriture, le rasage et l'allumage, réservés à l'époque à ceux qui en avaient les moyens. Il faut être anticonformiste et révolutionnaire pour offrir autre chose, de la nouveauté, donner un bénéfice inattendu au consommateur et ne pas lui faire payer le prix de l'innovation.

L'esprit visionnaire

Le baron Bich a imprimé sa marque en ayant toujours une longueur d'avance sur les évolutions du marché et les habitudes des consommateurs. Bic anticipe sans cesse.

L'universalité

Une marque mondiale doit développer des produits qui s'adaptent à tous les marchés, à tous les usages et à tous les consommateurs, partout dans le monde. Bic s'est spécialisé dans des tâches quotidiennes, universelles et utiles.

La famille

L'aspect familial est essentiel. La famille Bich a conçu une famille de produits pour toutes les familles du monde avec des valeurs simples partagées par tous. L'état d'esprit du baron est un héritage qui a été transmis à ses fils et qui résume la vision de Bic, depuis toujours, partout dans le monde.

Concept génétique

« Simple comme Bic. »

Le concept génétique de lancement reste toujours d'actualité : *« Simple comme Bic »*, tant il résume la vocation de la marque de simplifier tout ce qui peut être utile pour les hommes et les femmes. Simplifier l'usage, simplifier le rapport à l'innovation, simplifier la relation à la société de consommation en offrant la meilleure qualité au meilleur prix, simplifier la vie des gens.

Néanmoins, Bic étant devenue une marque internationale, il fallait trouver pour mon étude du génome une signature qui intègre cette notion tout en la rendant évidente partout dans le monde. En travaillant sur le clip de présentation de l'his-

LE GÉNOME DE BiC®

L'EMPREINTE GÉNÉTIQUE

«L'INVENTION DU STYLO BILLE EST AUSSI IMPORTANTE À L'ÉCRITURE QUE LA ROUE À LA BROUETTE.»

AUTHENTIQUE DIFFÉRENCE NATURELLE

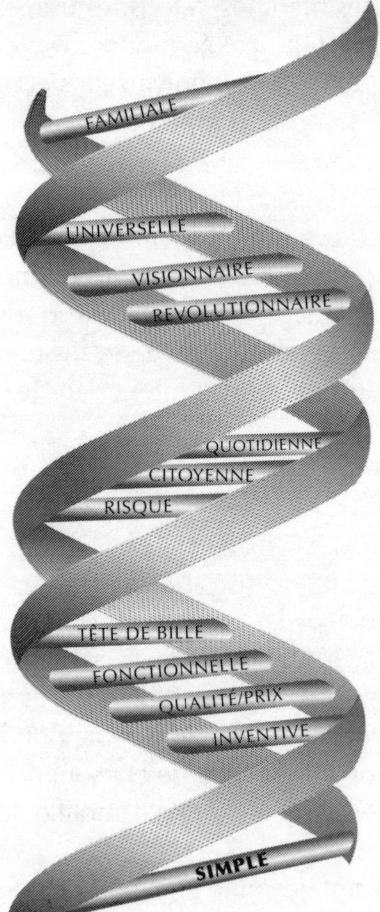

CONCEPT GÉNÉTIQUE : SIMPLE COMME BIC

toire de Bic, je décidai de choisir un ton émotionnel, plus en phase avec l'esprit qui prédomine dans cette société.

L'histoire de Bic est une histoire de la France d'après-guerre, la France de la reconstruction où tout était possible. Une France qui devait renaître de ses cendres et qui comptait sur ses capitaines d'industries pour rallumer le flambeau. Cette fierté d'entreprise et cette humilité sont présentes chez Bic. Bic n'est pas une marque qui se prend pour quelqu'un d'autre. Elle sait garder les pieds sur terre tout en étant présente partout dans le monde. Elle n'a pas la folie des grandeurs et garde toujours un lien étroit et direct avec tous ses publics. Elle vit au rythme des gens et des époques. Son capital sympathie est éternel. Il fallait donc trouver une musique qui résume tout cela. Une musique aussi populaire et mondiale que Bic, qui traduise cette simplicité et cette évidence. Écrite et publiée par Paul McCartney le 6 mars 1970, elle allait changer à jamais ma vision de cette marque née française et devenue mondiale, jusqu'à en supporter l'un des plus grands standards de l'histoire de la musique : « Let It Be ».

« Let It Be » accompagnait à merveille l'émotion que je voulais créer avec ce clip historique et génétique qui avait pour but de réinitialiser l'ADN de la marque auprès de tous ceux qui travaillaient pour elle, en France et à l'étranger.

Ne pouvant résister à la tentation, je tentai un « Let it Bic », que je lançai à la fin du clip comme un clin d'œil.

Lors de la première diffusion devant la famille Bich réunie au grand complet, Bruno Bich reçut le clip avec une immense émotion. Il me demanda immédiatement d'en réaliser des versions dans toutes les langues des pays où Bic était présent afin de pouvoir en faire une projection auprès de ses collaborateurs.

Des problèmes de droits et de coûts nous empêchèrent de diffuser une version courte du clip en télé. Yoko Ono et Michael Jackson, les ayants-droit des Beatles à l'époque, nous demandaient une dizaine de millions de dollars pour pouvoir utiliser ce titre, certes légendaire. Dépenser une somme pareille pour une musique, aussi belle soit-elle, n'est pas dans l'esprit maison. Je pouvais le comprendre malgré ma déception. L'essentiel était d'avoir pu le communiquer à toute l'entreprise et de faire passer le message du « Let it Bic » à toutes celles et ceux qui gèrent le destin de cette marque.

Bic décida alors de se servir du principe du génome pour élaborer sa vison de marque et son système de valeurs.

L'histoire de Bic est une histoire de la France d'après-guerre, la France de la reconstruction où tout était possible.

Quelques années plus tard, lors de la présentation de fin d'année 2004, le titre de la convention en disait long : « *Honor the past, invent the future.* » Bic savait, mieux qu'aucune autre marque, à quel point son héritage génétique et ses racines étaient importants pour elle. Bruno Bich avait parfaitement réussi à faire passer le message partout dans le monde et chaque collaborateur était devenu porte-parole des valeurs de la marque.

En 2003, Bic avait confié à Hémisphère droit, après compétition internationale, le lancement mondial du nouveau rasoir Bic Comfort 3®, un rasoir trois lames, avec un budget de communication largement inférieur à ses richissimes concurrents, Gillette® et Wilkinson®.

Évidemment, la solution était dans les gènes. Il fallait conserver la même simplicité, la même inventivité et surtout le même ton populaire et sympathique partout dans le monde.

Bic avait un rasoir orange 1 lame, un rasoir vert 2 lames, et s'apprêtait à lancer un rasoir bleu 3 lames pour offrir le meilleur du rasage à prix Bic. On pouvait en effet se demander à quoi servait d'acheter des rasoirs perfectionnés qui coûtaient 6 fois plus cher et qui ne nous rasaient pas 6 fois mieux qu'un Bic. On assistait depuis quelques années au spectacle hystérique d'un marketing qui allait jusqu'à proposer des rasoirs à 5 ou 6 lames !

On faisait comme si les consommateurs en avaient vraiment besoin. Bic ne sait faire que ce qui sert vraiment aux gens et, en l'occurrence, ce qui leur permet d'obtenir une grande qualité de rasage au meilleur prix. Une vraie marque citoyenne qui vend de l'usage, de la fonctionnalité et de la qualité à prix Bic.

Les consommateurs se rendaient bien compte, grâce à certains blogs sur Internet, que 95 % du prix couvraient chez les concurrents les frais d'une innovation marketing dont ils doutaient de la nécessité. Il y avait là une brèche pour leur faire comprendre qu'ils n'avaient pas besoin de payer plus cher pour être bien rasés. On était totalement dans l'ADN de Bic. Il ne nous restait plus qu'à trouver l'idée publicitaire qui allait avec.

Bic ne sait faire que ce qui sert vraiment aux gens.

Les créatifs furent briefés en connaissance de cause. La compétition nous avait opposés aux grosses agences new-yorkaises et autres grands groupes de communication. Nous avions la ferme intention de ne pas faire de la figuration, avec en poche notre atout majeur : l'ADN de Bic. C'est une arme de séduction massive qui fait mouche quand elle touche au cœur même de la stratégie et du système de valeurs. Dans ce cas particulier, le Bic Comfort 3 était issu de l'ADN des produits Bic, offrant le meilleur du rasage trois lames, sans le superflu qui améliore la perception du produit et augmente son prix sans perfectionner la qualité de rasage.

Mais j'avais personnellement un autre argument dans ma manche.

Retour en arrière. Quelques années plus tôt, lors de la fameuse présentation du génome de Bic à la famille, j'avais commis une grave erreur dont le souvenir était encore cuisant. Je pensais alors que la marque était identifiée comme une marque française partout dans le monde. J'étais obnubilé par sa réussite, passant complètement à côté de son caractère universel. Je ne savais pas alors à quel point Bic était connue et reconnue dans chaque pays comme une marque locale ! Le comble pour une marque internationale, c'est justement de ne pas avoir de drapeau mais un pavillon universel. Coca-Cola souffre exactement du problème inverse : tout le monde prend Coca-Cola pour une marque américaine alors qu'elle est une marque locale dans tous les pays où elle se trouve !

Dans l'élaboration du génome d'une marque, la moindre erreur peut faire s'écrouler tout l'édifice, tant on touche au fondamental et à l'essentiel. On ne peut pas traiter un aspect à la légère ou se permettre un contresens aussi fort sur l'une des composantes de l'ADN.

Bruno Bich m'avait téléphoné quelques heures après mon exposé pour me passer un savon modèle compétition : « Vous êtes franco-français ! Vous ne réussirez jamais dans votre démarche tant que vous resterez franco-français ! » Moment douloureux, mais ô combien enrichissant. Il avait raison. J'étais encore beaucoup trop franco-français et raisonnais à l'aune de notre hexagone.

Bruno Bich était, lui, parti étudier aux États-Unis dès l'âge de dix-sept ans afin de s'y installer et de contribuer à développer Bic outre-Atlantique. Parti au bas de l'échelle, au poste de vendeur, c'est lui qui a fait ce que Bic est aujourd'hui aux États-Unis, une entreprise florissante qui représente près de la moitié du chiffre d'affaires total de Bic dans le monde, en seulement trente ans. Il en est aujourd'hui le président monde.

Je fis les corrections qui s'imposaient dans l'ADN de Bic. Lors de notre premier bouclage de création, je fus d'ailleurs surpris de constater à quel point des créatifs français pouvaient être universels et ne laisser en rien filtrer le moindre signe de résistance nationale.

Notre petite agence indépendante de Clichy allait gérer la communication du plus gros lancement mondial de rasoir Bic.

Le script que nous avions choisi de présenter à New York était un pur produit destiné à la classe moyenne américaine. Dans une salle de bains, un homme d'une trentaine d'années, bonne gueule s'apprête à se raser avec un Bic comfort 3. Une voix off lui demande : « Pourquoi ? » Il répond : *« One for the money, two for the shave and three for the comfort of three blades... »* (« Un, pour l'argent, deux, pour le rasage et trois, pour le confort des trois lames. ») À cet instant, ces mots lui rappelant étrangement les paroles du célèbre morceau d'Elvis « Blue Suede Shoes », il reprend l'air de la chanson. Une comédie musicale démarre, et trois filles débarquent dans la salle de bains pour l'aider à se raser. Il termine le spot par un *« Oh yeah ! »* de circonstance.

Quelques jours après notre retour à Paris, nous apprîmes avoir remporté la compétition. Notre petite agence indépendante de Clichy allait gérer la communication du plus gros lancement mondial de rasoir Bic. Nous avions fait une campagne américaine à vocation internationale. Le succès de cette compétition prouvait une fois de plus à quel point la connaissance du génome d'une marque était importante : nous étions totalement dans l'ADN en mettant l'accent sur le côté populaire et universel.

Le parfum Bic : explication d'un « Bic bug » génétique

L'ADN nous permettait aussi de vérifier et tester *a posteriori* la pertinence d'une création publicitaire ou d'un contenu quelconque, comme un être humain utilise son prisme de valeurs et son langage pour s'adresser au plus grand nombre. L'acte créatif est un message de la marque, une forme de discours avec un déterminisme particulier. On plébiscite souvent de très belles publicités que personne n'arrive à attribuer à une marque. On se souvient du message, parfois même du produit, mais on ne se rappelle pas quel est son émetteur. Ce syndrome vient la plupart du temps de scripts et d'idées génériques, et non génétiques, qui fonctionnent très bien pour la catégorie dans son ensemble, et qui oublient seulement d'insister sur le caractère différenciant de la marque pour lui permettre de créer du souvenir, du désir, puis de la préférence. Nous sommes donc amenés chaque jour à privilégier les pistes créatives stratégiques ancrées sur l'ADN de la marque.

Nous pouvons aussi déterminer ce qui n'est pas génétique. On peut ainsi se poser la question de savoir si le parfum l'était ou non pour Bic.

En 1988, Bic a décidé de lancer « le parfum nu » : quatre parfums vendus en bureaux de tabac et grandes surfaces. Ils partaient bien, Bic ayant choisi des jus de très grande qualité obtenus chez Firmenich, important fabricant mondial de parfums et arômes implanté en Suisse. Les investissements importants utilisés pour leur développement et leur lancement devaient leur assurer un succès d'estime rapide, tant auprès de la distribution que des consommateurs, qui achèteraient un parfum en même temps qu'un briquet, un rasoir ou un stylo. Malheureusement, un succès marketing ne se décide pas à l'avance. En revanche, un dérapage peut s'anticiper si on a les bons outils.

Tentons de rationaliser *a posteriori* en revenant sur le produit lui-même. Pour ceux qui ont eu la chance de l'essayer, on pouvait immédiatement remarquer que la concentration du jus était trop forte, trop dense. Les parfums étaient tellement forts qu'ils en devenaient difficilement supportables. Les jus étaient peut-être de bonne qualité mais le conditionnement était trop petit pour qu'ils puissent s'exprimer parfaitement. Question packaging, Bic était allé à l'essentiel, au « parfum nu ». Pas de paquet, mais un tout petit flacon transparent avec un vaporisateur de couleur, ressemblant trait pour trait à un briquet. Le prix, lui, était très abordable et rentrait parfaitement dans l'équation Bic du meilleur rapport qualité/prix.

Ayant travaillé sur le dossier, le malaise que j'avais ressenti dès le début du brief me faisait comprendre qu'il y avait un petit peu plus qu'un simple problème marketing. J'étais désormais capable de définir les raisons de ce malaise : il y avait un bug génétique à la naissance ce parfum.

Si l'on pose simplement ce qui détermine génétiquement un parfum, on obtient une séquence de gènes bien précise : le parfum a une évocation **féminine** immédiate. Il est le symbole de l'évocation olfactive transcendée, une sensation **émotionnelle et sensuelle** au service de la **beauté**. Le parfum est synonyme de **complexité**, **luxe**, **rareté** et **cherté**. Son nom doit évoquer une **émotion**, un symbole fort, un référent signifiant ayant trait au **rêve**. Son **packaging** et son code **couleur** doivent être en phase avec l'attente et l'univers du parfum. Enfin, sa communication doit s'exprimer dans un style épuré et évocateur. On doit créer le désir en montrant et en disant peu de chose. Le **bénéfice** consommateur est totalement **subjectif**. Seules la sensation et l'évocation comptent.

Bic, à cette époque, a une évocation un peu plus **masculine**. Ses produits sont le symbole de la **simplicité** et de la **fonctionnalité au quotidien**. Ils sont **abordables**, **rationnels** et possèdent un très bon **rapport qualité/prix**. Les parfums n'avaient pas de packaging ni de nom spécifique autre que « parfum Bic ». Le flacon en plastique avec un petit pulvérisateur de couleur ne répond pas aux attentes en termes d'évocation. Le **bénéfice** est **objectif** et quantifiable. Même le rasoir peut se targuer d'avoir un bénéfice objectif dû à son rapport qualité/prix.

Investir dans un produit incompatible génétiquement ne fait qu'accroître les dégâts à la longue.

Nous sommes là en présence de ce que nous appellerons une aberration génétique. Il n'y a en effet aucun gène commun entre un parfum et la marque Bic. On ne peut donc imaginer la réussite d'un parfum Bic, tant l'incompatibilité génétique est grande.

Devant une telle évidence, on peut se demander pourquoi et comment Bic a cru en son projet. D'un côté, un rêve : des moyens importants, offrir le meilleur parfum possible à prix Bic, un marketing agressif et une distribution acquise à la cause de Bic. De l'autre, une réalité : des parfums trop concentrés (cela était fait exprès pour rester cohérent avec l'esprit Bic : plus de jus, moins cher !), un packaging manquant d'élégance, pas de raison particulière d'acheter le produit hormis son prix attractif.

Le positionnement du parfum, « le parfum nu », n'était pas assez efficace pour créer une rupture poussant les consommateurs à « quitter » leur parfum habituel pour un Bic. La promesse n'était pas assez forte et la réalité du produit décevante.

Je parvins à la conclusion qu'on ne peut en effet se permettre, même quand on est une grande marque mondiale, de fabriquer un produit qui va contre son ADN. Le fait d'avoir de gros moyens ne change rien, au contraire. Investir dans un produit incompatible génétiquement ne fait qu'accroître les dégâts à la longue. On peut alors se demander ce qu'il aurait fallu faire pour réussir.

Si on regarde l'ADN de près, on se rend compte que la dénomination a déterminé le destin de ce produit. Le fait de l'appeler « parfum Bic » l'a condamné à un échec assuré. « Eau de toilette » aurait peut-être pu réduire les risques, même si les jus étaient difficiles. L'attente aurait été moins forte et l'accueil peut-être plus positif.

La légitimité de Bic dans le domaine de la beauté semble aussi être un problème. On ne s'improvise pas parfumeur, médecin, pharmacien ou autre, activités générant une très forte attente qui ne peut résoudre l'équation du rapport qualité/prix. Il y a en effet des incontournables et des impondérables en matière de beauté qui ne peuvent entrer dans une équation Bic.

Une autre option aurait pu être de transformer ce produit en parfum d'ambiance pour la voiture, le bureau ou la maison.

Dans ce cas précis, on ne peut mettre de côté la véritable raison qui a déterminé le lancement de ce produit : la volonté du baron Bich lui-même, qui voulait faire un produit pour les femmes afin de féminiser sa marque et de ne pas l'enfermer dans un carcan masculin, avant le lancement de ses rasoirs féminins en 1995.

L'objectif était louable et, comme à son habitude, le baron Bich a pris tous les risques pour y parvenir. Il a su aussi reconnaître ses erreurs et stopper la fabrication du produit en 1991.

L'ADN est donc une formidable grille de lecture pour une marque qui veut se lancer dans le *brand stretching* ou le lancement d'une nouvelle ligne de produits. La compatibilité génétique est une assurance pour ne pas déraper. On verra plus loin de nombreux autres exemples qui valident cette thèse et ce, pour les plus grandes marques du monde.

Du rasoir Bic au Bic Phone

> Nicolas Hayek remercie encore le baron Bich de ne pas l'avoir reçu, lui permettant ainsi de devenir le premier horloger du monde

Depuis 1975 et le lancement du rasoir, Bic s'est toujours demandé s'il lui fallait une quatrième jambe. Bien des projets ont été envisagés, mais aucun n'a tenu plus de trois ans.

Pourtant, ce ne sont pas les bonnes idées qui ont manqué.

L'une des plus belles histoires concerne un projet de montre Bic, qui tient de la légende. Un horloger suisse prit un jour rendez-vous avec le baron Bich pour lui proposer de fabriquer des montres pratiques et lé-

dis donc
les rasoirs c'est la course aux armes...
six lames et un tire-bouchon
Un rasoir suisse sans doute...

gères en plastique, avec un mécanisme de qualité, et un prix défiant toute concurrence. Sur le papier, un projet Bic idéal : on démocratise l'horlogerie en offrant une montre à très bon rapport qualité/prix. Un projet populaire et quotidien, universel et utile. Génétiquement totalement compatible.

L'horloger avait rendez-vous avec le baron un lundi matin à 8 heures.

Coincé dans les embouteillages, il arriva chez Bic à Clichy avec quelques minutes de retard. Très regardant sur la ponctualité, le baron Bich refusa de le recevoir en déclarant avec panache : « Je ne ferai jamais affaire avec un horloger qui arrive avec 5 minutes de retard. » Éconduit, ce dernier rentra chez lui et décida de monter son projet tout seul. Nicolas Hayek, fondateur de Swatch®, remercie encore aujourd'hui le baron Bich de ne pas l'avoir reçu, lui permettant ainsi de devenir le premier horloger du monde – il a depuis racheté les plus belles marques de l'horlogerie suisse : Omega®, Breguet®, Tissot® ou Longines®. Cette histoire magnifique montre à quel point la compatibilité des individus est primordiale pour toute construction de projet. Connaissant les deux personnages, je reste convaincu qu'ils n'auraient jamais pu s'entendre plus de quarante-huit heures. Pas de hasard et, surtout, pas de regret.

Depuis, on a tout dit et tout entendu sur les projets de nouveaux produits Bic : préservatifs, brosses à dents, piles, batteries rechargeables, lunettes, téléphone… Chacun de ces produits est en phase avec l'ADN de la marque. De tous ces projets, un seul fut mené à terme avec succès : le téléphone.

En septembre 2008, Bic a lancé un téléphone mobile en partenariat avec Orange, sur le concept du « prêt à téléphoner ». Simple à utiliser, rechargeable, bon marché, il est totalement génétique et permet à Bic d'entrer de plain-pied dans le monde des télécommunications à sa façon, en simplifiant et en démocratisant l'usage du téléphone mobile. Avec un seul communiqué de presse, Bic a obtenu des centaines d'articles qui ont assuré un buzz positif pour ce produit disponible dans tous les bureaux de tabac.

Le téléphone n'est pas pour autant la quatrième jambe de Bic. La marque se réserve plutôt la possibilité de lancer des produits de « licences » par opportunité de marché. Ces coups marketing sont une bonne façon de coller à l'actualité et à l'air du temps.

Le Bic Phone est un co-branding, un produit hybride issu de la fusion génétique avec Orange qui rend ce lancement légitime.

Bic a décidé de pousser plus loin l'innovation sur chacun de ses piliers en la rendant plus visible. Si, d'une manière générale, les consommateurs redoutent la nouveauté en la trouvant souvent trop artificielle et trop chère, ils créditent Bic de ne pas leur en faire payer le prix, ce qui laisse à la marque un formidable champ d'investigation pour améliorer encore davantage son rapport qualité/prix.

Grâce à cette équation génétique, Bic traverse les périodes de crise en incarnant la marque qui permet facilement et au plus grand nombre d'accéder à la qualité et à l'innovation au quotidien.

Je pense depuis longtemps au « Bic d'après » et à la mutation génétique de fond, nécessaire, qui répondrait aux préoccupations de développement durable et de responsabilité éthique. Cette mutation est pour moi profondément ancrée dans son ADN, nous verrons plus loin comment Bic peut l'effectuer sans danger tout en retrouvant une nouvelle énergie qui lui permettra d'adopter une posture de pionnier face aux grands industriels mondiaux de son secteur.

Interview de Bruno Bich, président de Bic Worldwide

Frank Tapiro – Bic est-il un petit bonhomme vivant doté d'un code génétique ?

Bruno Bich – Frank, c'est un plaisir de discuter avec vous car vous êtes aussi enthousiaste que moi sur ce sujet !

Oui, le petit bonhomme Bic, connu dans le monde entier, est bien vivant. Et je pense très sincèrement que, comme un être humain, une marque est basée sur des valeurs très profondes. C'est ce qui la construit, surtout lorsqu'elle est internationale. Si elle porte un nom de famille – moins le « H » pour Bic –, c'est encore plus vrai.

FT – Quel est l'ADN du bonhomme Bic ?

BB – Retournons au premier produit, le Bic Cristal®, qui nous a tous accompagnés en classe. C'est un produit de qualité qui fait abstraction de tout superflu. C'est un produit simple qui remplit parfaitement sa fonction : un trait de couleur sur une feuille de papier.

Le gène leader de Bic, c'est de donner aux consommateurs un produit de qualité au prix juste. En se concentrant d'abord sur la fonction du produit, on obtient une constance de qualité qui permet d'écrire avec chaque stylo Bic aussi bien du premier au dernier mètre. C'est indispensable quand les consommateurs à travers le monde choisissent d'acheter chaque jour 24 millions de nos articles de papeterie. Cette excellence sur un tel nombre de produits nous donne un prix de revient qui nous permet de proposer le prix juste.

On retrouve cette valeur dans tous les autres produits Bic®, et elle est partagée par l'ensemble de nos collaborateurs dans la R&D comme dans la production, chaque jour et dans chaque usine.

Certaines marques offrent des produits de qualité mais à un prix toujours plus élevé. D'autres offrent des produits à bas prix mais de mauvaise qualité. L'ADN de Bic c'est la qualité et le juste prix.

FT – Quelles autres valeurs font partie de l'ADN de Bic ?

BB – Les produits Bic simplifient la vie. Ils ont changé les habitudes des consommateurs à travers le monde. Le stylo-bille a facilité la vie des gens en proposant une alternative au stylo-plume. Le briquet Bic® est plus facile et plus sûr à utiliser que les allumettes. Nos rasoirs sont aussi d'une qualité et d'une simplicité remarquables. Offrir la qualité, le prix, faciliter la vie des gens et innover – comme le prouve notre nouveau téléphone lancé en partenariat avec Orange – constituent l'essentiel de notre ADN.

Une autre valeur en fait partie : la valeur humaine d'esprit d'équipe qui réunit nos collaborateurs à travers le monde. Venant de différentes civilisations, ils mettent leurs différentes éducations, mais des valeurs communes, au service des projets. Nous laissons beaucoup de liberté à nos managers dans chaque pays pour gérer notre marque à travers son ADN. Bic prend ainsi la nationalité de chaque pays où il est présent. Pour les Brésiliens, Bic est brésilien, pour les Américains, Bic est américain, et pour les Français, bien sûr, Bic est français. Le fait que nos produits ont satisfait les consommateurs à travers le monde est la preuve que l'ADN de Bic est universel, et c'est parce que nos managers à travers le monde comprennent l'ADN de Bic qu'ils ont réussi à nous donner une image locale.

FT – L'ADN de Bic est-il partagé par l'ensemble des collaborateurs ?

BB – Notre Groupe travaille dans plus de 160 pays du monde et, dans notre « leadership team » de dix personnes, il y a quatre nationalités différentes.

Nos valeurs sont l'éthique, la responsabilité, l'esprit d'équipe, la simplicité et l'ingéniosité. Ce sont là des valeurs profondes universelles qui, appliquées à travers le monde par des personnes dont le propre ADN est similaire à Bic, nous ont permis de réussir dans tous les continents.

Les valeurs humaines se retrouvent partout, nous les partageons, elles nous réunissent et nous permettent d'avoir un langage et un état d'esprit communs. C'est le cercle vertueux de la marque et de ses collaborateurs. On est Bic dans l'âme et on travaille « à la Bic ».
Ces valeurs rendent notre travail plus agréable car on se comprend entre nous, nous savons où nous allons et ce pourquoi nous nous battons.

FT – Il n'y a pas de sentiment de propriété avec un Bic, est-il perdable ?
BB – Oui, c'est vrai. Mais j'ajouterai que, si les gens ne sont pas inquiets de perdre leur stylo, leur briquet ou leur rasoir Bic®, c'est qu'ils savent que, partout dans le monde où ils achètent un produit Bic®, la qualité sera excellente et qu'ils pourront facilement le remplacer à moindre coût. C'est cette confiance dans la constance de la qualité qui fait la force de notre marque.

FT – Une grande marque peut-elle trahir son ADN sans risque ?
BB – Il faut beaucoup de temps pour construire une marque mondiale et peu de temps pour l'abîmer dès que l'on trahit son ADN. Il faut faire évoluer les produits en fonction des progrès technologiques, mais il ne faut jamais renier ses racines. C'est ce qui peut anéantir une marque.
On doit la faire évoluer, l'actualiser, la moderniser, sans trahir ses fondamentaux.

FT – L'ADN est un héritage ?
BB – Oui, c'est un héritage merveilleux que partagent toutes les personnes de la société et les « cousins », dont vous faites partie, qui sont les gens avec qui nous travaillons depuis très longtemps car nous restons fidèles à ceux qui comprennent et partagent nos valeurs.
Sans aucun doute, il faut transmettre cet héritage. C'est ce que nous faisons avec tous nos nouveaux collaborateurs, dès

leur arrivée chez Bic. Il est fondamental de respecter les différences de chacun tout en partageant les mêmes valeurs.

FT – Savoir d'où l'on vient nous aide à mieux entrevoir où l'on va. Comment imaginez-vous Bic dans vingt ans ?
BB – Nous continuons à suivre notre mission : « offrir des produits simples, inventifs et fiables pour tous, partout dans le monde ». Nous allons continuer à travailler sur les nouvelles technologies pour proposer aux consommateurs des produits qui leur simplifient la vie et avec une qualité toujours supérieure, mais avec un prix toujours juste.
Le développement durable faisait déjà partie de l'ADN de notre premier produit, le Bic Cristal dont nous parlions tout à l'heure. Notre engagement dans le développement durable aujourd'hui est une responsabilité partagée par chacun chez Bic. Notre responsabilité est de contribuer à l'émanation d'un modèle économique plus respectueux de l'environnement. L'engagement de Bic est de réduire les impacts de notre activité sur l'environnement, en particulier lors de la conception des produits, de la fabrication et du transport, tout en répondant aux besoins de consommateurs qui souhaitent un choix de produits à des prix accessibles, et tout en maintenant notre santé financière.

FT – Bic est-elle génétiquement adaptée à la crise ?
BB – Le fait que nous offrons le meilleur équilibre qualité-prix nous permet de résister de manière fantastique à la crise. Les consommateurs dans les moments difficiles choisissent d'acheter des produits de qualité et abordables, et dans lesquels ils ont confiance par expérience.

FT – Merci, tonton Bruno !
BB – Merci, cousin Frank !

Alerte !
les pirates de Virgin attaquent !
oh mon dieu...
ils paraît qu'ils sont tous vierges !

3-3 Virgin®, le Genetic Label

Virgin, label histoire

Virgin est une de mes marques préférées, une marque référence, un modèle.

Tant pour son état d'esprit que pour le déterminisme affiché par son créateur, Sir Richard Branson.

Né en 1950, il fonde à quinze ans à peine un journal étudiant, *Student*. En 1969, à dix-neuf ans, il crée la société Virgin, destinée à vendre des disques à tarif réduit par correspondance en s'appuyant sur son magazine. En 1971, la grève des postes manque de ruiner la jeune entreprise qui se sauve en ayant l'audace d'ouvrir des magasins pour écouler son stock de disques. En 1973, Richard Branson crée son label musical indépendant, Virgin music. Il lance, entre autres, les Sex Pistols, Mike Oldfield et Boy George. Résolument anti-establishment, il prend tous les risques avec la volonté farouche de briser les codes et les tabous et, surtout, de casser les monopoles. Il agit comme un pirate venant à l'abordage de marchés établis, matures et organisés où tous les intervenants, leaders comme challengers, agissent de pair dans des ententes cordiales quasi illicites, bloquant ainsi l'émergence de tout nouveau venu. Plus l'ennemi est gros, plus sa détermination est grande, et ce dans tous les domaines.

Il ne choisit pas un marché pour y être le meilleur ou remplacer le leader mais pour y incarner le challenger éternel et l'empêcheur de tourner en rond.

Quand on lui demande pourquoi il a donné à son entreprise le nom de Virgin, il répond, avec la malice du trublion qu'il est, que c'est « un clin d'œil à son immaturité sexuelle face aux filles de son groupe ». La véritable origine du nom vient en fait d'un *brainstorming* qui eut lieu dans la crypte de l'église St John, où l'équipe de *Student* travaillait, au moment de créer la société de vente de disques par correspondance. Il fallait un nom accrocheur qui tienne la route sans faire référence à *Student* et au monde étudiant, afin d'élargir la cible d'acheteurs. Une des filles de son équipe s'exclama : « J'ai trouvé ! Que diriez-vous de Virgin ? Après tout, on est tous complètement vierges dans ce métier… »

En choisissant ce nom, on peut penser que Richard Branson souhaitait incarner une oreille neuve, vierge, dans un monde surchargé de sons nouveaux, à l'époque où la musique se réinventait en permanence. Vierge de toute influence, de toute expérience et de tout préjugé, il voulait que son label n'aille pas sur des chemins battus par les autres. Un label qui n'aboie pas avec les loups de l'industrie du disque et ses réseaux de distribution puissants. Son jeune âge et son look pas vraiment travaillé devaient assurément laisser croire qu'il était puceau, et sa légende commença ainsi. Quarante ans plus tard, on sait que Richard Branson ne se déplace jamais sans son cortège de blondes pulpeuses aux courbes sensuelles. Incarner la virginité éternelle est une cure de jouvence et une preuve d'humilité, car c'est une posture qui induit l'absence de préjugés et la volonté de faire neuf et différent. Être « Virgin », c'est tout essayer au moins une fois.

Il fallait en effet être vierge d'esprit pour accepter de produire *Tubular Bells* de Mike Oldfield.

L'enfance de Mike Oldfield est marquée par la maladie de sa mère, qui fait de fréquents séjours en hôpital psychiatrique. Il développe une personnalité maladivement introvertie et trouve refuge dans la pratique de la guitare, qu'il taquine depuis l'âge de sept ans. À dix-sept ans, il commence à composer des bribes de ce qui deviendra *Tubular Bells* et enregistre une maquette avec un magnétophone Bang & Olufsen prêté par Kevin Ayers. Durant l'été 1971, il fait le tour des maisons de disques avec sa maquette, sans succès. La démo a cependant la chance de plaire à Tom Newman, qui travaille au studio The Manor monté par le jeune entrepreneur Richard Branson. Au même moment, ce dernier est en train de mettre sur pied un réseau de magasins de disques. Il tente sans succès de trouver une maison de disques pour publier la musique du jeune guitariste. Mais quand il décide de créer son propre label, il propose à Mike Oldfield de figurer parmi les premiers artistes de Virgin et il lui fait signer un contrat l'engageant sur dix albums – ce qui sera par la suite source de litiges entre Oldfield et Virgin.

Tubular Bells sort le 25 mai 1973 sous le numéro de catalogue V2001, quelques jours après le vingtième anniversaire du musicien. Il s'agit d'un album de musique instrumentale présentant un seul long morceau de rock symphonique sur chaque face du 33-tours. Tous les instruments ou presque sont joués par Mike Oldfield, ce qui a nécessité, pour l'époque, des prouesses techniques lors de l'enregistrement. Richard Branson porte l'album auprès des médias anglais et le fameux animateur radio John Peel programme les deux faces complètes de l'album dans son émission de rock à la BBC. L'album connaît un succès colossal et devient une des plus grosses ventes de l'histoire de la musique, ce qui est remarquable pour une musique purement instrumentale. La reprise du thème introductif dans le film *L'Exorciste*, quelques mois plus tard, amplifie le succès, notamment aux États-Unis. Peu de maisons de disques traditionnelles auraient pu prendre de tels risques avec une personnalité comme celle d'Oldfield.

Il en va de même pour les Sex Pistols et leur leader Johnny Rotten, fondateurs du mouvement punk en Angleterre, ou pour Boy George et son look démentiel.

Mais ne tombons pas dans le piège. Richard Branson est avant tout un businessman redoutable qui, bien que surnommé « le milliardaire aux pieds nus », a toujours placé la réussite financière par-dessus tout. On peut être vierge, mais riche… Il a revendu son label à EMI en 1992 pour plus de 1 milliard de dollars.

Dès 1971, Richard Branson a créé à Londres le premier Virgin Megastore, qui révolutionna le commerce du disque en proposant une attitude décontractée en phase avec l'époque et en vendant des disques inédits ou rares qu'aucun autre disquaire londonien ne proposait ou n'osait commercialiser. Les magasins Virgin ne vendaient que des albums 33-tours, se servant des 45-tours pour la promotion, ce qui suffit à asseoir leur réputation. Virgin en a par la suite ouvert plus de 150 dans le monde. Le principe est toujours le même : repérer un marché à très forte valeur, dominé par un leader et des challengers organisés. Une fois que ce marché semble au maximum de sa croissance, Branson décide de créer la rupture en le « Virginisant » pour proposer une alternative aux consommateurs. Cette alternative n'est pas uniquement basée sur le rapport qualité/prix. Elle concerne aussi l'état d'esprit du marché, le domaine de compétences, la notion de service et le bénéfice consommateur. *« Pay less, get more »* (payez moins, obtenez plus) pourrait être le concept génétique de Virgin tant il offre plus pour le même prix. Il est convaincu qu'il y a toujours une place sur le marché pour un trublion qui veut casser les codes et renverser l'ordre établi. Ce côté anti-establishment lui confère un positionnement de « punk entrepreneur ». Il détruit pour mieux reconstruire. Mais surtout pour faire du profit. Virgin est peut-être le modèle idéal d'entreprise qui correspond à son époque et qui ne dépend pas d'un marché en particulier.

Virgin est peut-être le modèle idéal d'entreprise qui correspond à son époque et qui ne dépend pas d'un marché en particulier.

Virgin n'est pas une marque. C'est un label qui imprime un état d'esprit et une vitalité sur tous les marchés qu'il attaque, qui s'adapte au contexte ambiant pour proposer une alternative. Le label est sans doute la nouvelle forme de ces marques caméléon qui incarnent la vision et l'état d'esprit de leur créateur. Ce n'est ni une méthode de travail, ni un process industriel, ni un *business model* particulier.

La labellisation de Virgin a commencé très tôt par une création de licences Virgin sur le marché aérien avec Virgin Atlantic Airways (1984), sur le réseau ferroviaire avec Virgin West Coast Trains, puis vinrent les boissons Virgin Cola (1997), Pulp (1999) et Surpriz (2000), la radio avec Oui FM, les cosmétiques avec Virgin Vie (1998), la vente de voitures en ligne avec Virgin Cars (2000), le téléphone mobile avec Virgin Mobile, les jeans, les assurances vie, les cinémas, les hôtels, les vêtements, les robes de mariées, le pétrole...

Il y a autant de possibilité de créer de nouveaux Virgin que de marchés matures.

Si mon outil de révélation du génome des marques se montrait efficace sur les marques traditionnelles, j'allais bientôt pouvoir vérifier, à l'occasion du lancement de Virgin Cola, s'il en était de même sur un label.

Le génome de Virgin

Empreinte génétique

« *Have fun* » (Prenez du plaisir)

Branson a démontré qu'on pouvait faire fortune sans jamais se prendre au sérieux. Il aborde le monde des affaires avec une décontraction déconcertante et une fraîcheur « virginisante ». Pas de philosophie, pas de recette, pas de technique garantissant le succès : le plaisir est la clé du succès de Virgin.

Authentique Différence Naturelle

Gène leader : l'audace

À l'image de son fondateur, Virgin est une marque qui surprend, qui prend des risques (calculés) et qui agit toujours de façon événementielle. Son audace génétique se retrouve dans la façon d'aborder les marchés sur lesquels elle sévit et sur la manière de communiquer, tant de ses labels que de Richard Branson lui-même. À chaque lancement, il se met en scène de façon outrancière, décalée et humoristique et provoque l'establishment. Son personnage est le héros de ses lancements et la presse en raffole. Il joue avec ce positionnement pour générer un grand nombre de retombées qui lui assurent un lancement réussi. Son audace pousse les médias à se focaliser sur lui tant ils sont à la recherche de scoops et de sensations fortes. Il n'agresse jamais personne, même quand il débarque avec un char d'assaut sur Times Square à New York accompagné de Pamela Anderson, pour déclarer la guerre aux colas américains avec son Virgin Cola® ! C'est de « l'agite propre », drôle et décalée, qui aide néanmoins à faire passer le message de fond de rupture avec les monopoles. La vie de Sir Branson est un jeu, un défi à l'impossible. Il pense qu'il faut toujours voir grand et rester ambitieux, quoi qu'il arrive, pour réussir. Branson est un homme d'affaires qui recherche le profit en partant d'une posture idéaliste. Il se sert de son cerveau droit pour satisfaire son cerveau gauche.

La virginité

Le patronyme de la marque en dit long sur sa volonté de rendre vierges des marchés saturés et matures. Être « Virgin », c'est rester ouvert à toute opportunité qui se présente. « Virginiser », c'est réinitialiser, changer les règles, refonder et repartir à zéro. Une aubaine pour des consommateurs de plus en plus manipulés et désabusés.

Le label indépendant

Plus qu'une marque, Virgin est un label, un état d'esprit. L'indépendance financière est la condition *sine qua non* du succès de Virgin. Branson a su décider de prendre des risques et les financer. Virgin a toujours eu les moyens de ses ambitions.

La liberté

Être Virgin c'est être libre. C'est la valeur essentielle qui se dégage du label. Pour « virginiser » un marché, il faut se sentir libre de tout préjugé et de toute contrainte.

L'attitude anti-establishment

La volonté de bousculer et déstabiliser l'ordre établi pour exister et offrir une alternative. Détruire pour reconstruire. Un style irrévérent, provocateur et impertinent.

La volonté d'être *consumer centric* (orienté consommateur)

Richard Branson estime que les marques traditionnelles manipulent leurs consommateurs et leur mentent. Il veut se mettre résolument du côté du consommateur en le prenant comme complice, en toute transparence. Il propose un pacte gagnant/gagnant où ce dernier « profite » enfin des marques.

L'alternative

Il incarne la volonté de penser et d'agir autrement pour proposer une offre différente, qui propose plus, pour moins : *« Pay less, get more. »*

L'opportunisme

Aucun marché ne lui paraît interdit et tous les moyens sont bons pour arriver à ses fins. Son goût de l'aventure et son opportunisme sans limite lui ont souvent réussi. Tout est possible, même la conquête spatiale ! Il y a toujours un « territoire Virgin » à découvrir et exploiter.

Le glamour, le fun et le rock

C'est le triptyque de l'état d'esprit qui distingue Virgin sur tous les marchés. Cette posture permet de créer un lien entre tous les labels. Ce triptyque est un garde-fou artistique, un style, un caractère, un ton résolument différent avec lequel on ne peut pas transiger.

Concept génétique

« Pay less, get more. »

Sur tous les marchés qu'il a conquis, Virgin en propose plus pour moins. C'est le contrat de base qu'il propose aux consommateurs qui ont l'assurance d'en avoir plus pour leur argent, en matière de rapport qualité/prix comme de service.

Pour un label comme Virgin, l'ADN est une valeur absolue, une information essentielle pour muter en créant de nouvelles licences tout en conservant le même état d'esprit.

Richard Branson considère Virgin comme un être vivant, changeant, mutant et fluide qui ne doit jamais rester figé. Sa vérité est dans le mouvement permanent.

LE GÉNOME DE **VIRGIN**

L'EMPREINTE GÉNÉTIQUE

«PRENEZ DU PLAISIR» - «HAVE FUN»

AUTHENTIQUE DIFFÉRENCE NATURELLE

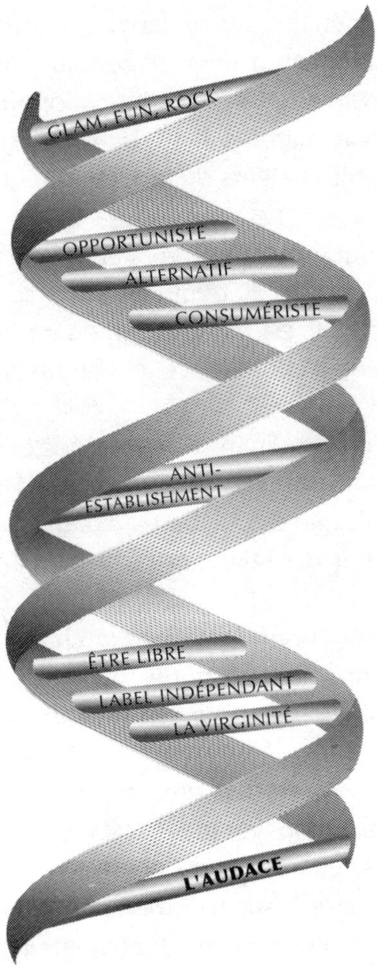

CONCEPT GÉNÉTIQUE : PAY LESS, GET MORE

Virgin, l'extension génétique du label

Une marque traditionnelle fait du *brand stretching* (extension de la marque) en essayant de rester cohérente avec son ADN. L'extension du domaine de la marque ne doit pas être une extension du domaine de la lutte à l'interne et à l'externe. Voilà pourquoi il est essentiel de maîtriser son ADN pour initier ces développements.

Si l'on envisage Virgin comme un label et ses marques comme des licences, l'ADN sert à fixer les fondamentaux pour que chaque licence respecte l'état d'esprit d'origine et l'attitude particulière sur son marché. Il ne peut y avoir d'exception pour ne pas diluer les valeurs du label Virgin et le dévaloriser.

L'extension génétique du label *(genetic label stretching)* opérée par Virgin depuis plus de trente ans est la source du succès de Richard Branson. C'est un développement organique tous azimuts qui respecte la cohérence génétique de l'ensemble.

Pour créer une licence Virgin, il faut respecter un cahier des charges très précis. Richard Branson ne gère pas toutes ses entreprises. Un service Virgin Brand, basé à Londres, a pour mission de vérifier si chacune des filiales respecte bien l'ADN de Virgin.

L'état d'esprit de la communication, la charte graphique, le ton et le style, la direction artistique, tout est décortiqué et passé à travers le prisme Virgin pour assurer une cohérence totale.

Virgin n'est pas une marque qui crée des filiales indépendantes libres d'agir selon leur gré. C'est un label qui caste des entrepreneurs désireux de créer une licence qui opérera une rupture « Virginisante » sur son marché. Ces entrepreneurs sont tous des partenaires compétents dans leurs domaines, désireux d'investir avec Virgin pour créer une joint-venture.

Virgin Cola ou Virgin Mobile® ne sont pas des marques à part entière. Elles représentent ce que Virgin a à dire et à faire sur les marchés auxquels elles appartiennent.

Virgin Mobile, c'est le mobile par Virgin. Virgin Cola c'est le cola par Virgin, etc.

J'ai eu la chance de lancer de nombreuses licences Virgin en France : Virgin Cola en 1997, Virgin Pulp® en 1999, Virgin Mobile en 2006, Virgin Radio® et Virgin 17® (TV) en 2008.

Chacun de ces lancements fut une expérience unique où la créativité et la prise de risque furent totales.

Ces cas sont la meilleure preuve que l'approche génétique nous évite des erreurs qui peuvent se révéler fatales en période de lancement.

Virgin Cola, Virgin Cola

Ma première rencontre avec Virgin se fit à l'issue d'une coïncidence étrange. Lors d'un déjeuner avec Éric Cantona où nous discutions de notre prochain projet, ce dernier me dit qu'il était convaincu que je m'entendrais bien avec Richard Branson, tant nos valeurs et nos points de vue étaient proches. Honoré par tant de considération de sa part, je lui confirmai ma motivation à le rencontrer. Éric me proposa d'intervenir en ma faveur, ce que j'acceptai avec joie.

En rentrant à l'agence, on me signala que j'avais reçu un message important de la société... Virgin et que je devais les rappeler de toute urgence !

Je téléphonai à Éric pour le remercier de sa réactivité. Il me dit qu'il n'y était pour rien, n'ayant pas encore eu le temps de contacter Branson. Ma collaboratrice qui avait reçu le message m'informa qu'il s'agissait non pas de Branson en personne mais de Laurent Deruelle, directeur général de Virgin Cola France, qui voulait nous consulter pour le lancement de la marque. La coïncidence était étonnante.

Je le rappelai immédiatement et pris rendez-vous avec lui le lendemain matin, un vendredi. J'avais fantasmé un peu vite sur l'ampleur du brief, pensant que Virgin Cola ne pouvait se permettre d'arriver sur le marché français sans faire de bruit. Malheureusement, Laurent Deruelle et ses équipes nous ont vite fait comprendre que les moyens qu'ils possédaient ne leur permettraient pas d'avoir de grandes ambitions. Il me remit des cassettes vidéo contenant des spots de pubs Virgin Cola diffusés dans d'autres pays. Sa demande était simple : faire un montage des meilleurs plans ou des meilleurs spots et produire une version française à diffuser en télé.

J'ouvris la poubelle métallique de mon bureau et jetai toutes les cassettes que Laurent m'avait confiées.

De retour à l'agence, je ne pus me résoudre à répondre à ce brief qui, pour moi, n'était pas en phase avec l'ADN de la marque, d'autant plus que les spots n'étaient pas assez créatifs. Il fallait créer la rupture, être anti-establishment et se positionner comme le challenger européen des colas américains Coca et Pepsi®. Je réunis tous les créatifs et tentai un coup. J'ouvris la poubelle métallique de mon bureau et jetai toutes les cassettes que Laurent m'avait confiées. Stupeur. Pierre Noël, mon adjoint, me demanda timidement : « On est vendredi 15 heures, on doit les revoir mardi prochain à 10 heures, lundi, c'est le lundi de Pâques, on fait quoi ? »

J'étais serein et répondis tout de go que nous avions quarante-huit heures pour concevoir et réaliser des spots nous-mêmes. Je ne bluffais pas. Mon seul apport fut stratégique. Virgin Cola n'avait besoin que de notoriété ; face aux deux colas américains et à leurs millions de dollars, nous ne pouvions exister que de façon différente, impactante et mémorisable. Ma seule demande était de finir tous les spots par un slogan aussi simple que parodique : « Virgin Cola, Virgin Cola. »

Tout le monde éclata de rire, pensant que je faisais une fois de plus un bon canular. Pour une fois, ce n'était pourtant pas le cas.

Ce slogan absurde était la meilleure façon de créer de la notoriété, puisqu'on répétait deux fois le nom de la marque, comme si « Virgin Cola » était le slogan de Virgin Cola.

À la fin de la réunion, je passai ma caméra vidéo aux deux créatifs pour qu'ils puissent immortaliser le fruit de leur imagination. Ils décidèrent de partir à la campagne, accompagnés du responsable commercial qui allait passer son premier examen de comédien amateur. Je ne voulais rien savoir des scripts. Je préférais être surpris pour surprendre à mon tour mes futurs clients potentiels.

Dimanche soir, Pierre me téléphona, l'air grave : « Désolé de te déranger un dimanche, mais il faut qu'on se voie. Ce soir. » Je me précipitai à l'agence.

Pierre brancha religieusement la caméra sur la télé. Il appuya sur le bouton lecture et attendit ma réaction face aux douze spots hilarants qui venaient d'être réalisés. Ayant pour seul objectif de faire le trou à l'écran, tous finissaient par le concept « Virgin Cola, Virgin Cola ». Après une franche hilarité spontanée provoquée par ces moments de bonheur, je retrouvai mes esprits pour les féliciter de leur travail, tout en me demandant si nous n'allions pas trop loin pour un lancement. Je me rassurai aussitôt en pensant aux lancements précédent de Branson et à ses prises de risques permanentes.

Je réquisitionnai le studio d'un ami pour faire les mixages son le lundi de Pâques.

Le mardi, à 10 heures précises, je poussai la porte de Virgin Cola non sans une certaine excitation. Laurent me demanda si nous avions bien travaillé et si nous étions contents des montages. Je fis mine d'acquiescer sans rien lui dire de notre démarche, pour ménager l'effet de surprise… Je diffusai le premier film montrant un homme, Pierre en l'occurrence, urinant dans un jardin, chantant avec une voix rocailleuse et maladroite une valse d'Offenbach, tandis que son jet urinaire devenait un geyser surréaliste. Laurent, totalement soufflé par ce qu'il venait de voir, me demanda sur quelle cassette j'avais bien pu trouver ce spot. Je lui expliquai que nous avions tourné douze spots pendant le week-end et les lui diffusai dans l'allégresse générale. Après un long fou rire qui n'était pas sans rappeler le mien 48 heures plus tôt, il me demanda si nous pouvions les diffuser en télé. Il avait un budget de lancement modeste (environ 700 K€) et voulait l'investir entièrement sur eux. Laurent Deruelle était le type de manager que Branson appréciait, à la fois très pro et capable de dépasser les bornes quand cela en valait la peine. Un client idéal à l'hémisphère droit hyperdéveloppé.

Nous étions revenus sur les fondamentaux de Virgin, à la fois en termes de contenu et de démarche médias. Il ne nous restait plus qu'à créer l'événement. Je proposai à Laurent d'organiser une soirée de lancement pour créer des retombées presse d'envergure. Je ne savais pas si Richard Branson allait venir à Paris pour lancer sa boisson, ainsi qu'il l'avait fait à New York, nous n'avions pas de confirmation définitive de sa part : il préparait un vol en montgolfière et s'apprêtait à partir d'un instant à l'autre en fonction des conditions climatiques.

Nous étions malgré tout dans l'obligation de tenir la date de lancement coûte que coûte vis-à-vis de la distribution. La Fabrique nous ouvrait ses portes. Ce bar de la Bastille nous avait réservé la totalité de son espace pour accueillir la petite centaine d'invités, journalistes pour la plupart, distributeurs, stars, people et VIP. J'annonçai à tout le monde que Richard Branson ferait une apparition sans en préciser la nature. J'avais préparé un plan B, tenu secret, en cas de défection.

À quelques heures de la soirée, Branson nous informa qu'il ne pourrait malheureusement pas venir à Paris. Toute la presse était là. Nous étions dans l'obligation de leur donner du Branson. Il fallait prendre tous les risques. Je déclenchai alors le plan B. À l'aide d'un vidéo-projecteur, je diffusai sur un écran géant une photo de Branson déguisé en homme-grenouille avec la mention : *« Transmission par satellite. »* J'annonçai que Branson allait nous faire une déclaration par téléphone, bien que je n'eusse pas réservé au préalable quelque communication satellitaire que ce soit. Le stratagème était simple : je pris le combiné de téléphone sans fil de l'établissement et le branchai sur la sono. Je me rendis dans la remise et lançai un « Bonsoir Paris ! » avec l'accent anglais. J'allais pendant plus de quinze minutes imiter Richard Branson et faire une déclaration de guerre de Virgin Cola, l'Européen, contre les colas américains ayant débarqué en France il y a soixante ans, Coca-Cola et Pepsi. J'invectivai la foule qui exultait, pensant qu'il s'agissait de Branson au bout du fil, dans un anglais pourtant peu orthodoxe. Plus c'est gros, plus ça passe, me disais-je. Je finis mon allocution délirante par un *« Virgin Cola, Virgin Cola ! »*. La foule applaudit. Elle semblait avoir mordu

J'allais pendant plus de quinze minutes imiter Richard Branson et faire une déclaration de guerre de Virgin Cola.

au canular. Nous diffusâmes ensuite les spots qui eurent un franc succès. Les articles qui suivirent furent explosifs et tout le monde reprit la « déclaration de guerre ». Branson apprit la chose et adressa un courrier de félicitations à Laurent, qui avait pris le risque avec l'agence. Le lancement était réussi et Virgin Cola allait vivre deux années formidables en gagnant 1,5 % de parts de marché, ce qui est un exploit dans cette catégorie encombrée par un géant et un petit ogre. La campagne fut primée par le public comme par les distributeurs.

Avec du recul, nous avions été totalement en phase avec l'ADN de Virgin en prenant des risques extrêmes pour exister sur un marché où les deux acteurs principaux étaient installés depuis de nombreuses années. La méthode pour le moins audacieuse était une façon efficace de créer une rupture et de la curiosité autour du produit en poussant les consommateurs à l'essayer et, en même temps, à faire le choix d'un cola européen, sans autre argument ou bénéfice supplémentaire. Le prix était plus faible, mais le goût n'était pas franchement meilleur que celui des deux illustres concurrents. On achetait davantage la marque Virgin que la boisson elle-même, véhiculant plaisir et liberté. Ce style anti-establishment était une façon d'incarner le caillou dans la chaussure des grands. Persuadés que Branson avait mis les grands moyens en voyant les douze films produits par l'agence, Coca-Cola et Pepsi étudièrent sérieusement le cas Virgin et tentèrent, séminaires à l'appui, de nous contrer. Nos concurrents nous faisaient exister en nous prenant au sérieux, réveillant ainsi la distribution qui s'intéressait au trublion pour retrouver un peu la main sur ce marché où les marques font la loi. Si nous avions reçu le brief sans rien dire et sans le défier, nous aurions peut-être tapé à côté et essuyé un échec au lancement.

Pour travailler pour Virgin et Branson, il fallait être, penser et agir comme eux. Hémisphère droit et Virgin semblent liés génétiquement tant ils partagent de nombreuses valeurs d'indépendance, de liberté, d'audace, de provocation, une approche détendue et une vision optimiste du marché. Travailler sérieusement sans jamais se prendre au sérieux.

Branson nous remit le prix de la meilleure campagne Virgin de l'année en 1998, malgré le délit caractérisé d'usurpation d'identité. D'autres présidents auraient sans doute été plus rancuniers. Dans la foulée, nous lançâmes « Virgin Pulp, avec deux fois plus de pulpe dedans ». Orangina tenta de nous attaquer en justice mais fut débouté, chez lui, à Aix-en-Provence. Le Virgin Pulp avait en effet deux fois plus de pulpe d'orange et les consommateurs semblaient l'apprécier, voire le préférer.

Seulement voilà, le succès rapide de Virgin Cola fit prendre à Virgin des décisions plutôt traditionnelles, conformistes et classiques. Un nouveau directeur marketing décida de ne plus communiquer, prétendant que Virgin Cola pouvait désormais s'en passer, ce qui était faux et totalement en décalage avec l'ADN de Virgin. Même Coca-Cola ne passe pas un jour sans communiquer. Il décida d'investir tout son budget dans la force commerciale et la promotion, trahissant de ce fait l'anticonformisme de la marque.

Deux ans plus tard, le cœur de Virgin Cola cessa de battre. La trahison de l'ADN a parfois des conséquences catastrophiques.

Détendu du mobile : la saga Virgin Mobile

Quelques années plus tard, en 2006, l'agence fut à nouveau consultée pour le lancement de Virgin Mobile en France, piloté par Geoffroy Roux de Bézieux, le talentueux fondateur de The Phone House. Lors de la compétition, nous présentâmes à Julien Allisy (directeur marketing) et Nelly Floriach (responsable publicité) une plate-forme de marque qui positionnait Virgin Mobile comme une alternative aux « trois

dites-moi, jeune homme, je ne connais pas ce label
Virgin ?
c'est de la musique religieuse ?
Boy George
Sex

gros » à l'entente cordiale ou illicite – selon le camp auquel on appartient. À l'heure où le mobile était synonyme de stress, il fallait incarner une posture inverse totalement en phase avec l'ADN de Virgin. Le label Virgin devait conférer à ce nouvel opérateur – qui utilise le réseau Orange – une image d'opérateur indépendant à part entière.

Pour ce faire, il fallait bousculer et rassurer. Bousculer en proposant une offre *« Pay less, get more »*, et rassurer grâce à la force du label.

Le directeur marketing ne voulait pas nous donner l'offre de lancement dans le brief, à la fois pour des raisons évidentes de confidentialité, et pour choisir l'agence qui serait à son avis la plus « Virgin ». Outre les différentes pistes créatives, nous proposâmes un concept qui résumait à lui seul la réponse que devait donner ce nouveau label sur un marché stressé où les fantasmes sur le mobile abondaient (ondes nocives, oreillettes cancérigènes, risque de chauffer l'oreille et le cerveau, etc.).

« Soyons enfin détendu du mobile ! » s'écria un créatif. Ce concept traduisait une attitude placide au moment où les « trois gros » se livraient une guerre des nerfs à base de surenchère promotionnelle pour faire le plein de clients. L'aïkido, qui permet de retourner la force de l'adversaire contre lui, s'imposait face à des adversaires coriaces et beaucoup plus gros que nous, dépensant en un mois ce que nous dépensions en un an. « Détendu du mobile » était totalement en phase avec l'ADN de Virgin qui agit en rupture avec les habitudes d'un marché et qui offre plus pour moins. On proposait à nos futurs clients d'être détendus et de ne pas stresser avec leurs forfaits et leurs cartes prépayées. Cela induisait qu'il y avait une offre pour chacun à un prix intéressant. « Détendu du mobile » implique aussi une attitude simple et décontractée qui dénote avec le style un peu ronflant des autres opérateurs, Nomad ayant (heureusement pour nous) disparu du paysage, nous laissant libre le terrain de l'humour et du décalage provocateur.

Nous gagnâmes l'appel d'offres avec l'objectif de faire atteindre à Virgin Mobile un million de clients en trois ans. Pour l'événement de lancement, nous proposâmes à Richard Branson de descendre en rappel la façade du Virgin Megastore des Champs-Élysées, accueilli en bas par une vingtaine de jeunes femmes blondes habillées aux couleurs de Virgin Mobile. La conférence de presse qui suivit fut dans le pur style Branson, un brin provocateur, un brin séducteur. Les retombées presse furent excellentes et tout le monde attendait la nouvelle campagne et la nouvelle offre avec impatience.

> On peut tout changer, tout réinitialiser, tout tenter, du moment qu'on respecte l'ADN d'une marque.

Julien nous dévoila alors enfin l'offre de lancement qui s'annonçait comme un coup de tonnerre sur le marché : les SMS gratuits.

Nous pouvions désormais travailler sur un script de lancement. Nous instaurâmes avec l'équipe Virgin Mobile un prisme issu de l'ADN de Virgin pour valider le matériel créatif que nous proposions : glamour, fun et rock.

Pour notre premier spot, nous avions décidé de considérer l'offre comme la star du film. Un homme totalement stressé se rendait chez un marabout pour faire exorciser ses pouces en manque de SMS. À la fin du spot, un chanteur accompagné de deux danseuses faisait irruption dans l'antre du mage en chantant le jingle « Détendu du mobile », invitant notre homme, subitement calme, à passer chez Virgin Mobile, qui lui permettrait d'envoyer des SMS illimités. Le tout dans la joie et la bonne humeur.

Le lancement fut réussi mais nous cherchions une saga publicitaire qui s'adapterait aux futures offres. Nous optâmes pour une piste utilisant des stars comme de simples clients Virgin Mobile. L'utilisation des stars fait partie de l'ADN de Virgin et de Branson. C'est Doc Gynéco qui initia la nouvelle saga dans un spot où deux superbes filles le massaient en fonction des indications qu'il leur donnait par SMS. « Plus haut », « Moins fort », « Non, pas là »... Le bon accueil du spot nous encouragea à passer en surmultipliée et à tenter d'utiliser les services d'une des plus grandes stars du monde sur le retour : Jean-Claude Van Damme. Au moment où nous proposions de travailler avec lui, tout le monde pensait qu'il était fini. Virgin Mobile eut le courage de nous suivre dans notre pari.

JC – prononcez Jessie – accepta les scripts et le tournage fut mémorable, tant il était surprenant dans sa justesse et sa finesse de jeu. Il acceptait de bon gré l'autodérision des scripts où il s'autoparodiait en permanence. Les deux spots eurent un grand succès et d'excellentes retombées presse. Pour le troisième opus de la saga, JC céda la place au charme d'Adriana Karembeu et ses gaffes à répétition.

En 2009, Virgin Mobile a voulu faire évoluer sa communication et sortir du cadre des stars. Résolument rivés sur l'ADN du label, nous avons proposé une nouvelle approche créative qui se résumait à pousser les consommateurs à quitter leur opérateur pour Virgin Mobile. Ce qui prouve une fois de plus qu'on peut tout changer, tout réinitialiser, tout tenter, du moment qu'on respecte l'ADN d'une marque. Une marque peut donc muter et s'exprimer différemment dans le temps suivant l'époque et son environnement, sans pour autant modifier ses fondamentaux. Un peu comme vous et moi. Quand on regarde ses albums photos et que l'on s'amuse de son look épouvantable en 1978, de sa coupe de cheveux ringarde en 1982 et de son style post-punk années 1990, on voit bien la même personne, même si elle s'exprime différemment. Beaucoup de marques font l'erreur d'oublier le fondamental et de communiquer pour créer la différence, sur un mode du « coup par coup ». Ce n'est pas le cas de Virgin, qui s'exprime toujours de façon singulière, authentique, différente et naturelle. La communication doit « surperformer », quelle que soit la performance de l'offre. C'est l'équation de la réussite de Virgin inventée par Branson.

Les « trois gros » n'ont qu'à bien se tenir. Le caillou dans leur chaussure risque de les tendre du mobile.

Get More : le lancement de Virgin 17 et Virgin Radio

Fin 2007, Europe 2, notre client depuis cinq ans, nous annonçait que la station de radio changerait de nom en janvier 2008 pour devenir Virgin Radio ! Même chose pour Europe 2 TV, qui devenait de ce fait Virgin 17 (17 pour le numéro de canal).

Le destin de Virgin et celui de l'agence semblent décidément être liés et destinés à se croiser sans cesse. Les oiseaux de mauvais augure prédisaient une baisse d'audience due au changement de nom. C'était compter sans l'effet magique de Virgin qui allait changer le cours d'une histoire écrite à l'avance : pour la première fois, une radio qui changeait de nom n'allait pas perdre d'auditeurs.

Une fois de plus, nous étions confrontés à un nouveau label Virgin et à son ADN que nous connaissions si bien. Plus l'ADN d'une marque est forte, plus la responsabilité de l'agence est grande.

Notre proposition fut une campagne décalée utilisant Internet et racontant l'histoire de deux « air artistes », un air guitariste et un air scratcheur. Le concept que nous avions choisi pour la campagne était issu de l'ADN de Virgin – *Get more* – pour signifier que le changement de nom correspondait à un bénéfice supplémentaire. La air musique est un courant qui sévit surtout aux États-Unis et en Europe. Discipline saugrenue, elle voit des mélomanes hystériques s'affronter lors de concours où ils font leur show en mimant leur instrument favori, la guitare, la batterie ou les platines, en adoptant les postures et tics de scènes de leurs idoles. Au total, plus de 8 minutes de films diffusés sur Internet racontaient la vie de ces deux « vrais faux » artistes qui brassent de l'air. Là encore, on surfe sur l'ADN de Virgin qui est le seul label à la fois légitime et crédible sur un tel genre musical (sans instrument !). Richard Branson vint inaugurer ses deux nouveaux labels en traversant avec de superbes bimbos blondes les Champs-Élysées sur des Harley Davidson rouges rutilantes. On commence à connaître la recette Branson... Après une conférence de presse et une photo de Sir Richard aux côtés de ses deux nouveaux artistes qu'il venait de « air signer », il passa le relais à Didier Quillot, Christophe Sabot et aux équipes de Lagardère Active pour faire de Virgin Radio et Virgin 17 deux nouvelles marques du PAF qui ont réussi à exister malgré une conjoncture peu favorable. *Virgin is magic*. Son ADN aussi.

On voit bien avec ces exemples que l'extension génétique du label ne peut se faire que dans un cadre précis respectant les fondamentaux du label de base pour assurer le succès de ses licences. Le moindre écart peut être fatal, qu'il s'agisse du fond ou de la forme. Virgin doit toujours exprimer le même message et ce, quel que soit le marché qu'il attaque, avec des moyens et une forme différents, impactants et décalés. Les consommateurs savent bien qu'avec Virgin, la promesse sera la même et qu'ils en auront plus pour leur argent.

Virgin est un label qui n'a pas fini de nous surprendre tant que Richard Branson voudra nous surprendre.

La communication est le moteur de Virgin, qui s'appuie sur le buzz pour créer la différence. C'est aussi le moyen le plus rentable pour créer de la notoriété avec peu d'investissements. Branson est un client pour les médias alors qu'il a une assez faible notoriété en France. Peu de grands patrons osent comme lui se mettre en scène de la sorte, allant jusqu'à se travestir en hôtesse de l'air pour le lancement de sa compagnie aérienne. C'est aussi l'un des rares patrons au monde qui ne soit pas coupable de s'être enrichi sur le dos des consommateurs, avec son image de pirate ou de Robin des bois ayant fait fortune en attaquant les gros. Le fait d'être *consumer centric* lui confère en outre un argument clé : il rend une partie de ses gains au consommateur en lui proposant de défier le marché sur lequel les consommateurs étaient spoliés et trompés par les intervenants traditionnels. Virgin est un label qui n'a pas fini de nous surprendre tant que Richard Branson voudra nous surprendre. En créant Virgin Galactic®, il est d'ailleurs l'un des premiers à avoir préempté le terrain de la conquête spatiale, proposant des voyages dans l'espace à la portée du plus grand nombre.

Effets d'annonces, coups de pub, Branson est néanmoins toujours au rendez-vous et ne peut être considéré comme un bluffeur. Il rêve et fait participer les gens à ses rêves en les impliquant de façon interactive et dynamique. Sa *success story* est un gage pour réaliser les fantasmes les plus fous auxquels il veut nous faire accéder.

Réussir pour lui n'est pas forcément synonyme de pérennité, car de nombreux labels à succès ont disparu après avoir eu un parcours d'étoile filante. Mais la galaxie Branson possède des milliers d'étoiles, filantes ou non, qui continuent de briller même des années après leur disparition. Pour Branson, réussir c'est challenger et prouver que tout est possible. Ce refus de la fatalité et de l'immobilisme pourrait même un jour l'amener à la politique, pour prouver qu'une autre voie est possible. Sir Richard entrant au 10 Downing Street, ce serait vraiment « détendu du mobile », non ?

Mais que deviendra Virgin après la disparition de Richard

Branson ? Un label aussi particulier peut-il survivre à son créateur ? Peut-il y avoir un ou des successeurs capables d'hériter de l'ADN de Virgin et de le faire fructifier dans le temps, sans en dénaturer l'esprit et la vision ?

Dans ce cas précis, l'entreprise ne porte pas le nom de son créateur, il sera donc *a priori* plus facile de la pérenniser. Mais nous verrons plus loin comment des noms-marques célèbres, particulièrement dans le monde du luxe et de la mode, ont réussi à se réinventer et à perdurer après la mort de leur fondateur en faisant évoluer la marque tout en respectant les fondamentaux d'origine en termes d'état d'esprit et de posture sur leur marché. Dans le cas de Virgin, le label est tellement accroché à l'image et à la personnalité de Branson qu'il faudrait qu'il invente ou découvre un clone pour lui succéder. Virgin est un label qui traduit sa vision sur un marché. Richard Branson agit comme si c'était une licence qu'il cède à des entrepreneurs qui entrent parfaitement dans le moule en respectant l'ADN. On peut imaginer qu'il établisse un testament qui perdure après sa disparition, donnant à ses futurs successeurs des indications sur les marchés qu'il souhaite aborder et les monopoles qu'il souhaite attaquer.

En revanche, à moins de créer un Branson virtuel en 3D – ce qui serait totalement dans ses cordes ! –, ce testament ne dirait pas comment les actions seraient incarnées physiquement par celui qui porte chaque projet sur la place publique et dans les médias. Un Branson virtuel semble en effet la vision la plus optimiste et la plus créative que Virgin pourrait inventer pour survivre à la disparition de Sir Richard.

Branson et son état d'esprit sont éternels. Il y aura en effet toujours un monopole à saborder et un marché à révolutionner.

Souhaitons-lui de passer encore de très longues années à nous surprendre et à découvrir de nouveaux horizons dans sa conquête spatiale.

3-4 Coca-Cola®, la marque originelle

À l'origine des marques, il y a Coca-Cola

Il paraît difficile de parler de marques et de leur génome sans considérer la première et plus grande d'entre elles : Coca-Cola. Coca-Cola est la marque pionnière de la société de consommation. Elle a inventé le marketing en développant de nouvelles techniques de conditionnement, une politique de distribution à l'échelle nationale, une force de vente dynamique, un système de franchise pour les embouteilleurs, la promotion, la fidélisation, la publicité et la volonté de défendre et protéger la marque contre les imitations. Excusez du peu.

Née en 1886, Coca-Cola a initié le vrai rôle des marques du XXe siècle et dicté leurs premiers droits et devoirs face aux consommateurs. C'est le célèbre pharmacien d'Atlanta John S. Pemberton qui inventa la formule légendaire du breuvage. Voulant créer un nouveau médicament contre les migraines, il mit au point une sorte de sirop désaltérant, un mélange d'extrait de noix de kola, de sucre, de caféine, de feuilles de coca et d'extraits végétaux. La boisson fut mise en vente à la *soda fountain* de la Jacob's Pharmacy. Un jour, le serveur eut l'idée de diluer le sirop avec de l'eau gazeuse : le Coca-Cola était né. À cette époque de révolution industrielle, la médecine était quelque peu en retrait, laissant le champ libre aux charlatans et autres savants de pacotille, proposant des élixirs de jouvence aux propriétés aussi magiques que farfelues, à la composition

> C'est le célèbre pharmacien d'Atlanta, John S. Pemberton, qui inventa la formule légendaire du breuvage.

parfois inquiétante ou dangereuse. Les *soda waters* rassuraient car elles étaient préparées en fontaine et vendues par des pharmaciens.

The Coca-Cola Company naquit 1893. C'est le comptable et associé de Pemberton, Franck Robinson, qui en inventa le nom. La légende raconte que le logo est un névrographe, sorte de petit dessin nerveux que nous faisons tous machinalement sur nos cahiers pour passer le temps. Observant par-dessus l'épaule du comptable, Pemberton trouva ce petit dessin si pertinent et la calligraphie si agréable et simple à la fois, qu'il décida d'en faire son logo. Au lendemain de la Seconde Guerre mondiale, la marque s'affubla d'un diminutif, « Coke ».

Comme tout bon pharmacien qui met au point un médicament à partir d'une molécule secrète, Pemberton décida de conserver la formule de sa boisson au coffre de la Trust Company d'Atlanta, afin d'en assurer la pérennité et d'éviter les contrefaçons. Aujourd'hui encore, seulement cinq personnes dans le monde en connaissent la formule, ce qui participe à la légende de cette boisson au goût inimitable qui traverse les temps, les modes et les générations.

> Aujourd'hui encore, seulement cinq personnes dans le monde en connaissent la formule

Autre composante essentielle de la marque, sa bouteille qui évoque un corps de femme vêtu d'une robe-fourreau, au galbe généreux et sensuel. C'est Alexandre Samuel, un maître verrier, qui la créa en 1915. Elle fut enregistrée par l'office américain des brevets comme marque déposée, ce qui était très rare à l'époque. La bouteille a évolué dans le temps mais a toujours conservé son identité féminine qui la rend unique. La marque connut très rapidement un succès américain puis mondial, passant de main en main entre les consommateurs, puis entre les propriétaires, tout en conservant son patrimoine génétique de départ. Coca-Cola allait devenir l'un des symboles du modèle universel américain de l'après-guerre, véhiculant toutes les valeurs dont le nouveau monde avait besoin pour se reconstruire : positivisme, universalité et éternité, fraîcheur et effervescence de la vie. Même le Père Noël rouge et blanc que nous connaissons aujourd'hui est un personnage Coca-Cola !

Il est inutile de rappeler la formidable réussite de Coca-Cola à travers le monde, développant des dizaines de produits différents dans tous les pays, avec des expressions publicitaires universelles et planétaires comme : « *Enjoy Coca-Cola* », « Soif d'aujourd'hui », « *Always Coca-Cola* », « *Have a coke and smile* », « Coca-Cola c'est ça » ou « Cette sensation s'appelle Coke ». Depuis quelques années, Coca-Cola s'exprime différemment dans chaque pays et s'adapte aux cultures locales pour supprimer le travers hégémonique propre aux grandes marques américaines internationales.

Mais en 1896, un autre pharmacien, Caleb Bradham, inventa une formule concurrente à base de vanille, d'épices et de noix de kola. Il osa braver le danger en copiant la bouteille et l'aspect d'un breuvage sombre pour créer le concurrent officiel – et éternel – de Coca-Cola. Tout d'abord surnommée Brad's Drink, du prénom de son créateur, elle prit le nom de Pepsi Cola, en rapport avec ses propriétés dyspepsiques.

La compétition qui oppose Coca-Cola et Pepsi est devenue une légende qui a largement dépassé le continent américain, puisque cette guerre des colas s'est propagée dans le monde entier. Comme dans tout marché, le leader a besoin d'un challenger fort pour se remettre en question et ne jamais s'endormir. Les coups bas ont plu comme à Stalingrad. Tout était permis. Pousser le gouvernement fédéral à demander à Coca-Cola de changer de formule pour utilisation illicite de cocaïne, faire croire que le Coca-Cola était fabriqué avec des extraits de porc

c'est au Soda bleu de parler ...
hé bien je ...
Quoi ? Vous n'allez pas écouter ce copieur ?
je vous en prie arrêtez de vous agiter, Soda Rouge ...
... vous faites des bulles.

pour l'empêcher de se développer dans les pays arabes, annoncer par voie de presse que le Pepsi était un « porte-malheur » suite à un accident lors d'un tournage de spot publicitaire où Michael Jackson faillit périr brûlé... Plusieurs ouvrages recensent un siècle de guerre acharnée qui ne verra jamais d'armistice ou de cessez-le-feu, tant ce combat s'inscrit comme une dialectique et une spirale infernale. Dès les années 1950, Pepsi innova avec une boisson moins sucrée pour préempter la génération « moderne » et se positionner auprès des jeunes. Coca-Cola choisit de rester la marque préférée des 7 à 77 ans. Marque générationnelle contre marque éternelle, le scénario était planté pour les années à venir. Pepsi allait de plus en plus se réclamer de la jeune génération avec des preuves produits : Diet Pepsi, le cola de régime, en 1964, la bouteille en plastique en 1970. En 1974, Pepsi toucha son compétiteur au cœur pour plusieurs années : il lança le « challenge Pepsi », une opération d'envergure qui consistait à effectuer un vaste test consommateur à l'aveugle *(blind test)* entre Coca-Cola, Dr Pepper et Pepsi. Pepsi se positionna à l'issue de ce test en première position : 59 % préférèrent Pepsi à Coca-Cola. En 1975, les effets se firent sentir par la prise de position de leader par Pepsi qui remplaçait Coca-Cola pour la première fois.

Pendant de nombreuses années, Pepsi fut le goût préféré des Américains, ce qui poussa Coca-Cola à la faute.

Il est en effet difficile pour une grande marque mondiale d'accepter de se faire coiffer à la première place par son challenger sans réagir.

Pourtant, une des caractéristiques fondamentales de Coca-Cola était de n'avoir rien changé à sa formule d'origine. Robert Winship Woodruff fut l'homme clé de Coca-Cola de 1923 jusqu'à sa mort en 1985 : sa stratégie reposait sur sa foi en un produit unique et immuable – le Coca-Cola light fut lancé quand il quitta ses fonctions opérationnelles à la tête de l'entreprise. Pourtant, ce même Woodruff sut anticiper face à la nécessité d'évoluer quand il s'agit de déplacer l'effort de vente de Coca-Cola non plus sur la vente de marchandises à des détaillants mais sur la promotion des ventes au service de ces détaillants eux-mêmes. Il répétait souvent que « le bon moment pour changer, c'est quand on n'est pas encore obligé ». L'immuabilité de la boisson, la consistance et l'homogénéité des messages publicitaires chargés d'en assurer la vente étaient l'un des traits les plus remarquables de l'histoire de Coca-Cola. Si la marque avait connu des évolutions en termes de distribution et de conditionnement, le produit n'avait, lui, jamais subi la moindre modification, *a contrario* de Pepsi qui avait intégré le changement de goût dans son ADN pour toujours être au goût du jour et incarner la jeunesse.

Après la mort du gardien du temple en 1985, Coca-Cola commit ce qu'on peut aujourd'hui appeler un péché d'orgueil.

> Coca-Cola était donc prêt à lancer sa bombe : elle faillit lui exploser au visage.

Plutôt que de tenter de diversifier ses produits et d'innover en respectant ses fondamentaux, Coca-Cola, courroucé par la perte de sa première place au podium, crut qu'il pouvait impunément changer de formule pour renverser la vapeur et reconquérir ceux qui s'étaient laissé séduire par le chant des sirènes pepsiennes. Le président de l'époque, Roberto Goizueta, successeur de Woodruff, voulant marquer son arrivée, annonça le lancement d'un New Coke, au goût du XXIe siècle, supposé carrément remplacer le bon vieux Coca-Cola d'origine. Il avait déjà initié le lancement du Diet Coke en 1982, du Free Coke puis du Cherry Coke, au goût de cerise. Les premiers tests à l'aveugle était rassurants : le New Coke arrivait en tête devant Pepsi. À ce moment-là, personne chez Coca-Cola ne doutait du résultat.

Il fallait lancer le New Coke pour retrouver la pole position. On engagea de grands moyens. On ne fit pas que changer de goût, on changea aussi le nom du produit puisque New Coke remplace Coca-Cola. La couleur du produit était gris métal et n'avait plus rien à voir avec le rouge total look des débuts. Plus de logo à la calligraphie suave et ondulante. On avait adopté une typographie plus moderne, plus en phase avec ce nouveau goût et ce nouveau nom. Jusque-là, la cohérence était totale, rien ne choquait. Les tests plus que positifs et l'ampleur des moyens mis en œuvre laissaient présager pour la marque un revirement de situation dans un temps record. En communication aussi, Coca-Cola innova et sortit du style transgénérationnel de 7 à 77 ans pour segmenter son message vers les jeunes qui, à cette époque, rêvaient d'informatique et de logiciels. *Electric Dreams, Tron, War Games* et *Retour vers le futur* étaient les films préférés des ados qui vivaient au rythme des fantasmes numériques que Microsoft et Apple venaient d'initier. On choisit alors un personnage mi-homme mi-robot pour incarner le New Coke : Max Headroom.

À l'origine, Max Headroom – qui tire son nom du panneau de signalisation « hauteur maximum » – était un personnage présentant des clips vidéo sur la chaîne britannique Channel 4. ABC décida de faire une série télévisée futuriste qui ne dura que deux demi-saisons. Sa disparition eut, nous le verrons, un lien avec l'épisode du New Coke.

Dans le spot, Max Headroom, avec son style particulier, lançait le concept : *« Catch the wave »* (en français : « Attrapez la vague ») comme pour signaler aux consommateurs que ce nouveau goût allait agir sur le marché comme un tsunami de jeunesse et de modernité.

Coca-Cola était donc prêt à lancer sa bombe : elle faillit lui exploser au visage.

Même Coca-Cola tout puissant ne peut s'improviser Docteur Frankenstein et donner vie à une boisson aux vertus et aux propriétés génétiquement modifiées, conçues davantage pour battre un adversaire que pour séduire son public.

Le tollé que provoqua le lancement du New Coke fut tel que la marque fut ébranlée comme jamais et traversa un dur moment de crise. Coca-Cola avait raté son coup.

Il ne s'agissait plus désormais d'un simple lancement de nouveau produit mais de relancer un produit phare et générique.

Il est très dur de rattraper une opération de chirurgie esthétique d'envergure manquée chez un être humain : le syndrome Michael Jackson en est une preuve évidente que Pepsi connaît bien… Dans le cas d'une marque, il est possible de faire machine arrière si on agit vite, avec précision et discernement. Mais pour cela, un outil est essentiel : la connaissance du génome de la marque et de son ADN.

Avant d'expliquer et d'analyser ce qui s'est passé, de tenter d'en tirer une conclusion et d'élaborer des solutions, il convient donc de décoder le génome de la marque et d'en définir l'Authentique Différence Naturelle.

Le génome de Coca-Cola

L'empreinte génétique

Il n'existe pas de phrase connue émanant de John S. Pemberton qui pourrait résumer la vision de la marque Coca-Cola. On peut essayer de résumer en une phrase l'esprit fondateur du célèbre pharmacien : « Coca-Cola est une boisson (potion) magique, à la formule secrète, qui rafraîchit la vie. »

Gène leader : le goût

La légende de Coca-Cola vient du secret de sa formule depuis sa création. La marque entretient le culte du secret de la recette comme on protégerait la formule d'une potion magique qui rendrait immortel. Le produit le plus vendu au monde est certes imitable mais inégalable. De sa formule vient son goût si particulier. Coca-Cola incarne le goût de toujours, un goût universel. La légende – française – raconte que la recette serait d'inspiration... française : le *french wine cola* (le vin Mariani), mélange de vin, de noix et de quatorze autres composants.

Les composants naturels

Le Coca-Cola est une boisson aux extraits naturels de végétaux : noix de kola, sucre, caféine, feuilles de coca. La marque se bat pour conserver cette image et tente de gommer son aspect « artificiel », dû à la couleur de la boisson et à sa nature gazeuse.

Les propriétés curatives

Le Coca-Cola est l'invention d'un pharmacien, John S. Pemberton, qui a voulu lancer une boisson rafraîchissante et désaltérante pour supprimer les migraines de ses clients. Il aurait aussi des propriétés dyspepsiques qui faciliteraient la digestion – des pédiatres le recommandent encore sur certaines ordonnances pour des problèmes digestifs ou des nausées, à utiliser après l'avoir « débullé ». Source d'énergie, il permet également d'oublier la fatigue, jusqu'à devenir indispensable pour certains travailleurs, étudiants ou athlètes.

L'association nom + logo + bouteille + couleur rouge

Coca-Cola est une des rares marques où le phénotype fait partie du génotype, tant la marque se résume à une boisson, un goût, une bouteille, une couleur et un logo. C'est ce qui lui a donné son caractère unique, et qui perdure plus d'un siècle plus tard. Ces quatre éléments, bien que formels, sont constitutifs de son ADN, comme un tout qui correspond à la somme des symboles de la marque et qui en détermine l'identité. La boisson existait avant la marque (avec de l'eau plate, puis de l'eau gazeuse), et c'est le nom et le logo qui en ont fait une marque. Son logo, fluide et suave, a subi de très légers liftings au cours du temps mais reste fidèle au névrographe de départ. La bouteille aux formes féminines a été le premier conditionnement de la boisson en dehors de la pharmacie où elle était servie au verre. La couleur rouge est devenue la couleur génétique de Coca-Cola, sur ses conditionnements (bouteilles et canettes) et à travers tous ses outils de communication. Même le Père Noël a adopté la couleur rouge de la marque. Le nom de Coca-Cola sert de radical à tous ses produits dérivés. Son petit nom, Coke ou Coca, lui est directement attribué. Coca est le nom génétique et Cola le nom générique. Toutes ses copies portent dans leur nom le suffixe Cola.

La jeunesse éternelle

Coca-Cola a toujours été le symbole de la part de jeunesse qui existe en chacun de nous, de 7 à 77 ans. L'aspect « élixir de jouvence » demeure depuis sa création, renforcé par la protection de la formule qui entretient le fantasme d'éternité. **Optimiste**, **enthousiaste** et donc résolument **positive**, la marque s'adresse ainsi à tous, pour tous les moments de la vie. Elle est une promesse et un signifiant qui rend « jeune » celui qui la boit.

Le trait d'union

Le trait d'union, présent dans le logo entre Coca et Cola, symbolise le caractère hybride de cette marque qui est née d'un savant mélange – assemblage de la feuille de coca et de la noix de kola –, lequel lui confère un goût unique. Cet élément est important à considérer pour mieux comprendre les aspirations de la marque qui veut créer un lien entre les générations, avec les populations des pays où elle est présente, avec ses différents partenaires, fournisseurs et distributeurs. **Trait d'union,** ou ***trade union***. C'est un trait d'union entre les peuples, dans une volonté de paix et d'harmonie, qui lutte contre l'impérialisme perçu et la volonté d'hégémonie et d'implantation maximale. Ce trait d'union est source de relation, de fusion, de connexion, de lien social, de rapprochement, d'amitié, de collaboration et de partenariat. Symbole du métissage, du mélange des genres et des gens, il résume à lui seul la portée universelle de la marque.

L'universalité

Depuis l'origine, Coca-Cola a incarné le rêve américain. Au lendemain de la Seconde Guerre mondiale, il était devenu le premier ambassadeur des Américains dans le monde. Il véhiculait une nouvelle culture et la nouvelle société de consommation que les Américains allaient initier. Par la suite, cette culture est devenue culture universelle en proposant un goût pour tous. Coca-Cola est la première marque de la société de consommation universelle et mondiale. C'est le pionnier du marketing et le symbole d'une Amérique libératrice de l'Europe et du monde. C'est sur ce gène que la prochaine mutation de Coca-Cola va s'opérer. Il doit réinitialiser une nouvelle forme d'universalité par sa présence locale dans tous les pays où il est présent et par le fait de proposer des produits pour toutes les envies. Coca-Cola veut s'adresser à chacun de nous, plus qu'à tous.

Le sport

Le sport ne figure pas dans l'ADN de base de Coca-Cola. C'est un gène acquis. Il est issu de la mutation génétique de la marque qui s'est adressée aux populations jeunes et à une cible de masse qui était fortement attirée par la musique, le cinéma et le sport. Coca-Cola a sponsorisé de très nombreux événements sportifs majeurs comme les Jeux olympiques et la Coupe du monde de football.

Concept génétique

« *Enjoy Coca-Cola* » (« Profitez de Coca-Cola »)

Ce concept résume parfaitement l'ADN de Coca-Cola. Il est vrai hier, aujourd'hui et demain. Il est universel, connu et reconnu. Il est quasi indissociable de la marque et pourrait facilement faire partie du logo. « Profitez de Coca-Cola » veut dire : « Profitez de la vie. »

La notion d'ADN et Coca-Cola semblent étroitement liés, à en croire différents exemples : les scientifiques ont souvent comparé l'ADN avec le Coca-Cola. En effet, dans sa formule, il y a de l'eau, du sucre (saccharose), du phosphate (PO_4-acide) et de la caféine. La formule de l'ADN est quasiment la même. Il y a de l'eau, du sucre (désoxyribose), du phosphate, et la caféine est remplacée par les bases ATGC.

Coca-Cola a aussi créé un institut DNA Coca-Cola en 2005 pour étudier de près son ADN. C'est le rôle d'une grande marque mondiale d'innover et d'initier le marché, et il n'est pas étonnant que ce soit elle qui ait pris, la première, conscience de l'importance de la maîtrise de son ADN dans une économie de plus en plus globale et dans des périodes de crise où il est rassurant de se plonger dans ses fondamentaux pour savoir quelle route emprunter.

Si nous considérons que cet ADN est proche de la vérité de la marque, il nous est désormais possible de comprendre les raisons de l'échec du New Coke et d'en analyser les conséquences. Il est aussi facile d'imaginer la thérapie génétique qu'il a fallu opérer pour corriger ce péché d'orgueil qui a failli se transformer en drame.

LE GÉNOME DE Coca-Cola®

L'EMPREINTE GÉNÉTIQUE

«COCA-COLA EST UNE POTION MAGIQUE,
À LA FORMULE SECRÈTE, QUI RAFRAÎCHIT LA VIE.»

AUTHENTIQUE DIFFÉRENCE NATURELLE

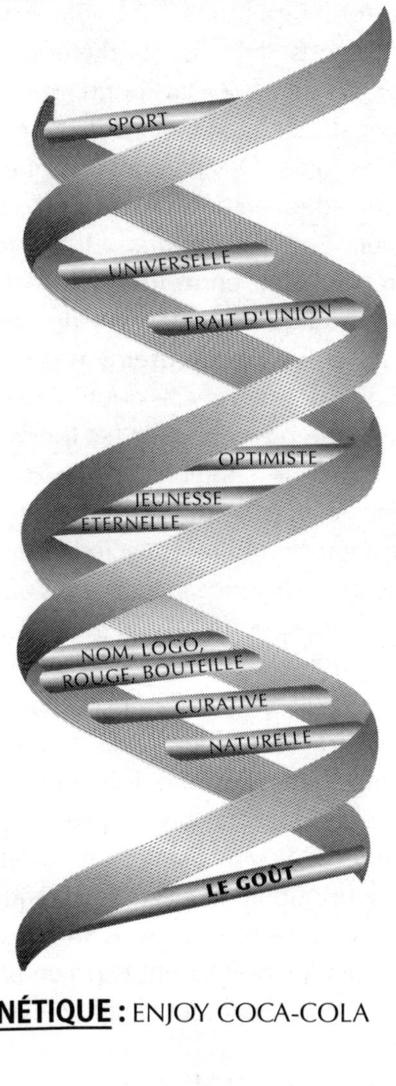

CONCEPT GÉNÉTIQUE : ENJOY COCA-COLA

Comment la thérapie génétique peut sauver une marque

Le New Coke est l'âme damnée du Coca-Cola d'origine. Ses inventeurs ont osé bousculer les fondamentaux pour fabriquer un monstre digne du docteur Frankenstein. Pour ce faire, ils ont tout d'abord commis le péché originel – et génétique –, quasi impardonnable : changer le goût du Coca-Cola, ce qui équivaudrait pour un être humain à bouleverser son système moléculaire. J'entends déjà les marketeurs et experts des marques grincer des dents. « Mais enfin, une marque alimentaire peut évoluer, muter et changer de goût en permanence ! On le voit tous les jours. Des grandes marques de café changent de *blend* (mélange) en permanence sans bouleverser les habitudes de leurs consommateurs. » Il est vrai que le goût du consommateur évolue entre le robusta et l'arabica. Ces marques ne communiquent jamais sur un nouveau goût ou un nouveau mix, et bien heureusement pour elle. Communiquer sur ce point, c'est créer le doute chez le consommateur qui a peur de ne pas retrouver les fondamentaux de sa marque. On est dans le subjectif et non dans le rationnel. Inconsciemment, le consommateur appréciera le nouveau goût sans pour autant prendre conscience de son évolution et de sa modification. Il sera satisfait que l'offre cachée – le nouveau goût – corresponde à sa demande subliminale. Il n'y a donc aucun risque d'érosion ou de perturbation quand on change sans rien dire. Il y a d'autres exemples de produits alimentaires que l'on croit identiques à leur formule d'origine mais qui ont muté plusieurs fois au cours de leur vie. Encore une fois, une marque ou un produit peuvent muter en partant de leur ADN sans risquer de se trahir ni de trahir la confiance de leur public. Et c'est bien ce que Coca-Cola a fait en toute bonne foi : il s'est trahi en annonçant haut et fort aux consommateurs qui préféraient Pepsi en *blind test* que le nouveau goût de Coca serait tout simplement meilleur.

Meilleur que quoi ? Que le Pepsi ou que le Coca-Cola d'origine ?

Les consommateurs se sont sentis trahis à leur tour, car ce n'était pas un nouveau goût encore meilleur qu'ils attendaient, mais un Coca-Cola au goût de toujours. C'est Pepsi qui, dans son ADN, incarne le goût du jour face au goût de toujours et universel de Coca-Cola. Pepsi doit en effet être au plus près des attentes des consommateurs en termes de goût et fait par conséquent évoluer sa formule, d'une part pour coller à la tendance et d'autre part pour se différencier de Coca-Cola. Ce besoin de mutation est génétique et volontaire pour Pepsi alors qu'il est subi par Coca-Cola. Nous verrons plus loin qu'une grande marque ne mute que si elle y est contrainte par son environnement (marché, attente consommateurs).

Pour la première fois, Coca-Cola voulait imiter son challenger en copiant son goût.

> C'est Pepsi qui, dans son ADN, incarne le goût du jour face au goût de toujours et universel de Coca-Cola.

On peut penser que si Coca-Cola avait juste décidé de faire légèrement évoluer son goût sans rien dire, cela aurait pu passer. Dans ce cas-ci, le goût était vraiment différent du goût original. Ce n'était pas une évolution mais une révolution. Quand on s'appelle Coca-Cola, le moindre signe fait sens de façon universelle et exponentielle. Tout est déterminé et rien n'est dû au hasard. Le nouveau goût signifie aussi un changement de formule secrète. Le New Coke contiendrait-il les mêmes propriétés curatives, rafraîchissantes et rajeunissantes que celles présentes dans la potion magique qui a conquis le monde entier ?

Il y avait aussi le nom. New Coke ne voulait pas dire « nouveau Coca-Cola » mais « nouveau goût du Coca-Cola ». Le

New Coke avait pour vocation de rester nouveau à vie, ce qui est une promesse difficilement réalisable alors que Coca-Cola exprime à lui tout seul la jeunesse et la nouveauté éternelles. On sait bien que ce qui est nouveau ne le reste pas très longtemps. Juridiquement, dans certains pays comme la France, une marque peut afficher « nouveau » pendant un an.

On peut aussi se demander si les consommateurs exigeaient un New Coke. Avaient-ils exprimé la volonté d'avoir un nouveau goût ? Pourquoi la marque a-t-elle décidé de lancer un nouveau Coca-Cola sans rassurer la distribution et les consommateurs historiques en conservant dans les linéaires un Coca-Cola « Original » garant de la formule d'origine ?

Pour certains lancements de taille, l'énergie produite est tellement forte qu'elle aveugle parfois les consciences et masque les évidences. Après avoir changé le goût et le nom, il fallait aller jusqu'au bout et changer la couleur, en passant du rouge au gris. Ce fut fait. *Idem* pour la bouteille : on lui préféra la canette, plus pratique et sans consigne. Pour couronner le tout, la présence de Max Headroom allait finir le travail de dénaturation de la marque. À la suite de ce lancement raté, l'acteur fut l'une des premières victimes collatérales, disparaissant du paysage audiovisuel et des mémoires. Le lecteur averti depuis le début de cet ouvrage aura compris aisément les raisons de ce bug génétique majeur. Tout l'ADN ou presque avait été « renié » dans ce projet. Coca-Cola s'était aliéné sur l'autel du marketing et de ses exigences de marché concurrentiel. La maîtrise de l'ADN est rassurante en ce qu'elle sort de tout raisonnement marketing ou financier. En effet, sur le papier, le New Coke était à coup sûr un produit marketing de rêve. Comme l'était sûrement la Renault 14 à Billancourt, avant d'être surnommée la Poire, à la fois par la presse et par les clients Renault.

Ce rêve était surtout le fruit d'un orgueil mal placé chez une marque qui avait du mal à cette époque à admettre l'adversité.

Pepsi jouait à merveille son rôle de mouche du coche. David devait prendre tous les risques pour exister face à Goliath. Pourtant, les résultats du « Challenge Pepsi » confirmaient la suprématie de la marque Coca-Cola : si 85 % des consommateurs préféraient le goût du Pepsi en *blind test*, pourquoi continuaient-ils à acheter Coca-Cola ? À cause de la marque et de ses valeurs qui agissent sur l'inconscient en véhiculant un état d'esprit qui dépasse le seul argument du goût. L'ADN de Coca-Cola agit sur les cinq sens à la fois. Parfois même sur le sixième.

La première marque mondiale a compris à ses frais que ses gènes fondateurs sont intangibles et qu'on ne peut les trahir.

La valeur ajoutée de Coca-Cola est aussi bien gustative que physique (sport), psychologique (jeunesse) ou symbolique. Pepsi n'agit que sur le goût. C'est sa seule arme et il s'en sert très bien. C'est Pepsi qui a poussé Coca-Cola à la faute génétique.

Sur le plan financier, autre point rassurant, il est inutile d'investir fortement sur un produit considéré comme non génétique ou trahissant l'ADN de la marque. On pense parfois qu'on peut passer en force, abrutir les foules et tromper les masses. Plus on investit sur un produit non génétique, plus on creuse la tombe du produit et de la marque si on ne s'arrête pas à temps. La première marque mondiale, qui est aussi l'inventeur du marketing, a compris à ses frais que ses gènes fondateurs sont intangibles et qu'on ne peut les trahir. Cette marque pionnière aura donc vraiment tout initié. Il y a finalement une morale dans le marketing !

Le diagnostic étant établi, il nous faut maintenant déterminer comment Coca-Cola s'est sorti de cette impasse.

La force d'une grande marque est sa capacité d'action et de réaction. Si Coca-Cola est aujourd'hui la plus grande marque du monde, ce n'est pas par hasard. De nombreuses très grandes marques dans d'autres secteurs ne se seraient jamais relevées : Coca-Cola, au contraire, en est ressorti plus fort.

Après le lancement au mois d'avril 1985, le tollé fut immédiat. Les consommateurs rejetèrent le New Coke et la firme d'Atlanta put constater l'échec avec effroi. On décida de retirer le produit de la vente et de le remplacer par un autre. Mais lequel ?

Coca-Cola comprit rapidement qu'il fallait corriger cette erreur monumentale par une réponse tout aussi monumentale et revenir aux fondamentaux. Toutes les hypothèses furent abordées. Pourtant, la seule solution valable se trouvait dans l'ADN.

Il fallait tout d'abord rétablir le goût d'origine issu de la formule secrète. Puisque le nouveau goût n'avait pas convaincu, autant revenir sur l'ancien. On décida aussi de revenir au nom de départ et de supprimer l'appellation New Coke. Comment fallait-il renommer le produit ? On proposa Coca-Cola, tout simplement, mais l'épisode du New Coke nécessitait une appellation qui « sursignifie » l'authenticité du produit. « Coca-Cola Original » fut une option. On choisit finalement « Coca-Cola Classic ». Étymologiquement, *classique* signifie « éternel, qui résiste au temps et aux modes ». Atlanta ne voulait pas prendre le risque de passer une fois de plus à côté de ses consommateurs. La thérapie génétique devait être à la fois efficace et rapide pour faire oublier le faux pas. On décida en outre d'ajouter sous le logo Coca-Cola l'illustration d'une pancarte de bois où le mot « Classic » était gravé en lettres de feu, à la manière des panneaux qu'on retrouvait à la fin du XIXe siècle aux États-Unis, sur les devantures des saloons ou des drugstores. Le Coca-Cola Classic au goût d'origine était sur le point de voir le jour. Le rouge original remplaça le gris métal (qu'on a retrouvé quelques années plus tard sur le Coca-Cola light). Sur la canette, on dessina la silhouette de Pemberton, le pharmacien. Et, comme si cela ne suffisait pas, on y ajouta le dessin de la première bouteille en verre de Coca !

En regardant la nouvelle canette de ce Coca-Cola Classic, on avait l'impression de visiter un petit musée Coca-Cola de 33 cl.

Il y avait dessus et dedans tout ce qui faisait la marque. Le contenant et le contenu. L'essentiel et l'apparence. Le génotype et le phénotype. Toutes les forces de Coca-Cola furent donc jetées dans la bataille pour agir en urgence avec des doses de valeurs massives. On n'est jamais trop proche de ses valeurs. Le goût, la couleur, le nom, le pharmacien, la bouteille : voilà ce qu'on appelle une thérapie génétique de choc.

> On n'est jamais trop proche de ses valeurs : le goût, la couleur, le nom, le pharmacien, la bouteille.

Le lancement du Coca-Cola Classic eut lieu au mois de juillet 1985, soit trois mois après le désastre du New Coke, et connut un succès retentissant. On avait réussi non sans mal à sauver Coca-Cola en lui redonnant une nouvelle jeunesse éternelle.

Cet épisode est le plus bel exemple de ce qu'une grande marque peut ou non se permettre de faire. Intervenant au beau milieu des années 1980, cette péripétie démontrait aux yeux de tous que la nouvelle économie mondiale nécessitait des droits et des devoirs et que les objectifs commerciaux ne permettaient ni n'excusaient tout. Il fallait respecter ses collaborateurs, ses partenaires, et ses clients. Tous n'ont pas suivi cet exemple, on le voit aujourd'hui. Signe des temps montrant que Coca-Cola a su apprendre de ses erreurs passées : le succès mondial du Coca-Cola Zero®, lancé en 2005, s'est fait avec le slogan : « Coca-Cola Zero, le goût de Coca-Cola avec zéro sucres ».

Depuis cet épisode fâcheux qui lui a permis de mieux comprendre la formidable charge émotionnelle qu'il procure à tous ses publics, Coca-Cola est devenu l'une des entreprises les plus exemplaires de la société de consommation. Il contribue au développement économique des pays dans lesquels il se trouve en s'associant à des acteurs locaux, devenant ainsi minoritaire. Cette marque mondiale, à l'origine symbole de l'Amérique, est en réalité aujourd'hui une marque universelle multilocale qui s'adapte aux réalités culturelles, économiques et sociales des pays où elle distribue ses produits. Coca-Cola est un trait d'union entre sa culture américaine et son expérience mondiale. En France, Coca-Cola est franco-américain, en Espagne, Coca-Cola est hispano-américain, etc.

Ce trait d'union réunit ce qui paraît impossible à réunir. C'est un espoir de réconciliation des États-Unis avec les autres pays du monde. C'est une énergie nouvelle qui devrait sans doute permettre d'écrire une autre page de la fabuleuse histoire de Coca-Cola.

Interview de Christian Polge, président de Coca-Cola France

Frank Tapiro – Comment réagis-tu face au concept du génome des marques ? Est-il compatible avec la marque Coca-Cola ?
Christian Polge – Derrière chaque grande marque, il y a des idées très fortes et des valeurs qui s'expriment en étant dans l'air du temps. La marque Coca-Cola a cent vingt ans d'âge. Elle est toujours la même tout en étant très différente, une marque historique qui sait rester à la pointe de la modernité. Cette transformation permanente pour rester dans son époque, volonté de se réinventer tout en respectant ses fondamentaux, est l'une des sources du succès de Coca-Cola depuis plus d'un siècle. Par exemple, Coca-Cola a toujours été liée au monde de la musique, tout en s'adaptant différemment à chaque style musical de chaque époque, des yéyés au Top 50, aujourd'hui les festivals et l'électro.

FT – Existe-t-il une part d'inné et d'acquis chez les marques ?

CP – Au départ, il y a toujours une grande idée, une vision. Pour Coca-Cola, il s'agissait de rafraîchir le corps et l'esprit, grâce à sa formule secrète, unique par son goût. C'est le code génétique de départ de la marque [l'inné]. Par la suite, d'autres valeurs immatérielles se sont ajoutées grâce à l'évolution de la marque, sa construction et son extension à l'international : la jeunesse, l'universalité et l'optimisme. Il y a une alchimie qui vient de l'apport de cultures diverses car cela fait plus de cent ans qu'elle est présente dans le monde. Coca-Cola a été construite par des générations de collaborateurs et de dirigeants qui ont nourri cette marque à travers le temps [l'acquis].

FT – L'universalité est-elle une valeur génétique de départ de la marque ?

CP – Cette marque a tout d'abord été régionale, puis multirégionale aux États-Unis, puis internationale. Depuis 1970, Coca-Cola est présente dans plus de deux cents pays. Beaucoup de gens font l'erreur de croire que Coca-Cola est une marque globale alors qu'elle est multi-locale. Coca-Cola est une marque de notoriété mondiale qui agit de façon locale. En France, par exemple, elle agit aussi de façon régionale avec des actions spécifiques pour la Bretagne ou d'autres régions. Coca-Cola est une marque universelle qui parle à chacun plutôt que de parler à tous. C'est plus compliqué d'agir de la sorte aujourd'hui que par le passé. Ce qui fait sens dans un pays peut être mal perçu dans un autre. La difficulté d'une marque mondiale consiste à gérer cet équilibre.

FT – Coca-Cola souffre-t-elle encore d'un problème de perception en étant considérée comme un ambassadeur « impérialiste américain » ?

CP – Certains aiment dénaturer qui nous sommes sans chercher à nous connaître. Notre réalité, c'est que nous produisons nos boissons sans alcool en France, dans des usines françaises ; nos matières premières viennent de fournisseurs français à 95 %, et les Français occupent des postes clés, comme Dominique Reiniche, PDG Europe de The Coca-Cola Company. La France est donc bien représentée chez Coca-Cola. 98 % de nos boissons sont fabriquées en France. Coca-Cola est à l'opposé de la World Company.

FT – Dans l'Authentique Différence Naturelle de Coca-Cola, j'ai repéré un petit détail qui revêt une importance fondamentale à mes yeux : le trait d'union qui existe entre Coca et Cola, symbole d'union, de relation et de lien universel. Qu'en penses-tu ?
CP – C'est une idée nouvelle. J'ai toujours veillé à ce que nos collaborateurs disent « Coca-Cola », et non Coca tout court. C'est vrai que le trait d'union est au cœur de l'ADN de la marque. C'est la notion de lien universel, de partage. Pour résumer Coca-Cola, on peut dire que la boisson est tout simplement un petit moment de bonheur. Notre mission est d'apporter des millions de petits moments de bonheur au quotidien un peu partout dans le monde. Nous le faisons en collaborant avec de très nombreux partenaires, toujours dans la durée.

FT – « ***Enjoy Coca-Cola*** **» est-il le claim génétique de Coca-Cola ?**
CP – *Enjoy* fait partie de ces mots américains qui n'ont pas de signification ou de traduction en français. *Enjoy* provoque toutefois une compréhension évidente et immédiate. Cette expression renvoie simplement au moment de plaisir, voire de bonheur que procure Coca-Cola, la boisson d'abord, l'entreprise ensuite.

FT – Comment Coca-Cola a-t-elle pu réagir aussi vite après l'échec du New Coke ?
CP – La marque Coca-Cola ne réagit pas. Ce sont les hommes et les femmes de l'entreprise Coca-Cola qui réagissent. Il y a une culture d'entreprise très forte chez Coca-Cola, des codes précis. Il y a une corrélation très étroite entre les produits Coca-Cola, la marque et nos collaborateurs. Chez nous, ça pétille. Ça va très vite. On essaye, on teste, on est toujours en mouve-

ment, on n'est pas statique, quand ça réussit on continue, sinon on change. Ça ne nous pose aucun problème. On réalise un grand nombre de projets et on apprend de nos victoires et de nos échecs. On prend des risques et on se renouvelle. C'est le secret des grandes marques. Après l'épisode malheureux du New Coke, on peut observer aujourd'hui le succès mondial de Coca-Cola Zéro. Plus qu'un simple produit, Coca-Cola est une famille de produits avec trois piliers : Coca-Cola, Coca-Cola light et Coca-Cola Zéro. Nous avons un large choix qui s'offre aux attentes des hommes et des femmes du XXIe siècle.

FT – Coca-Cola Zéro est-il une évolution génétique de la marque ?
CP – Coca-Cola Zéro, le goût de Coca-Cola avec zéro sucre, donc zéro calorie, c'est l'impossible qui devient possible. Il a fallu de nombreuses années de recherche pour aboutir à cette promesse. C'est aujourd'hui un succès mondial en droite ligne avec l'ADN de la marque.

FT – Respecter le génome d'une marque, est-ce une bonne manière de faire évoluer sa marque sans trahir ses valeurs ?
CP – Le point fondamental, c'est le mot « valeurs ». Je suis parfois surpris en tant que citoyen et consommateur de la façon dont certaines marques s'emparent de certains sujets avec une légèreté accablante. Quand on gère une marque comme Coca-Cola, avec une histoire aussi forte et une confiance aussi établie avec ses publics, il n'est pas envisageable de prendre le risque de trahir ses consommateurs. Jamais. Ce qu'on raconte est profondément ancré dans notre réalité. Les messages que nous communiquons à l'extérieur doivent être également vécus de façon forte au sein de l'entreprise. C'est une exigence très positive. C'est un tout qui part des valeurs, des valeurs qui doivent être incarnées avant d'être communiquées pour être pertinentes et ainsi créer du lien. Nous avons pour ambition de devenir l'une des sociétés les plus responsables de demain. Cela passe par un élan et une formation qui transforment structurellement notre façon de travailler. Ce n'est pas un projet à

part. Cela doit irriguer toute l'entreprise. Quand on repart de l'ADN, le génome et l'histoire de Coca-Cola, on retrouve des vérités d'hier plus que jamais vraies aujourd'hui. Par exemple, dans les années 1950, figurait déjà sur les conditionnements une incitation à récupérer les emballages : « *Save the carton.* »

FT – Que penses-tu de la notion de gène-éthique pour traduire la responsabilité génétique d'une entreprise basée sur son système de valeurs fondamentales ?

CP – Cette notion fait partie du rêve que je peux avoir. Je suis entré chez Coca-Cola en août 1989. Pendant longtemps, on a été l'entreprise la plus admirée au monde et aussi la plus connue. Un jour, peut-être, on redeviendra l'entreprise la plus admirée par ce que l'on est et ce que l'on fait. Et cela passe forcément par l'éthique et les valeurs. Plus que jamais dans le monde actuel, la perte de l'éthique a des conséquences graves. Si Coca-Cola peut être une entreprise modèle sur ce point, on aura réussi notre objectif. Coca-Cola est à la cinquième place du challenge « A great place to work » et nous ne cessons de progresser. L'éthique et les résultats économiques sont indissociables.

FT – Si les grandes marques ont des devoirs, quels sont les devoirs de Coca-Cola aujourd'hui ?

CP – Le premier devoir que l'on a s'applique d'abord à nos collaborateurs. C'est une responsabilité sociale basée sur le respect de valeurs fortes. Ensuite, on a une responsabilité vis-à-vis de nos clients. C'est une responsabilité économique, de l'agriculteur qui produit la betterave de notre sucre aux usines de mise en bouteilles ou en canettes. Les valeurs du sport sont aussi des valeurs essentielles que porte notre société. En complément des actions des pouvoirs publics, nous agissons pour créer un mouvement de promotion du sport en France. Nous aidons aussi des « Femmes de cœur » qui agissent pour des causes nobles. Chaque année, nous mettons en lumière une association pour lui permettre de passer de l'anonymat à la notoriété.

FT – Coca-Cola fait pétiller la vie de ses partenaires ?
CP – La plupart du temps, nous co-créons des programmes avec de nombreux organismes professionnels et associations. Par exemple, avec la Fédération française de football, nous avons mis en place un projet destiné à fournir du matériel et des équipements aux jeunes qui ont afflué dans les clubs de foot au lendemain de la Coupe du Monde 98. Dix ans après, 500 000 équipements étaient offerts à plus de 10 000 clubs. Voilà ce qu'est un projet co-créé pour aider le football amateur. Nous n'aimons pas faire des coups. Nous aimons travailler avec nos partenaires sur le long terme pour créer de la valeur. Cette relation sur le long terme fait partie de la recette du succès de l'entreprise.

FT – Coca-Cola co-crée, c'est du vocabulaire génétique !
CP – Cela passe par une vision et une volonté d'entreprise très forte. C'est un principe actif. Deux personnes sont chargées de cette co-création à plein temps chez nous.

FT – En tant que Français, être président de Coca-Cola France, ça fait quoi ?
CP – Je suis entré chez Coca-Cola un peu par hasard, sans avoir l'ambition d'en devenir le président. J'ai la chance de pouvoir intervenir sur le destin local de la marque. J'ai la responsabilité du passage de témoin avec mon successeur. Si la marque est ce qu'elle est aujourd'hui, c'est grâce aux personnalités tout à fait remarquables qui se sont succédé au sein de l'entreprise. Enfin, j'essaye de faire en sorte que mes équipes soient heureuses et fières de travailler chez Coca-Cola et surtout qu'elles puissent s'exprimer et se développer.

FT – Merci de ta pétillance.
CP – Merci de ce focus et de ce regard que tu mets sur la marque. Je te souhaite beaucoup de succès pour ce livre que je lirai avec beaucoup d'intérêt dès qu'il sera sorti.

je symbolise fraîcheur et éternelle jeunesse...
... le logo idéal pour des produits laitiers quoi...
et...
et moi?
tu me verrais comme logo pour quoi?
euh...
une marque d'ordinateur très pointue?

3-5 Yoplait® ou le génome inconnu

Yoplait, il était une fois la petite fleur

Il est difficile d'étudier et de révéler le génome d'une marque si on ne l'aime pas.

Oui, la recherche du génome est aussi une preuve d'amour. Il faut connaître la marque, la consommer, la savourer, l'apprécier et la respecter.

C'est le cas de ma marque de yaourts favorite : Yoplait.

En avril 1997, je fis la connaissance de Claudine Coupet, alors directrice du marketing chez Yoplait. Plutôt que de lui préparer une présentation d'agence, nous avions opté pour une présentation client. Yoplait semblait un cas idéal pour développer l'étude de l'Authentique Différence Naturelle.

Yoplait a été créée en 1965 par la coopérative SODIMA. C'est une marque qui a pratiquement tout inventé dans le monde des yaourts et du produit frais : les produits frais en emballage perdu quand le pot consigné était de rigueur, le premier yaourt aux fruits (1967), les petits-suisses en forme de fleur Petits Filous® (1968), les produits allégés Silhouette® (1973), Yop®, le premier yaourt à boire (1974), Ofilus® (1988), Câlin® (1989), Baby'up® (1995), Menu minceur® (1995), Petits Filous en tube® (1995). Puis quelques années plus tard, Ologo® nature 0 % (1997), ZAP®, le premier yaourt sans cuillère (1997), Pub'land® (1999), Panier de fruits® et Perle de lait® (1999), Petits Filous en cubes multicolores (2000), etc.

Yoplait est une marque qui a su animer le marché des produits frais par une extrême vitalité et une volonté d'innovation permanente qui lui ont valu non seulement des lauriers mais aussi, malheureusement, des difficultés. De nombreux lancements ratés l'ont en effet contrainte à vendre 50 % de son capital à PAI Partners en 2002. Si Yoplait demeure le numéro 2 mondial des yaourts, cette grande marque semble, selon moi, avoir quelque peu perdu son énergie créatrice et ses fondamentaux.

À l'époque où je travaillais sur son Authentique Différence Naturelle, j'avais déjà senti que Yoplait avançait d'une innovation à une autre sans stratégie particulière, et surtout sans but précis. Il y avait un décalage entre sa perception (apparence = phénotype) et sa réalité (génotype). Son déterminisme d'origine avait apparemment disparu. Comme point de départ de mes recherches, le symbole qui résume parfaitement Yoplait et son état d'esprit : la petite fleur.

De cette petite fleur et de son origine allait découler le système de valeurs de la marque. J'étais persuadé que ce logo, simple et universel, nous donnerait toutes les informations que nous recherchions. J'étais loin d'imaginer à quel point la découverte que nous fîmes allait nous permettre de changer le point de vue de ceux qui œuvraient chaque jour pour Yoplait, en France comme à l'étranger.

De cette petite fleur et de son origine allait découler le système de valeurs de la marque.

Je demandai à Claudine Coupet de me procurer le livre d'histoire de la marque, *Mémoires de lait*, édité en 1994 (Albin Michel), soit trois ans plus tôt. J'y fis quelques découvertes intéressantes. Entre 1964 et 1965, six grands groupes coopératifs s'unirent et créèrent la SODIMA pour lancer ensemble une marque nationale de produits laitiers, voulant mutualiser leurs efforts pour répondre aux nouvelles exigences du marché. Cette initiative faisait date : pour la première fois, des coopératives laitières se confrontaient directement aux réalités économiques en s'attaquant avec succès à l'ensemble du marché national. « Avec la SODIMA, pour la première fois, les sociétés du monde coopératif raisonnaient en termes de marché et non plus exclusivement en termes de production », déclarait à l'époque François Désouches, ancien directeur de la Fédération nationale des coopératives laitières (FNCL). Ces nouvelles exigences nécessitaient des investissements lourds en termes de marketing et de médias. À l'époque, une page de publicité dans un magazine national (*Paris Match* par exemple) coûtait jusqu'à un million de francs. Aucune coopérative ne pouvait se le permettre. Il avait donc fallu s'unir pour investir. Mais l'intuition coopérative présente à la SODIMA en 1964 leur permit d'anticiper le grand boum que connut le marché dans les années qui suivirent. « Nous avons eu la prescience du marché. Nous avons misé sur le développement de la consommation des produits laitiers frais. Nous avions l'intime conviction que le yaourt serait un produit d'avenir, l'aliment indispensable des futures générations. Il était par conséquent possible d'y occuper une place prépondérante si nous nous y placions les premiers », résumait André Gaillard, président de la SODIMA de 1965 à 1986. (Citations extraites de *Mémoires de lait*.)

C'est dans un trois-pièces de la rue Martre à Clichy que débuta la grande aventure de Yoplait. Il fallait non seulement inventer de nouveaux produits en explorant toutes les voies du marketing, mais aussi imposer une marque durablement sur le marché, avec ses emballages, son graphisme, son conditionnement, etc.

Il fallait trouver un nom de marque et créer un symbole qui puisse toucher la mémoire des consommateurs pour longtemps. Flok, Floris, Farmor, Flores, Floris et Fleury furent les premiers noms trouvés après un appel à contribution des coopérateurs de SODIMA. Les directeurs se décidèrent finalement à conserver deux noms déjà utilisés par deux des coopératives : Yola et Coplait.

Il fallait ensuite choisir entre les deux. La SODIMA trancha en faisant une contraction des deux noms : Yola + Coplait = Yoplait.

Il ne restait plus à Publicis – leur agence de l'époque – qu'à trouver un logo emblématique – la petite fleur – et un slogan. Ce dernier résonnait comme les grands slogans des débuts de la réclame, entre le jeu de mots et la ritournelle mémorisable : « Yoplait, naturellement fait, naturellement frais. »

L'agence demanda à Raymond Savignac d'illustrer et de mettre en scène le slogan avec un visuel percutant l'imagination. Savignac reprit le symbole du marché laitier, la vache, dans une pose pour le moins saugrenue, les quatre fers en l'air, le lait jaillissant de ses pis arrosant deux pots de yaourt qu'elle tient entre ses sabots. Un petit scandale pour l'époque auprès des membres des coopératives qui découvraient ce que « l'entrée dans le marché » voulait dire.

Un nom, un symbole, un slogan, un visuel, une affiche et surtout, des produits : Yoplait était parée pour devenir l'une des plus grandes marques du monde.

Néanmoins, un doute subsistait quant à l'origine de la petite fleur.

C'est avec ce doute que je commençai à décoder le génome de Yoplait.

La révélation de la petite fleur

Un dimanche après-midi pluvieux, j'étais à l'agence en train d'essayer de définir les valeurs fondamentales génétiques de Yoplait pour en déterminer l'ADN.

Au bout de quelques heures de travail et en opérant par recoupements entre l'histoire de la marque et de ses produits, je mis bout à bout quelques gènes. Il y avait un chaînon manquant à l'édifice, la petite fleur, qui fait partie de l'ADN de la marque, tant elle résume en quelques traits la somme de toutes ses valeurs fondamentales : la nature, la jeunesse, la fraîcheur et la sympathie.

« Et tu lui as dit que j'avais dessiné la petite fleur ? »

Entre toutes les légendes qui circulent autour de ce symbole, la version officielle *(Mémoires de lait)* raconte que « les 6 pétales représentent les 6 coopératives fondatrices réunies autour du même but ». Pourtant, je n'arrivais pas à me contenter de cette explication, tant cela semblait découler d'une post-rationalisation indigne du caractère original de cette marque. Quelque chose me disait qu'il y avait un peu plus que cela dans cette petite fleur poétique, un sens caché riche d'enseignements, sortant du cadre trop policé des coopératives et de leur objectif commercial.

J'avais isolé le gène leader qui allait m'aider à élaborer l'architecture de l'ADN de Yoplait : la fraîcheur d'esprit éternelle. Cette petite fleur semblait traduire parfaitement la volonté de Yoplait de diffuser cet état d'esprit au plus grand nombre grâce à ses produits, même si ce n'était pas la version de *Mémoires de lait*. Tant que je n'avais pas découvert son origine réelle, je ne pouvais avancer dans mon étude du génome.

Une sonnerie d'interphone vint interrompre ma réflexion. Mon producteur, Vincent Morlighem, devait passer à l'agence pour valider un storyboard de spot télé. Me voyant contrarié par mes recherches, il me glissa d'un ton détaché : « Tu aurais pu me dire que tu travaillais sur Yoplait, c'est mon père qui a dessiné la petite fleur. »

Connaissant son goût immodéré pour les canulars, je ne pus d'abord croire que son père, aujourd'hui retraité dans le Sud-Ouest de la France, était l'inventeur de la petite fleur !

Sans sourciller, Vincent décrocha mon téléphone et appela son père, Philippe Morlighem. Il mit le haut-parleur :

« Bonjour, papa.
– Bonjour, Vincent, ça fait plaisir de t'entendre deux fois dans la même journée.
– Je suis avec Frank, à l'agence… Voilà, il travaille sur Yoplait et… »
Philippe ne laissa pas Vincent terminer sa phrase.
« Et tu lui as dit que j'avais dessiné la petite fleur ? »
Subjugué, je saisis le combiné et m'adressai directement à Philippe. À moins d'un coup monté, c'était une coïncidence incroyable.
« Philippe, c'est Frank… Alors, c'est vrai, c'est toi qui as dessiné la petite fleur ? Raconte !
– C'est une très belle histoire. Je crois même avoir gardé quelques croquis…
– Incroyable. Écoute, serais-tu prêt à venir à Paris pour qu'on en discute ? Nous sommes lundi, j'ai rendez-vous avec eux vendredi. Peux-tu venir mercredi après-midi ?
– Oui, bien sûr. »

Mercredi après-midi, Philippe Morlighem arriva à l'agence. Les amateurs de Tintin imagineront sans mal à quoi ressemble Philippe, véritable Professeur Tournesol de la publicité : costume trois-pièces impeccable, barbichette poivre et sel parfaitement taillée et petites lunettes cerclées de métal comme seuls les scientifiques et les universitaires savent en arborer. Un chapeau sombre venait couvrir ce modèle d'élégance.

Il était un grand directeur artistique de chez Publicis dans les années 1960-1970. À l'époque, un directeur artistique savait tout faire : il concevait des annonces, des affiches, il faisait des photos, des packagings, et, surtout, il savait dessiner des storyboards et des logos. À présent installé en province, il continuait de « gérer quelques clients pour s'amuser ».

Je le remerciai d'être venu jusqu'à Paris. Il me dit aussitôt que Yoplait était l'un de ses meilleurs souvenirs professionnels et qu'il restait toujours présent dans sa mémoire. Nous nous installâmes dans mon bureau et je lui demandai de me raconter la véritable histoire de la petite fleur, sans lui présenter encore le fruit de mes recherches.

« As-tu une feuille de papier s'il te plaît ? » me dit-il.
Je lui tendis un bloc de papier. Il sortit un fusain de sa poche et me posa une question comme dans un jeu télévisé :
« Comment dessinait-on un avion dans les années 1920 ? »
À l'aide du fusain, je dessinai tant bien que mal un biplan, avec hélice.
«Bien. Maintenant, peux-tu me dire comment on dessinait un avion dans les années 1940 ? »
Je rassemblai mes souvenirs de dessinateur en herbe pour dessiner un Spitfire, célèbre chasseur britannique de la Seconde Guerre mondiale.
Philippe esquissait un sourire à chacun de mes croquis. Je ne savais pas s'il s'agissait d'une moquerie ou d'un sarcasme. J'obéissais néanmoins à chacune de ses demandes, excité par l'issue de ce petit jeu où j'avais beaucoup plus à gagner qu'une simple somme d'argent ou un bouquet offert par Jean-Pierre Descombes.
« OK, maintenant, un avion dans les années 1970 ? »
Je croquai le Concorde en m'inspirant d'un flamant rose aux ailes déployées.
« Et enfin, un avion en 2030 ? »
Je me demandais où Philippe voulait bien en venir. Il était venu pour me parler de la petite fleur Yoplait, pas pour faire un projet d'affiche pour le salon du Bourget.
Je me pliai aux règles du jeu et dessinai un avion futuriste ressemblant aux appareils rebelles de *Star Wars*.
« Bien, merci Frank. Maintenant que tu as répondu à mes questions, je vais maintenant te demander de changer de

Comme on le voit, la petite fleur ne varie pas...
Sauf à partir de la guerre de 2074 ...
où elle mute suite aux radiations
1930
1946
2009
NO FUT
1950
1948

feuille et de me dire comment on dessinait une fleur dans les années 1920. »
On revenait enfin sur notre sujet, mais la question me paraissait étrange.
Après une petite réflexion, je me décidai à dessiner une petite fleur avec une tige, six pétales et une petite feuille sur le côté.
« Et une fleur dans les années 1940 ? »
Je dessinai à nouveau une fleur ressemblant à s'y méprendre à la première.
« Et dans les années 1970 ? »
Même réponse de ma part.
« Et aujourd'hui ? Et en 2030 ? »
Toujours la même réponse, toujours le même dessin, toujours ces six pétales, cette tige et cette petite feuille sur le côté.
L'air satisfait, il compara les deux feuilles.
Je regardai mon œuvre sans rien dire. J'avais plus d'inspiration pour les années 1920 que les années 1940, mais bon, ça passait.

Philippe me fit alors comprendre comment tout évolue à travers le temps. Comment tout change, tout s'adapte, tout mute. Le design s'adapte en fonction de l'époque, des besoins et du coût des matières premières. Il n'y a que cinquante ans entre le biplan et le Concorde, alors qu'ils semblent être séparés de deux ou trois siècles.

« En revanche, pour la nature, c'est tout l'inverse. C'est nous qui nous adaptons à elle. C'est nous qui l'utilisons, en profitons, la protégeons, l'exploitons. Nous la dégradons aussi, malheureusement. Mais nous ne la faisons pas évoluer, au contraire. Nous sommes des ennemis de la nature et nous ne la méritons pas. Nous pouvons en revanche être plus responsables et faire attention à la transmettre dans le même état que nous l'avons trouvée. L'homme doit prendre exemple sur la nature. Il doit en prendre soin pour survivre. C'est notre mission. Voilà pourquoi j'ai choisi la petite fleur pour Yoplait : parce qu'une petite fleur reste une petite fleur, même cinquante ans plus tard. Parce qu'une petite fleur est à la fois fragile et symbole de la force de la nature et de tous les bienfaits qu'elle génère. Parce qu'une petite fleur ne mute pas au gré des saisons, ne se transforme pas avec les modes et les époques. Elle reste intacte, immuable et éternelle à travers le temps, pour nous rappeler que la nature doit rester intacte pour nous maintenir en vie. Elle sait rester fraîche et vivante et nous donne un sentiment de fraîcheur éternelle. C'est ça Yoplait, la fraîcheur éternelle. »

Ce que Philippe venait de dire résonnait tout particulièrement en moi. Je pris le dossier sur lequel j'avais réuni toutes mes recherches et le montrai à Philippe. Le titre du dossier était : « Yoplait, la fraîcheur d'esprit éternelle ».

Une fois de plus, comme pour Lego, j'apprenais que lorsque l'on s'aventure sur le terrain de l'essentiel, il peut arriver un grand nombre de signes qu'il faut savoir interpréter pour aller au bout de cette quête d'évidence qu'est la recherche du génome d'une marque. Il n'y a pas de hasard, bien entendu. Juste quelques signes qu'il faut savoir associer pour lire la véritable histoire de la marque.

Une petite fleur reste une petite fleur, même cinquante ans plus tard.

Philippe fut surpris, tout comme moi, par la correspondance entre sa démarche de designer de logo en 1965 et ma démarche pour révéler l'ADN de Yoplait en 1997. Il adhéra au concept du génome des marques et me donna de nombreux conseils pour tenter de coller encore plus à l'ADN en fonction des signes que diffuse la marque.

Chaque signe a un sens particulier, un déterminisme et un but recherché. Avec la petite fleur, le signe faisait sens, trente ans plus tard.

Cette révélation bouclait à merveille l'exposé que je m'apprêtais à présenter à Claudine Coupet et Bruno Duberga, directeur du marketing international.

Je demandai à Philippe s'il était d'accord pour m'accompagner chez Yoplait afin de faire la même démonstration. Il accepta sans se faire prier, tant l'excitation était partagée.

Claudine et Bruno furent surpris de découvrir la présence de Philippe à mes côtés. Je voulais créer un effet de surprise et ne leur précisai pas immédiatement l'identité de mon partenaire, ni la raison de sa présence à cette réunion importante. Je préservai le suspense jusqu'à l'explication du concept de la petite fleur. Je débutai la présentation de l'ADN de Yoplait.

L'empreinte génétique

« Yoplait tire de ses racines coopératives une manière originale d'aborder le marché et d'y manifester une exceptionnelle vitalité » *(Mémoires de lait)*.

Cette citation exprime parfaitement le déterminisme qui a amené les six coopératives à se réunir dans un but précis, au moment où le marché était en train de s'ouvrir.

L'Authentique Différence Naturelle

Gène leader : la fraîcheur d'esprit éternelle

C'est la valeur fondamentale qui résume la volonté de Yoplait d'offrir des produits qui véhiculent une fraîcheur d'esprit, source de bien-être et d'optimisme. La fraîcheur est aussi une notion essentielle de qualité pour des produits alimentaires et laitiers.

La petite fleur

C'est le symbole vivant, preuve de la fraîcheur éternelle de la marque. C'est le signe de ralliement de tous les produits Yoplait qui sont des marques à part entière. Yoplait se place toujours en mineur par rapport à ses produits pour les laisser vivre leur propre vie avec leur public et leur principe actif. La petite fleur est là pour rassembler la famille et donner un signe aux consommateurs : toutes les valeurs génétiques de Yoplait se retrouvent dans tous ses produits.

Le lait

Chez Yoplait, le lait est à la source de toute innovation. C'est le plus petit dénominateur commun à tous les produits. C'est la colonne vertébrale, la contrainte sur laquelle la marque s'appuie pour réciter ses gammes.

La nature

Ses racines coopératives lui donnent une légitimité et une crédibilité sur la naturalité de ses produits. Une nature que Yoplait s'évertue à respecter en lui rendant hommage à chaque lancement.

L'authenticité

Yoplait peut donc revendiquer une certaine authenticité et une vérité qui la différencie des autres marques plus « marketing ».

L'innovation

C'est l'idée fixe de Yoplait, qui est à l'origine des plus grandes innovations des produits laitiers. C'est sa raison d'être. La recherche, le développement et la création sont les domaines où la marque investit le plus depuis sa création en 1965. Parfois très en avance sur son temps, elle a donné le rythme au marché en étant souvent copiée, mais rarement égalée. Cette innovation se fait toujours en anticipant sur les besoins des consommateurs. Cette posture **consumériste** tend à rénover en permanence la perception du marché des produits laitiers. Chaque nouveau produit est une publicité positive pour le marché dans son ensemble.

La jeunesse

La fraîcheur de la marque garantit une forme de jeunesse éternelle. La petite fleur est un symbole vivant de cette jeunesse, de cette fraîcheur, de cet état d'esprit. Yoplait a toujours été considérée comme une marque « jeune ». Pour s'adresser aux nouvelles générations, elle ne tombe pas dans le cliché du « parler jeune » pour autant. Elle parle juste, et vrai. Elle est même allée jusqu'à « cracher dans son Yop » pour faire le trou auprès de la cible ado qui l'a adoptée, venant ainsi rivaliser frontalement avec les boissons sans alcool et leur ton consensuel.

La sympathie

Yoplait a toujours eu l'image d'une marque sympathique, qui n'agresse pas ses concurrents et ne se moque pas de ses consommateurs. La petite fleur a renforcé ce capital sympathie auprès de tous ses publics.

La vitalité

Yoplait a toujours eu un rythme d'innovation effréné, passant d'une nouveauté à une autre, de gamme en gamme, de pot en pot. Cette vitalité l'a positionnée en tête sur ce marché où elle imprime un tempo régulier. Ce tempo s'est malheureusement déréglé début 2000.

La longévité

D'origine bulgare, le mot yaourt veut dire « longévité », ce qui en dit long sur la volonté de Yoplait d'offrir des produits qui garantissent de vivre mieux et plus longtemps. C'est un gène commun avec son concurrent Danone. Chez Danone, tout l'ADN est orienté sur la santé et la longévité.

Concept génétique

« Faites-vous une fleur. »

Après avoir étudié l'évolution du concept de Yoplait depuis trente ans, je suis arrivé à la conclusion qu'on ne pouvait faire l'impasse sur la petite fleur. Pour les consommateurs, « petite fleur = Yoplait ». C'est une évidence qu'il fallait souligner. Plutôt que de proposer un concept émetteur qui décrive l'action de Yoplait ou qui définisse ses produits, j'avais choisi d'élaborer un concept qui résume la volonté de Yoplait d'être toujours en phase avec les attentes des consommateurs. Le besoin de bien-être et de pouvoir consommer en se faisant du bien m'avait amené tout naturellement à reprendre une expression populaire au profit de la marque : se faire une fleur, c'est se faire du bien.

On pense à soi, on se fait plaisir sans se priver et sans se freiner. On décomplexe le rapport à l'alimentation à une époque où on a trop culpabilisé le consommateur. On lui redonne la main.

Claudine et Bruno écoutaient la démarche qui consistait à bâtir l'ADN sur la valeur fondamentale exprimée par la petite fleur, la fraîcheur d'esprit éternelle. J'annonçai alors que la « légende des six pétales » qui représentaient les six coopératives était, non pas fausse, mais incomplète. Bruno et Claudine me demandèrent quels étaient mes arguments, eux qui avaient été nourris au lait de *Mémoires de lait* depuis qu'ils travaillaient pour Yoplait.

C'est à cet instant que je dégainai mon arme secrète. Philippe prit la parole. Il se présenta brièvement. Il parlait comme ces

LE GÉNOME DE Yoplait

L'EMPREINTE GÉNÉTIQUE

«YOPLAIT TIRE DE SES RACINES COOPÉRATIVES UNE MANIÈRE ORIGINALE D'ABORDER LE MARCHÉ ET D'Y MANIFESTER UNE EXCEPTIONNELLE VITALITÉ » (*MÉMOIRES DE LAIT*).

AUTHENTIQUE DIFFÉRENCE NATURELLE

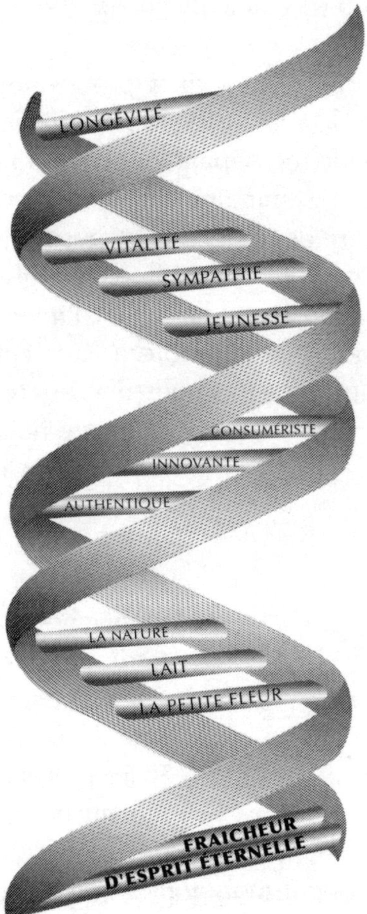

CONCEPT GÉNÉTIQUE : FAITES-VOUS UNE FLEUR

professeurs d'antan qui passionnaient des générations d'écoliers. Claudine et Bruno buvaient les paroles de cet orateur hors pair et fascinant. Ils eurent droit au même test question/dessin/réponse. Chacun son tour, ils s'exécutèrent sans bien comprendre le but recherché. À la manière d'un grand illusionniste, ce grand Houdini du logo dévoila le sens caché de sa démarche sous les yeux ébahis de l'assistance qui réagit par des applaudissements. Visiblement, une grande émotion les avait saisis et elle était palpable à la manière dont ils s'avancèrent vers nous pour nous féliciter. Philippe et moi étions comme des enfants à la fin d'un spectacle de l'école primaire.

Immédiatement, Bruno nous fit la proposition de venir présenter le génome de Yoplait lors du grand séminaire marketing annuel, Effimark, regroupant toutes les équipes marketing du monde entier. Ce séminaire, organisé par Corinne Hirsch, avait pour mission de redéfinir le positionnement de la marque pour en étudier la possibilité d'élargissement *(brand stretching)*. J'acceptai immédiatement l'invitation. Philippe, lui, déclina, ne pouvant se rendre à Paris cette semaine-là. J'en fus désolé tant nous formions une bonne équipe après quarante-huit heures seulement de travail en commun.

> En moins de 45 minutes, je vins à bout de l'historique, de l'ADN et commençai à raconter l'histoire de la petite fleur.

Je me préparai donc à présenter en solo le fruit de mes recherches devant un parterre de directeurs marketing européens et mondiaux, sous la houlette de Daniel Tixier, professeur à l'ESSEC et titulaire de la chaire produits de consommation. L'enjeu était important pour moi : toutes les équipes qui agissent au quotidien pour que Yoplait innove, produise et distribue chaque jour des millions de yaourts dans le monde allaient découvrir le concept du génome des marques appliqué à la leur. Dans l'assistance se trouvaient les deux agences de pub qui se partageaient le budget de communication de Yoplait, Jean & Montmarin et Mc Cann Erricksson. Je devais faire oublier le publicitaire qui sommeille en moi. Cette mise en danger était le prix à payer pour aller au bout de ma démarche.

Devant plus de quarante personnes, je commençai mon exposé. En moins de 45 minutes, je vins à bout de l'historique, de l'ADN et commençai à raconter l'histoire de la petite fleur. Cette petite fleur déclencha la passion de tout l'auditoire quand j'expliquai comment Philippe Morlighem l'avait conçue.

Mais je ne pouvais m'arrêter là. J'avais préparé de nouvelles planches sur l'utilisation de l'ADN de Yoplait au quotidien afin d'éviter la sempiternelle question : « OK, c'est bien joli tout ça, mais à quoi ça sert ? »

Yoplait peut en effet se vanter d'avoir des produits jeunes, innovants, à forte personnalité, tous leaders dans leur catégorie. Elle a toujours placé l'innovation au cœur de chaque lancement de produit. La marque n'essaye pas de « parler jeune » pour plaire aux jeunes. Elle met en scène les jeunes dans leur réalité, ce qui renforce le réalisme des situations et rend le produit plus proche et plus complice. Par ailleurs, la marque intervient comme un label et se situe souvent au deuxième plan, « cachée » derrière le nom du produit. Elle nourrit ses produits en agissant comme une caution. Ensuite, la fraîcheur d'esprit éternelle est un moteur quotidien, une ligne à suivre qui lui permet de se distinguer de tous ses concurrents. Et enfin, la petite fleur a toujours été le trait d'union entre les différentes époques de la marque.

Depuis trente ans, ce dessin signe les produits Yoplait comme un artisan signerait son œuvre. Présente de façon discrète depuis son lancement, elle a été utilisée par les publicitaires dans le slogan de la marque à partir de 1975 : « Yoplait, vous savez, la petite fleur », ou comment la petite fleur doit servir de signe de reconnaissance pour les consommateurs. En 1983, le slogan devint : « Bravo Yoplait, bravo la petite fleur », pour affirmer plus nettement le caractère dynamique et novateur de la marque. En 1988, « Une fleur, la vie » vint apporter une touche de fraîcheur et de naturalité. À l'époque où j'intervenais, le slogan avait fait disparaître la petite fleur : « Origine, le lait. » Ce symbole vivant exprimait pourtant le capital sympathie dont jouit Yoplait. Il me semblait qu'il fallait donc réinitialiser la présence de la petite fleur dans le slogan. Yoplait devait retrouver la petite fleur dans son concept tout en donnant aux consommateurs une raison supplémentaire de consommer ses produits.

Face au concurrent Danone qui s'engouffrait depuis dix ans dans l'univers de la santé en transformant ses produits en alicaments, il fallait que Yoplait conserve sa part de naturalité tout en apportant les bienfaits attendus des produits laitiers et en les dépassant. L'aspect physiologique et mental représentait le terrain d'action de Yoplait. Des produits frais qui apportent du bien-être à ceux qui les consomment. En mangeant un produit Yoplait, vous vous faites du bien ainsi qu'à vos proches. Quand Danone ordonne : « Donnez Danone », il insiste sur ce besoin de transmission pour faire du bien à autrui.

« Faites-vous une fleur » résumait mon exposé. Ce n'était pas la marque qui faisait quelque chose, on n'était pas dans un discours émetteur. C'était le consommateur qui s'appropriait la marque pour se faire du bien et faire du bien aux autres. C'était aussi le symbole de la prise de conscience du consommateur qui en avait assez qu'une marque pense et agisse pour lui. Il reprenait la main en mangeant un yaourt.

Fin de la présentation.

Le message semblait être bien passé, mais il fallait laisser reposer les esprits et attendre la critique constructive. Daniel Tixier me fit part de son enthousiasme et m'encouragea à développer mon étude. Je n'en attendais pas tant. Claudine et Bruno m'invitèrent à rester pour le déjeuner, ce que je m'empressai d'accepter. La démonstration de la petite fleur avait conquis les participants, qui m'annonçaient qu'ils ne pourraient plus jamais considérer ce logo comme avant, tant le symbole qu'elle véhiculait était fondamental et poétique à la fois. Ils avaient totalement basculé dans l'émotionnel, ce qui les changeait des séminaires marketing traditionnels où ils devaient ingurgiter des tonnes de données et des diagrammes un peu barbants. Comme quoi un simple dessin peut en dire plus que des centaines de chiffres. En révélant le génome inconnu de Yoplait, je leur avais fait toucher du doigt cette partie magique que possède une marque, cette part d'humanité qui fait qu'on se bat pour elle, qu'on la désire, qu'on la réclame et qu'on la recommande. Avec cette petite fleur, chacun d'eux pouvait continuer à travailler avec le sentiment que Yoplait était un peu plus qu'un simple fabricant de yaourts. Je ne remercierai jamais assez Philippe de m'avoir révélé tous ses secrets de fabrication.

La petite fleur avait conquis les participants, qui m'annonçaient qu'ils ne pourraient plus jamais considérer ce logo comme avant.

Yoplait m'invita à un nouveau séminaire en 1999. Quelques années plus tard, la marque traversa malheureusement des problèmes qui l'obligèrent à vendre 50 % de son capital.

S'il est toujours plus facile de faire des analyses que des pronostics, on peut néanmoins observer que Yoplait a quelque peu déserté son ADN pendant toutes ces années. On peut se demander ce qu'il en aurait été si elle avait suivi, dès 1997, la voie toute tracée que son génome lui indiquait. Peu ou pas d'innovation, pas de présence publicitaire forte. De même pour son concept qui lui aurait peut-être permis de renouer avec ses consommateurs et d'établir une nouvelle forme de relation basée sur un bénéfice plus en phase avec les aspirations de la société : le bien-être.

Mais il n'est jamais trop tard pour bien faire et Yoplait retrouvera peut-être son dynamisme en renouant avec son ADN et, surtout, avec son chromosome perdu : la petite fleur.

Toutes les marques qui font fausse route ont intérêt à revenir sur leurs fondamentaux pour trouver l'énergie du rebond. Cet exemple de la petite fleur montre à quel point un petit détail aussi fragile et léger peut avoir du poids et de l'importance dans la vie de la marque, jusqu'à la mettre en danger en cas d'oubli ou d'abandon.

De plus, cette petite fleur est universelle et reconnue par tous dans le monde entier. Elle n'a besoin ni d'explication ni de traduction. Danone, lui, a été obligé de se transformer pour permettre aux Anglo-Saxons de lire le nom de la marque sans en modifier la phonétique : Dannon.

Le retour vers un symbole essentiel comme une fleur s'inscrit parfaitement dans une époque sans repère où la naturalité authentique est recherchée. Cette petite fleur est un symbole de croissance et d'éternel recommencement. Le traité de cette fleur ne pourra jamais se faner car elle est la vision d'une fleur à travers les yeux d'un enfant. Dans un siècle, les enfants continueront de dessiner des fleurs de la même manière : c'est un élixir de jouvence pour rassurer et faire du bien.

En 2005, les nouveaux dirigeants ont eu la bonne idée de relifter le logo et de rehausser la présence de la petite fleur, ce qui est bon signe.

Yoplait possède les ressources pour effectuer son come-back, ainsi que la culture d'entreprise pour se régénérer et l'énergie pour rebondir. Yoplait se fera alors une fleur, ainsi qu'à ses consommateurs par la même occasion.

Interview de M. Daniel Tixier, professeur de marketing, fondateur de la chaire des produits de grande consommation de l'ESSEC

Frank Tapiro – Quelques années après notre mémorable réunion sur le génome de Yoplait, quelle est votre opinion sur la question du génome des marques ?
Daniel Tixier – Il est utile d'employer des analogies pour se faire comprendre. Dans le monde universitaire, on emprunte parfois trop souvent des mots de la biologie et des sciences pour expliquer d'autres phénomènes. Parler d'ADN et de génome peut être un abus ou paraître « too much ». Mais l'intérêt du « too much », c'est qu'il y a derrière quelque chose de « much ». Parlons donc du « much » et non du « too much ». Il est donc totalement clair que pour raisonner sur le profond du profond, on peut employer des codages, des constructions, des buildings blocks comme des Lego. Il y a certaines marques qui ont réussi à conserver un patrimoine et une trace visible de leur naissance à aujourd'hui. Elles n'y arrivent pas toutes, c'est le cœur de la question.

FT – Êtes-vous un adepte du nexialisme, le mélange décloisonné et universel de toutes les disciplines scientifiques ?
DT – Oui, et ce n'est malheureusement pas la tendance profonde du moment, c'est ce qui me perturbe. La seule chose qui ait un sens, c'est la globalité. Un gène isolé peut avoir plusieurs descendances, des origines différentes, d'où l'importance de savoir analyser et comprendre ce que l'on voit.

FT – L'« Authentique Différence Naturelle » est-elle une traduction de l'ADN des marques qui fait sens pour vous ?
DT – Ça m'amuse. ADN a un sens aujourd'hui connu qui pourrait éviter d'expliquer ce que les mots veulent dire. Cela dit, il est assez intelligent de trouver une traduction pertinente à un sigle. Pourquoi pas celle-ci ? Elle a un certain intérêt et vous pourriez en faire une marque.

FT – Comment regardez-vous la marque Yoplait dix ans après ?
DT – Il y a dans cette marque des choses très profondes. Il y a au départ d'une marque soit une structure, soit des gens. Les racines, chez Danone, se retrouvent chez des gens, chez Yoplait, dans les structures. Pour comprendre ce qui se passe aujourd'hui, il faut considérer ce postulat en souhaitant que la marque ait été suffisamment fidèle à ses origines pour qu'on puisse les retrouver à travers la marque. Ce qui se passe aujourd'hui sur Yoplait n'est pas une rupture totale avec les origines. À l'origine, il s'agissait d'un marketing d'écoulement. Yoplait est le roi de la franchise et Danone, le roi de l'intégration. On parle pour ces produits d'une catégorie mondiale en termes de leadership. Yoplait devait développer et valoriser des laits de coopérative. La valeur qu'ils avaient à échanger se trouvait dans leur compétence à gérer des marques. Ils ont fait du marketing par nécessité en trouvant de la valeur ailleurs. Pour Danone, il fallait au contraire se relancer en repartant de la production. Chez Yoplait, la logique producteur/marque semble aujourd'hui cassée. Selon une logique financière, on pourrait même en arriver à une revente à la découpe, gène par gène.

FT – Cette vision du génome peut-elle faire entrevoir la vraie valeur des sociétés ?
DT – Je regrette profondément que des gens *a priori* intelligents soient aussi limités à voir ce qui n'est pas leur priorité. L'ignorance d'un certain type de valeurs est destructrice de la

capacité à mettre en marché des éléments de valeur au profit d'autres éléments plus limités, ayant moins d'avenir.

FT – Le génome des marques est-il un outil important pour la culture d'une marque et d'une entreprise ?

DT – Il faudrait faire en sorte que les gens qui travaillent pour une marque fassent un contrat d'intérêt affectif impliquant qui les rendent responsables de la transmission de l'héritage des valeurs. Cela pose la problématique de la carrière des hommes et des femmes de marketing : faut-il passer très vite chef de groupe ou directeur marketing ? Faut-il rallonger les carrières des chefs de marque pour éviter les dérapages et les écarts avec l'ADN des marques ? Ils doivent être partie prenante de la culture, des valeurs, de l'héritage. L'implication peut être rapide et forte même si on travaille pour la marque depuis peu de temps.

FT – Gère-t-on plus sa carrière que celle de la marque ?

DT – On peut très bien s'attacher à ce qu'on fait sans avoir d'attachement viscéral dans ce que l'on fait. Je suis assez choqué de voir des « spécialistes de tout » n'avoir aucune fidélité à ce qu'ils font et changer du jour au lendemain de marque et de domaine sans problème. C'est une question de valeurs personnelles. Un des premiers devoirs des directions générales devrait être celui de l'implication dans le long terme. Encore faut-il qu'ils appliquent cette volonté à eux-mêmes. Il y a un problème de projection dans l'avenir. On sacrifie souvent les valeurs d'une marque pour des raisons de taux d'actualisation financière qui ont un agenda différent. On est soumis à des contraintes qui biaisent la gestion de l'entité dans laquelle vous êtes. Péchiney est un bon exemple de ce qu'on peut faire de plus dramatique dans ce domaine. La pression de la compétition et la concurrence internationale, l'incapacité d'opérer des fusions sans respecter les forces et les valeurs fondamentales, ont rendu cette marque vide de sens pour le seul appât du gain.

FT – Y a-t-il des raisons fondamentales à ce suicide ?

DT – Ce ne sont pas les boîtes qui se suicident, ce sont les gens qui les dirigent qui n'ont pas de frein dans leur vision et leur éthique.

FT – Est-il temps d'instaurer une gène-éthique ?

DT – Rien n'est figé. Sur la base de valeurs et d'une histoire, il y a des avenirs très différents qui peuvent exister. Différents événements peuvent influer sur les trajectoires, des fusions, des acquisitions. Ce qui est inacceptable est une rupture complète avec ce qui peut donner un sens à son action.

FT – Pensez-vous que cette approche génétique des marques puisse être inculquée aux étudiants qui géreront demain le destin des marques ?

DT – Il m'arrive encore très souvent de raconter l'histoire des marques à ceux qui les gèrent. Il y a une absence d'archives et une méconnaissance totale voire complète des faits historiques importants. On peut en effet mettre en garde les étudiants contre les dérives d'aujourd'hui. La chaire des produits de grande consommation de l'ESSEC est la première chaire en France conçue en partenariat avec les entreprises. On m'a traité de vendu ! On a monté des cours qu'on a confiés aux entreprises où ils donnent le meilleur d'eux-mêmes. Ils reçoivent le même briefing : ils peuvent être partiaux et partiels, mais ils doivent donner des codes et être passionnants. Nous avons aussi accueilli des agences de communication. Le monde des entreprises et celui des étudiants se côtoient mais ne se recouvrent pas. Les entreprises doivent considérer les étudiants comme des futurs collaborateurs potentiels. Les étudiants doivent comprendre l'implication que représente le fait de travailler pour une marque, l'importance des valeurs et de l'histoire. Il y a aujourd'hui cinq cents anciens de cette chaire qui ont plutôt réussi. Ce que j'ai choisi de faire n'est pas basé sur les critères de recrutement et d'évaluation des profs aujourd'hui. Cette formation est faite pour que les étudiants soient mieux armés quand ils passeront dans le monde de l'entreprise et qu'ils géreront des marques. Une partie de ce que j'ai fait est de la pédagogie active. Le modèle vertical du Learn/Do/Like est révolu. Je crois à un modèle plus circulaire et vertueux du Do/Like/Learn. C'est ce qui nous fait avancer, c'est une philosophie qui nous permet d'agir toute sa vie. Malheureusement, on est en train de s'appauvrir culturellement dans le monde entier. Ce n'est pas un problème exclusivement français. Je pense qu'il est essentiel de préserver ces valeurs auxquelles nous n'attachons plus d'importance. C'est une sonnette d'alarme qui doit nous faire réagir. Pendant ce temps-là, les pays qui ont commencé par la production progressent et développent leur niveau d'intelligence et de formation. Regardez le niveau de la formation en Chine et en Inde, en qualité et en volume, et posez-vous la question de savoir ce qui se passera demain.

Je suis le génie de la marque !
qui ose m'invoquer ?

3-6 Poweo® : l'acte de naissance génétique

L'étude du génome des marques et de l'ADN est évidemment plus simple à effectuer sur des marques installées depuis de nombreuses années. De même pour un être humain, il est plus facile de définir ses valeurs fondamentales à l'âge mûr qu'à l'enfance. Comme certains gènes, il y a des valeurs qui s'expriment avec le temps. On sait que des chaînes entières d'ADN ne seront pas décodées et ne donneront aucune manifestation visible. Certains gènes sont des « potentiels » de mutation et les conditions de leur révélation demeurent un mystère. La « réussite » d'un être humain se mesure souvent à l'aune de sa vie, et ce quels que soient les critères de réussite. Qu'elle soit sociale, familiale, financière, professionnelle ou artistique, c'est la somme de tous les actes qui conditionne la qualité de l'addition.

Il en va de même pour une marque. Elle a un passé, une histoire et un biorythme particulier, qui évolue à travers le temps pour façonner son identité propre. Les marques naissent, croissent, réussissent, sombrent, meurent et ressuscitent ou s'endorment pour disparaître peu à peu des mémoires.

Une marque vieille de plus d'un siècle dévoile son ADN plus facilement qu'une marque contemporaine. Arrivée à son stade de maturation, elle exprime la majeure partie de ses gènes. Certains mutent ou se mettent en sommeil en fonction de l'époque traversée ou du milieu. Ces gènes dormants se réveillent un beau jour pour exprimer la réalité d'une marque au moment où elle en a le plus besoin. C'est de cette extraordinaire faculté d'adaptation que naissent les plus grands débats entre généticiens. La nature crée-t-elle l'organe ? Différentes thèses ont été avancées pour étayer la thèse de l'évolution. On a

Une marque vieille de plus d'un siècle dévoile son ADN plus facilement qu'une marque contemporaine.

souvent cru par exemple que si les girafes avaient un long cou, c'était pour attraper la nourriture qui se situait en haut des arbres. La loi de la nature, qui obéit depuis toujours au précepte « s'adapter ou mourir », nous a longtemps laissé croire que les êtres vivants s'adaptaient en permanence au milieu pour survivre. Dans cette thèse de l'évolution, il y a aussi un autre point de vue qui concerne plus la « sélection ». Cette théorie prend à contre-pied la première et affirme que si les girafes ont survécu et si elles ont pu se nourrir, c'est justement parce qu'elles avaient un long cou leur garantissant une nourriture que très peu d'autres animaux pouvaient atteindre et convoiter. C'est le principe de la sélection par les gènes qui donnerait plus de chances à certains génotypes qu'à d'autres. Un autre argument vient justifier cette thèse : les mutations génétiques mettent énormément de temps avant de s'exprimer de façon phénotypique. En d'autres termes, quand l'ADN mute, cela ne se voit pas tout de suite. Il aurait donc fallu attendre des milliers d'années pour voir le petit cou des girafes pousser de façon vertigineuse pour atteindre sa taille connue aujourd'hui. L'espèce n'aurait pas survécu pendant ce laps de temps.

Voilà pourquoi il me semblait important d'étudier le génome d'une marque naissante afin d'aller au bout de ma quête et de parer à toute controverse ou accusation en postulat post-rationnel.

Le déterminisme d'une marque à sa naissance lui donne en effet toute l'énergie qui lui évite d'être prématurée ou mortnée, comme on a souvent pu le voir avec certaines marques « étoiles filantes », disparaissant peu de temps après un lancement en fanfare et un avenir pourtant prometteur.

L'énergie positive Poweo

Charles Beigbeder fut l'un des premiers entrepreneurs de la nouvelle économie. Il obtint un beau succès avec son site internet Selftrade.fr, qui permettait aux internautes de boursicoter en ligne de façon plus simple et surtout moins coûteuse qu'avec la méthode traditionnelle des salles de marché. Il était l'un des premiers en France à créer une rupture dans le monde policé de la Bourse qui s'adressait uniquement aux avertis et surtout à ceux qui en avaient les moyens. Avec Selftrade.fr, tout le monde pouvait jouer en Bourse : il avait sorti la finance du temple Brongniart avec la féroce envie d'en démocratiser l'accès. Puis il revendit avec succès son site à une banque quelque temps avant l'explosion de la bulle Internet en mars 2000.

Tout comme son frère Frédéric, Charles a un besoin génétique de créer. Il lui fallait désormais trouver un nouveau combat qui lui permette de venir briser les tabous et révolutionner un marché dominé par les monopoles et les institutions. Ce jeune Branson à la française est bien moins médiatique que son homologue britannique mais garde, tout comme lui, une âme d'enfant qui pense que rien n'est impossible et qu'il y a toujours un nouveau combat à mener.

Quelques mois de réflexion après la revente de Selftrade.fr, Charles avait trouvé sa prochaine cible : le monde merveilleux de l'énergie.

On peut parler d'un monde et pas encore d'un marché, tant l'énergie est verrouillée depuis longtemps par l'État français.

« En France, on n'a pas de pétrole mais on a des idées », disait-on dans les années 1970, poussant les Français à faire contre mauvaise fortune bon geste – et donc des économies d'énergie.

Le premier choc pétrolier a mis le pétrole à prix d'or, ce qui a conduit la France à chercher d'autres sources d'énergie comme le nucléaire ou l'énergie solaire. Le nucléaire a vite été pris en grippe par les Français qui l'associaient encore à son application militaire. Mais l'Histoire a prouvé que ce choix était le bon puisque 75 % de l'électricité consommée aujourd'hui provient du nucléaire.

Les Français n'ont jamais considéré l'énergie comme un marché. Ils étaient depuis toujours de simples usagers du service public. Ils payaient la facture en fin de mois, sans se préoccuper de savoir s'ils pouvaient payer l'électricité – et l'énergie au sens large – moins cher. À l'exception de Lacq, la France a toujours préféré importer son gaz naturel de Russie ou d'Algérie et se concentrer sur l'électricité : EDF, entreprise d'État, a fait florès de cette stratégie, devenant même l'entreprise préférée des Français.

> Les Français n'ont jamais considéré l'énergie comme un marché. Ils étaient depuis toujours de simples usagers du service public.

L'Europe a rendu possible l'ouverture du marché, mais il fallait de nouveaux acteurs assez fous et ambitieux pour lancer des offres contre celles d'EDF – tout en se servant de l'énergie, de l'infrastructure et des compteurs mis en place par EDF.

Charles Beigbeder vit dans cette ouverture une nouvelle façon d'entrer en lutte « pacifique » contre les monopoles. L'idée n'était pas de démocratiser l'énergie mais de faire prendre conscience aux usagers qu'ils devaient désormais se considérer comme des clients à part entière et qu'ils pouvaient attendre d'un fournisseur un peu plus que la simple fourniture de gaz ou d'électricité. C'est-à-dire des prix plus avantageux et, surtout, des services innovants, au bénéfice consommateurs. EDF avait lui-même anticipé le mouvement en lançant la campagne « Nous vous devons plus que la lumière », et a d'ailleurs été exemplaire en créant la facture à la carte ainsi que de nombreux autres services destinés à ses usagers. Mais il est toujours plus facile d'agir sans concurrent. Le nouveau consommateur, ex-usager, a besoin de choix pour se déterminer, comme dans n'importe quel marché qui admet la concurrence comme axiome incontournable de l'économie libérale.

L'année de l'ouverture grand public de ce nouveau marché était fixée à 2007.

En 2002, Charles Beigbeder créa Poweo, premier fournisseur indépendant de gaz et électricité. Une fois de plus, il agissait comme un pionnier qui prenait tous les risques pour permettre au plus grand nombre de changer de regard sur l'énergie.

En 2004, il lui restait trois ans avant l'ouverture du marché grand public ; il décida alors de se lancer sur le marché déjà ouvert du *business to business*. Il allait lui servir de marché test. Un entrepreneur ou un artisan réagit souvent de la même façon, qu'il s'agisse de son entreprise ou de son habitation.

Poweo put se rendre rapidement compte de tous les freins qui allaient se dresser sur sa route. Ces freins psychologiques venaient du fantasme que générait toute idée de changement. Laisser la proie pour une ombre, même éclairée, n'est pas un sport national. « Et si ça tombe en panne ? », « Je ne veux pas changer mon compteur, mes câbles et mes prises ! », « Fournisseur indépendant ? Ça n'a pas l'air très sérieux... », « Je n'ai pas envie d'investir dans un changement aussi lourd, je suis très bien chez EDF moi ! », « Mais pourquoi je changerais ? »

Toutes ces phrases ne sont ni inventées ni exagérées. Elles expriment cette appréhension qu'ont les Français à remettre en question l'ordre établi, leurs habitudes, à changer sans regarder dans le rétroviseur. Ce peuple qui a fait chanceler la royauté et influencé l'histoire du monde par sa volonté de changement semble s'être depuis endormi et plongé dans

En france on n'a pas de pétrole...
... mais on a des centrales.
Hein?
Oui on a aussi des idées.
... mais à ce compte là, on a aussi du vin et du fromage.

une certaine torpeur. La France du siècle des Lumières s'est quelque peu tamisée. La France universelle et influente s'est petit à petit recroquevillée sur elle-même et ne semble plus intéresser que les Français eux-mêmes. Nous sommes un pays curieux et surprenant, à la fois en retard d'un temps et en avance d'une innovation. Pourtant, la France est à l'origine de certaines des plus grandes avancées et découvertes de la fin du siècle dernier. À l'origine du minitel dans les années 1970, elle était la 28e nation informatisée début 2000. Elle s'est réveillée au dernier moment pour devenir quelques années plus tard l'un des premiers pays équipés en ADSL. La France avance comme cela. Des débuts géniaux et fracassants qui la poussent peut-être à vivre sur ses acquis et à se laisser dépasser par les autres. Le génie français est une force souvent utilisée par les autres.

L'arrivée de Poweo dans ce nouveau marché devait tout d'abord passer par une très longue phase de pédagogie. Il fallait réapprendre aux Français à attendre de l'énergie ce qu'ils attendent de la distribution ou, plus récemment, de la télévision ou du téléphone. Charles et ses équipes se focalisèrent donc sur l'offre qu'ils pouvaient revendiquer. Une proposition concrète et positive était un préalable qui pouvait les aider à répondre aux craintes des consommateurs. Oui, il fallait être positif pour défaire un siècle d'habitudes et incarner un *new deal*. Il fallait être positif pour convaincre ses actionnaires que la mutation ne se ferait pas en un jour et qu'il faudrait s'armer de patience avant que le changement soit vécu comme une opportunité et non comme un traumatisme.

L'image de l'énergie était aussi un argument de choc. En effet, depuis plus de trente ans, en France, on a souvent associé l'énergie à des catastrophes. L'énergie est source de problèmes plus que de solutions, et son image a souffert de nombreux amalgames dramatiques : les chocs pétroliers, les marées noires, Tchernobyl, le nucléaire civil et militaire, les coupures, la dépendance énergétique et enfin la pollution et l'aspect environnemental et développement durable.

Cette mauvaise image résulte souvent d'un manque d'information ou d'une stratégie de désinformation décidée par certains médias qui, pendant de longues années, ont rivalisé de gros titres inquiétant la population. L'exemple du nucléaire en est la plus belle preuve. C'est grâce au nucléaire que la France est aujourd'hui moins dépendante des autres et plus maîtresse de son destin.

Passer de chez EDF à chez Poweo était simplissime : il suffisait de signer le contrat. Pas de changement de compteur, de prises, de câbles ou autre infrastructure, comme certains mauvais joueurs le laissaient entendre pour freiner le petit nouveau. Un seul problème : il était interdit aux clients de Poweo qui souhaitaient retourner chez EDF de revenir aux tarifs réglementés. Ce qui laissait entendre que le consommateur prenait tous les risques, amplifiant des craintes déjà très fortes. On a connu plus agréable comme cadeau de naissance. Ce véritable scandale d'État n'a malheureusement pris fin que début 2008, quand fut votée la « loi du retour ». On apprend tous les jours qu'on ne lutte pas contre les monopoles sans encombre, même avec la complicité bienveillante de l'État.

Beigbeder comprit qu'il ne pourrait pas lancer une nouvelle offre sur un marché aussi compliqué et frileux si, de surcroît, Poweo ne proposait pas des tarifs plus intéressants que ceux d'EDF. Il négocia avec EDF la possibilité de proposer une énergie 10 % moins cher. C'était toujours ça de pris pour le consommateur.

Il avait ouvert une brèche commerciale. Poweo était à présent une alternative qui proposait la même électricité moins chère. Il ne manquait plus que les services pour que l'offre soit complète, ce qui fut fait rapidement, même si EDF avait plus d'une longueur d'avance.

À terme, Poweo ne pouvait pas continuer à être à la fois indépendant et dépendant du bon vouloir d'EDF qui lui fournissait l'énergie qu'il revendait moins cher. Pour maîtriser le coût de l'énergie, il fallait la produire. Très tôt, le projet de Charles Beigbeder et de ses actionnaires autrichiens fut de devenir le premier producteur et opérateur indépendant de gaz et électricité.

Poweo était une alternative qui proposait la même électricité moins chère.

Pour aller dans le sens de l'histoire, Poweo devait aussi investir dans l'innovation. Sans innovation, pas de services et donc pas d'avenir.

Fut mise au point la Poweo Box, une boîte au design ovale bourrée d'électronique qui, pour la première fois, rendait la consommation d'énergie intelligente. À tout moment, on pouvait interroger sa Poweo Box pour contrôler sa consommation et la piloter en temps réel. Le consommateur reprenait la main sur ses dépenses d'énergie, chose qui lui était auparavant impossible.

Poweo était donc prêt à affronter le marché grand public en juillet 2007.

Hémisphère droit fut chargé de concevoir la campagne de lancement.

Pour la première fois dans mon étude du génome des marques, je proposai d'établir l'ADN de Poweo alors que cette marque n'existait pas encore dans le grand public. En trois ans d'exercice B to B, Charles Beigbeder avait exprimé tout le déterminisme qu'il souhaitait véhiculer à travers Poweo. Cela me suffisait pour étudier le système de valeurs qui devait m'aider à en déterminer l'ADN.

Notre campagne devait être en parfaite adéquation avec ces valeurs. Un acte de naissance génétique qui était pour moi une façon de tester ma méthode sur une toute nouvelle marque. C'est le moment le plus passionnant et le plus excitant pour un amoureux des marques. C'est aussi le plus stressant et le plus important pour son fondateur qui n'a pas le droit à l'erreur.

La recherche de l'ADN de Poweo fut pour moi une aventure d'autant plus excitante qu'elle arrivait au préalable de la présentation de la stratégie de lancement. Ce serait la démonstration que l'étude de l'ADN d'une marque n'a rien à voir avec son mode d'expression, publicitaire ou autre, que l'ADN prédétermine tout. Établir l'ADN d'une marque avant sa naissance dans le grand public peut être vu comme un pari sur l'avenir, mais il n'en est rien. L'ADN est le pacte de naissance qui permet de fonder et de rendre cohérents les actes et le discours de la marque sur son système de valeurs.

Cette quête d'évidence devait nous mettre d'accord autour d'un socle déterminant pour les années à venir.

Le génome de Poweo

L'empreinte génétique

« Avec de l'énergie positive, rien n'est impossible » (Charles Beigbeder).

L'Authentique Différence Naturelle

Gène leader : l'énergie positive

C'est cette énergie positive qui a animé son fondateur, Charles Beigbeder, et ses partenaires dans une aventure entrepreneuriale offensive. Il fallait avoir beaucoup d'audace pour se lancer sur le marché de l'énergie. L'énergie positive est une énergie optimiste qui considère plutôt l'énergie comme une opportunité que comme un risque. L'énergie positive est le message et l'état d'esprit que veut véhiculer Poweo, aussi bien auprès de ses collaborateurs que de ses clients, dans une volonté de trancher avec les habitudes et les modes de consommation classiques. L'énergie positive est ce qui nous pousse à toujours nous remettre en question, nous réinventer. C'est ce qui nous rassure au moment de changer et nous conforte dans nos nouveaux choix.

Le nom Poweo

Ce nom vient de l'anglais *empower* qui signifie « rendre plus fort, plus indépendant ». En d'autres termes, cela traduit la volonté de responsabiliser l'usager et de lui permettre de se considérer comme un client. Poweo veut éduquer les gens pour les aider à passer le cap du changement. *Power* se traduit par « puissance » en français, ce qui exprime le désir d'incarner une marque internationale qui soit comprise et prononçable dans tous les pays où elle sévira. Le suffixe « eo » est utilisé par de nombreuses entreprises de la « nouvelle économie » voulant résolument se placer du côté du consommateur, dans une attitude respectueuse, proche et conviviale. « eo » est issu de « neo » qui veut dire nouveau.

L'innovation

Poweo ne peut en effet se positionner comme leader des alternatifs sans proposer une offre résolument tournée vers l'avenir, qui sorte du cadre classique de l'attente des consommateurs, aussi bien au niveau de la proposition commerciale que de la nature des énergies des services proposés.

Le consumérisme éclairé

Poweo est une marque citoyenne, responsable et respectueuse, qui s'adresse aux consommateurs en les mettant au cœur de sa stratégie. On part du consommateur et de ses revendications positives pour lui proposer toutes les solutions, économiques et environnementales, afin de mieux consommer l'énergie. C'est le client qui reprend la main. Chaque client est un actif de l'entreprise, il est considéré comme un écocitoyen. À terme, Poweo pourra incarner le mieux consommer auprès de ses publics et servir de référence sur d'autres marchés.

L'alternative

Poweo incarne une offre et un état d'esprit nouveaux sur le marché de l'énergie. Il doit conserver cette volonté de challenge permanent pour se réinventer et proposer du neuf à ses clients. Il ne doit (et ne peut) pas se prendre pour un leader historique, et ce quelle que soit sa réussite ou sa taille. Il doit conserver un état d'esprit de challenger éternel, offensif et opportuniste. Il est l'alternative au leader qui doit, à terme, se positionner comme le leader des alternatifs.

Concept génétique

« Poweo, l'énergie positive. »

De l'acte de naissance au pacte de naissance génétique

Le génome de Poweo fut présenté à Charles Beigbeder et ses équipes dans le cadre de la stratégie de lancement que nous proposions pour la marque. La campagne imaginée par l'agence était totalement cohérente avec ses valeurs et sa volonté de se démarquer.

Nous avions choisi l'illustration et le dessin animé pour symboliser une famille d'usagers qui était prête à changer d'opérateur d'énergie. Cette famille revendiquait sa volonté de changement par des pancartes qu'elle brandissait pour réclamer de nouveaux services et de meilleurs outils pour contrôler sa consommation. Enfin, elle exigeait une énergie moins chère et plus respectueuse.

Le dessin animé nous permettait d'éviter le discours lénifiant et artificiel de vrais faux consommateurs. Curieusement, l'animation aide à se projeter dans une réalité recomposée en gommant tous les écueils de projection. On ne conserve que le message et le propos. Cette famille de futurs clients Poweo était une famille comme les autres avec de l'énergie positive en plus. Il fallait montrer que le changement n'était ni traumatisant ni compliqué. Pour accompagner la quête d'une nouvelle façon de consommer l'énergie, nous avions choisi une musique de Morcheeba à la fois gaie et rythmée qui symbolisait parfaitement l'énergie positive. Ce genre de musique qui vous met de bonne humeur toute la journée malgré un réveil difficile.

À la fin du clip, la famille découvrait avec joie l'offre Poweo (« Une énergie 10 % moins chère et plus verte »), pour finir par le concept : « L'énergie positive Poweo. »

Il fallait montrer que le changement n'était ni traumatisant ni compliqué.

Plus qu'un simple slogan qu'on place après le nom d'une marque, nous avions choisi de le lier à la marque de façon indissociable, pour exprimer l'idée que nous lancions aussi bien un nouvel opérateur qu'un nouvel état d'esprit. « Poweo, l'énergie positive », aurait véhiculé beaucoup moins d'énergie.

« L'énergie positive Poweo » exprimait l'énergie de la marque et qualifiait la nature de la relation que Poweo voulait instituer avec ses consommateurs, ex-usagers. Les paroles anglaises de la chanson traduisaient parfaitement la posture de Poweo sur le marché : « *Rome wasn't built in a day !* » (« Rome ne s'est pas construite en un jour »). C'est vrai pour Poweo comme pour tous les alternatifs, à l'instar de Canal + qui a dû attendre trois ans après son lancement avant de trouver un rythme de croisière, puis le succès. Il fallait donc être patient et compter sur l'énergie positive génétique de la marque pour y arriver.

Nous devions par conséquent frapper fort et utiliser Internet comme réseau de distribution principal. C'était en effet le moyen le plus simple et le plus économique pour s'abonner à Poweo. Il permettait même de transférer son contrat EDF vers le nouvel opérateur.

Moins de un an après son lancement, Poweo était connu par 40 % des Français.

Aujourd'hui, Poweo est considéré comme le leader des alternatifs avec une offre 10 % moins chère et plus verte en électricité et gaz, plus de 330 000 clients, une politique de service consommateur, des innovations comme la Poweo Box et une politique de développement sur les nouvelles énergies.

Poweo a ouvert en 2009 une centrale cycle combiné gaz naturel – une première en France – à Pont-sur-Sambre pour être en phase avec son positionnement de producteur d'énergie. Poweo gagne de nouveaux clients tous les jours et tente de démontrer son dynamisme en ayant toujours un projet d'avance.

La maîtrise de son ADN lui permet d'avancer en étant toujours plus cohérent et encore plus déterminé sur l'objectif qui est le sien. Il est tellement difficile de garder le cap, quand on lance une entreprise sur un marché aussi concurrentiel avec de tels enjeux, que la connaissance de l'ADN sert de garde-

LE GÉNOME DE POWEO

L'EMPREINTE GÉNÉTIQUE

«AVEC DE L'ÉNERGIE POSITIVE, RIEN N'EST IMPOSSIBLE» (CHARLES BEIGBEDER).

AUTHENTIQUE DIFFÉRENCE NATURELLE

CONCEPT GÉNÉTIQUE : POWEO, L'ÉNERGIE POSITIVE

fou et rassure dans les choix et les décisions. Avec l'ADN, on n'est plus seul à présider au destin de sa marque.

Frank Tapiro – Peut-on comparer une marque à un être vivant ?
Charles Beigbeder – Je ne suis pas un spécialiste de la biologie ! Pourtant, dans le cadre de la création de Poweo en 2002, bien avant de te rencontrer, on a pensé à l'aspect génétique pour créer notre nouvelle marque : Poweo vient de *empower*, « donner le pouvoir », « Je te donne la puissance, je te rends autonome ». On a inventé un verbe latin, *Poweo*, pour l'exprimer ! Quand je crée un projet, la première chose que je fais est de concevoir une marque. C'est très important d'avoir un nom, une âme, pour fédérer les hommes et les femmes qui feront de ce projet une réalité.

FT – Quelles sont les valeurs génétiques de Poweo et quelles traces voudrais-tu que Poweo laisse dans les mémoires ?
CB – L'audace et l'innovation sont deux valeurs liées, surtout quand on s'attaque à un monopole. Être indépendant, être maître de son destin, devenir autonome. Le respect, dans sa vision laïque de l'amour et l'amitié judéo-chrétienne. Respecter le client, l'environnement, ses partenaires, ses actionnaires. C'est une valeur très forte sans laquelle on ne peut construire de société.

FT – Le suffixe « eo » de Poweo traduit-il « nouveau » « néo » « nouvelle puissance » ?
CB – J'avoue ne pas y avoir pensé ! Pour moi, « eo » est la terminaison des verbes latins du deuxième groupe, avec une connotation masculine, exprimant la puissance, la force et l'énergie. Ce qu'il y a d'intéressant dans ton analyse génétique, c'est de se rendre compte que l'innovation était déjà présente au cœur de la marque, dès sa naissance, de façon inconsciente !

FT – Y a-t-il d'autres valeurs que Poweo n'a pas encore exprimées ?
CB – Bien sûr. Poweo a encore beaucoup de choses à exprimer. Nous sommes aux prémices de l'ouverture de ce nou-

veau marché. En tant que défricheur principal, on se doit de continuer à innover en permanence. Le groupe commence à être profitable. On va avoir les moyens d'investir en innovation. On va donc apporter plus de services à nos clients et aller au bout de notre mission qui est d'aider les consommateurs à mieux consommer l'énergie. N'oublions pas que l'énergie la moins chère est aussi celle qu'on ne consomme pas.

FT – L'« énergie positive Poweo » est le claim génétique de la marque. Tellement génétique que nous l'avons placé au-dessus de la marque et non en dessous. Quelles sont les réactions que ce claim a provoquées ?
CB – De nombreux collaborateurs s'y réfèrent sans arrêt. Par exemple quand une réunion devient houleuse, quelqu'un se lève pour rappeler que « ce n'est pas très énergie positive ». J'ai écrit un livre dont le titre est *L'Énergie positive*. Ce claim nous suit partout, il traduit l'optimisme nécessaire quand on est audacieux et qu'on veut s'attaquer à un mastodonte comme EDF.

FT – Crois-tu que Poweo est génétiquement « challenger » ou qu'il devra se « calmer » à un moment donné ?
CB – On sera toujours perçu comme un innovateur et le nouvel entrant qui a permis de libérer le marché de l'énergie en France. C'est une marque qu'on pourrait décliner dans d'autres domaines : le ferroviaire, l'aérien low cost, etc., on peut élargir les valeurs de la marque à d'autres thèmes en gardant la volonté de redonner la main au consommateur. C'est sans limite. Mais je te rassure, il n'y a pas encore de projet concret !

FT – Beigbeder, le Richard Branson français ? Poweo peut-il devenir un label d'innovation permanente ?
CB – … Merci pour la comparaison… La marque a un fort potentiel. Elle pourrait être une plate-forme d'innovation, en France et à l'international. À Londres, Poweo passe très bien, on la comprend mieux en anglais qu'en français grâce au power inclus dans la marque.

FT – Le génome de Poweo est-il partagé au sein de l'entreprise au quotidien ?
CB – J'ai l'impression que les gens qui nous ont rejoints ont en eux les valeurs de la marque. La marque est simple et favorise la cohésion et l'adhésion. Elle fascine et crédibilise tout de suite de nombreux publics. C'est une marque tendance qui donne envie.

FT – Le « W » présent dans le logo a-t-il un sens ?
CB – Ce « W » symbolise un solénoïde en électricité. C'est l'inductance. L'inductance d'un circuit électrique est un coefficient qui traduit le fait qu'un courant le traversant crée un champ magnétique dans l'espace délimité par ce circuit. C'est de l'énergie positive !

FT – Peut-on tout se permettre avec une marque ? Par exemple imaginer une *energy drink* Poweo ?
CB – On peut tout se permettre mais dans le bon calendrier. Poweo est encore une petite boîte qui grandit vite. On ne peut pas occuper tous les terrains sur tous les métiers. C'est tentant mais il faut d'abord se limiter à son principe actif génétique. Il faut délivrer la stratégie et les résultats, puis élargir le périmètre en établissant des partenariats qui rendent des services aux consommateurs, comme la voiture électrique ou des services d'efficacité énergétique. La boisson énergisante, nous l'avons déjà faite en coup marketing ponctuel.

FT – Quelle évolution génétique pour Poweo ?
CB – Poweo doit investir toujours plus en innovation pour proposer des compteurs communicants intelligents comme la Poweo Box, de nouvelles solutions de stockage en électricité ou de l'énergie solaire à haute concentration. Nous investissons en partenariat avec des laboratoires publics pour la recherche scientifique et des start-up. Nous nous chargeons de la commercialisation et l'application technique. On fait de l'*open innovation*.

Oh mon dieu mais... quelle horreur... On dirait Emmaüs
Pas mal hein?
C'est chez moi.
C'est Vintage.

3-7 Vintage et revival : la renaissance génétique (régénération)

Le retour du vintage : « back to basics »

Nouveau look, nouvelle formule, nouveau modèle, c'est le grand jeu du marketing où l'on assiste à des naissances de produits et à des remplacements depuis plus de cinquante ans, à des rythmes qui varient selon les modes de consommation.

Mais, parfois, la chaîne s'arrête. Un produit qui a eu son heure de gloire peut très bien ne plus correspondre au marché et à l'esprit du moment et disparaître sans être réellement remplacé. On ne remplace pas une star, on tente de la faire oublier et d'occuper les esprits avec d'autres produits plus en phase avec les tendances.

On se rend compte avec le temps que les grands produits, tout comme les grandes marques, ne meurent jamais. Un produit star reste dans les mémoires et marque son époque. Il marque parfois même ceux qui ne l'ont pas connu de leur vivant ou qui ne l'ont même pas consommé. Confirmant l'adage « C'était mieux hier », on préférera toujours les lignes des voitures américaines des années 1950 aux lignes rondes et banales des voitures d'aujourd'hui, qu'on a tant de mal à différencier. On préférera toujours le bon vieux frigo américain Westinghouse de sa grand-mère, à l'allure imposante et à la robustesse implacable, aux modèles froids et plats qui envahissent les linéaires de leur conformisme et leurs similitudes. Le design d'avant-garde semble avoir été sacrifié au rapport qualité/prix. Seul Apple a rappelé avec succès à la planète que le design servait à faire passer en douceur le spectre effrayant de l'innovation. On est capable de payer plus cher un produit plus innovant et plus performant au design plus chic et différent.

Après trente années de banalité, on en est arrivé à surnommer certains marchés de leur couleur de référence : blanc pour l'électroménager, gris pour l'informatique et brun pour l'électronique grand public ! On a admis cette banalité pour des raisons de marketing et d'offre, sans se soucier de l'ennui provoqué chez le consommateur au moment du choix. « Alors, madame, préférez-vous ce frigo blanc ou ce frigo blanc ? » Je caricature à peine.

Il est temps de revenir à plus d'originalité. Et dans originalité, il y a « origines ».

Depuis les années 1990, on assiste avec joie au come-back d'un grand nombre de produits cultes qu'on appelle vintage. Disparus depuis des lustres, on les croyait morts et enterrés, juste bons à décorer certaines vitrines de grands magasins ou de musées pour les plus chanceux. Appartenant au passé, ils étaient les témoins d'une époque qu'on croyait révolue, tant notre société moderne évolue en laissant de côté tout ce qui peut la ramener à son passé. Comme si cette fuite en avant balayait tous les souvenirs. Comme si le fait d'être né il y a plus de quatre-vingts ans vous disqualifiait aux yeux des générations actuelles. Il faut sans arrêt tout moderniser, tout réinventer, tout oublier. Les objets vintage contrastent avec la platitude ambiante et retrouvent la fraîcheur qu'ils avaient au moment de leur lancement. Ils incarnent pour la plupart une idée forte, un concept, une différence, une vision, un rêve ou un risque. Que le produit soit vestimentaire ou automobile, il revient du passé comme pour nous redonner envie de prendre des risques.

Il faut dire qu'après la vague de créativité sans limite des années 1980, on a assisté dans tous les domaines à une panne d'idées et au triomphe du conformisme. En musique, de mauvais DJs ont quelquefois remplacé les artistes, et certains bidouilleurs électroniques réussissent à vendre des millions de disques sans avoir la moindre notion de solfège ni savoir jouer d'un seul instrument. Vingt ans après « Billie Jean », on explique à de jeunes talents qu'ils peuvent rivaliser avec les plus grandes stars de la musique en six semaines de travail seulement. On a aussi inventé la « nouvelle scène française » où l'on fait croire aux plus jeunes qu'untel est le nouveau Gainsbourg (le génie en moins), le nouveau Polnareff (l'univers classique en moins) ou la nouvelle Françoise Hardy (la voix en moins). On oublie bien souvent de préciser que derrière chaque succès, il y a du talent et des années de travail.

Il en va de même pour les marques. On ne crée pas une marque ou un produit star du jour au lendemain. Certains produits ont dû attendre de longues années avant d'être couronnés de succès. La durée de vie d'un produit était plus longue hier qu'aujourd'hui.

> Les objets vintage contrastent avec la platitude ambiante et retrouvent la fraîcheur qu'ils avaient au moment de leur lancement.

La durée était l'argument le plus fort pour un consommateur. Pour convaincre, il fallait avoir vocation à durer le plus longtemps possible. Cet argument était créateur de valeur pour des marques qui n'avaient pas le même taux de rotation. Aujourd'hui, on aime changer tout le temps.

On a donc dégradé la qualité des produits pour qu'ils se remplacent plus vite et accessoirement en baisser le prix.

Ces artifices marketing ont altéré l'ADN de marques qui avaient bâti leur réputation sur des arguments plus concrets que psychologiques comme la robustesse, la pérennité, la fiabilité, la qualité de fabrication, l'inaltérabilité.

Toutes ces raisons expliquent le retour du vintage.

Les produits vintage nous rassurent par leur côté brut, vrai, ayant résisté aux modes et aux influences diverses. Ils sont les garants d'un certain état d'esprit, d'une façon de vivre ou de consommer. Ils sont aussi les témoins d'une époque et de ses habitudes, et satisfont notre besoin de nostalgie. Car nous avons besoin de nostalgie pour nous rassurer et mieux nous projeter dans le futur.

Ces valeurs, même désuètes, nous donnent des indications sur l'évolution de notre système de valeurs sociétal en nous rappelant certains fondamentaux qu'il serait bon de conserver ou de réinitialiser. Les produits vintage disent surtout combien la créativité est importante, et comment il faut savoir se moquer des exigences marketing et autres ratios qualité/prix afin de laisser libre court à son imagination et son intuition.

Les produits vintage nous rassurent par leur côté brut, vrai, ayant résisté aux modes et aux influences diverses.

Ainsi, on proposera des produits à fort quotient émotionnel qui toucheront le cœur des foules par ce petit plus qu'aucune étude marketing ne pourra initier. Il s'agit de créativité, mais aussi d'Authentique Différence Naturelle, qui s'exprime de façon toujours aussi évidente.

L'ADN est l'expression des « racines du futur » pour une marque. Un produit vintage est une expression de ces racines avec toujours autant de vérité, quelle que soit l'époque à laquelle on le considère. Un produit vintage est souvent un classique qui ne mourra jamais. Un produit qui a su rester le même et se faire accepter par tous car il correspond à des besoins fondamentaux, essentiels ou formels. L'appellation vintage a été inventée il y a vingt ans pour justifier le retour de certains produits du passé. On pensait à tort que cela ne durerait qu'un temps, en attendant de trouver l'impulsion créative qui renverrait ces produits dans les greniers. Mais aujourd'hui, des marques comme Adidas® ont même créé une catégorie de produits dits « Originals » dans le but de relancer certains modèles vieux de trente ans qui correspondent à l'air du temps. Ces produits aux capacités techniques faibles, comme la Stan Smith®, se vendent beaucoup mieux que des chaussures de sport actuelles et plus perfectionnées. N'oublions pas que sept paires de chaussures de sport sur dix ne servent pas à faire du sport. La chaussure de sport est un accessoire de mode à part entière et les chaussures vintage ont un succès fou auprès des prescripteurs de tendances. Puma a opéré un relancement réussi de sa marque début 2000 en positionnant toute sa gamme textile et chaussures sur le vintage, empruntant style, coupes, couleurs et motifs aux années 1970. Lors d'une vente aux enchères consacrée à Paul Poiret en 2005, les prix ont atteint plus de 100 000 euros pour un manteau. Certaines grandes maisons de couture, attirées par l'aubaine, développent des collections de rééditions de leurs modèles (le smoking Yves Saint-Laurent, par exemple). Les grandes expositions consacrées à l'histoire de la mode ne désemplissent pas. Cette vogue est née d'une réaction contre la massification de la mode.

Oui, le vintage fait vendre, mais pas pour les raisons qu'on croit. Le look, le design ou le style ne sont en effet que des expressions phénotypiques de l'Authentique Différence Naturelle contenue dans ces produits. Le produit vintage est le reflet d'une authenticité, qu'elle vienne de la marque ou des techniques employées pour le fabriquer. Il est le reflet d'une différence issue d'une époque où on avait tant besoin d'exister. Enfin, il est le reflet d'une « naturalité », tant son origine paraît dénuée de superficialité et de modèle. C'est un produit unique, universel et intemporel. C'est le produit modèle qui justifie la thèse de l'ADN et qui prouve que les marques possèdent bien un code génétique.

Le revival : clonage ou manipulation génétique ?

Renaître de son ADN ne veut pas dire renaître de ses cendres.

Si l'on considère l'ADN comme un matériau vital essentiel à la naissance et à la vie d'une marque, on peut considérer qu'un produit mort ou abandonné peut renaître à chaque instant, tant que l'ADN de la marque-mère est connu et actif.

Une marque peut décider de stopper un produit ou de le remplacer par un nouveau.

C'est monnaie courante dans l'automobile, qui réinvente différentes nouvelles versions du même produit. Pourtant, il arrive que certains produits cultes marquent les esprits au point de devenir quasi immortels. La preuve : leur relancement est un succès parfois supérieur ou égal à leur lancement d'origine.

Une marque qui décide de relancer l'un de ses produits cultes est souvent mise au pied du mur par une perception d'innovation quasi nulle ou un besoin de regagner le cœur de ses consommateurs. Pour certains, relancer un produit culte peut passer pour un aveu d'impuissance. Pour d'autres, c'est au contraire une formidable opportunité pour la marque de renouer avec son passé glorieux et de se redonner une nouvelle source d'énergie créative.

Fiat 500®, Mini®, Ford Mustang®, Coccinelle®, les constructeurs automobiles donnent un coup de crayon dans le rétro pour booster leurs ventes et s'abandonner avec gourmandise à la mode du revival.

Rétro ou rétroviseur ? Qu'importe. Le principal, c'est le résultat. Tout le monde s'arrache ces modèles qui semblent convenir à tous les publics. Les nostalgiques des années 1960 retrouvent leurs premières amours. Leurs frères et sœurs peuvent enfin toucher de près ce qui n'était encore qu'une impression de liberté rapportée par leurs aînés. Leurs enfants à leur tour redécouvrent aujourd'hui les voitures qui roulaient à l'époque des Rolling Stones ou de Jimi Hendricks qu'ils écoutent sur leur iPod®.

Une valeur transversale et transgénérationnelle se dégage : la douceur de vivre et le sentiment de liberté, de créativité, d'insouciance et d'espoir. Pas étonnant que ces revivals battent des records de vente à une époque où l'on considère l'avenir comme anxiogène et incertain.

Quand le modèle de la New Beetle®, conçu par le designer californien J. Mays, fut exposé en 1994 au Salon de l'auto de Detroit, on était loin de la Coccinelle d'origine, dessinée par Ferdinand Porsche et commercialisée en 1949.

La ligne était certes inspirée de l'originale, mais habillée aux normes dernier cri du design industriel. Une Golf® déguisée en Coccinelle. Cette étude de style n'avait pas le gène révolutionnaire de son aînée, mais la simple évocation de son nom suffisait à combler les adeptes de la Beat Generation qui vivaient un parfait revival à ce début des années 1990. Musique, mode, attitudes, tout était rythmé en fonction des seventies. Il ne manquait plus que la voiture pour transporter cette « New Beet Generation » en dehors des sentiers battus, sur les routes de la liberté, du surf et de la douceur de vivre. Walt Disney lui-même avait inventé *Un amour de Coccinelle* pour en faire le premier héros à quatre roues du cinéma.

L'ADN de la Coccinelle demeurait intact malgré cette farce stylistique, ce qui peut sembler sacrilège. L'authenticité et la naturalité de cette New Beetle en ont pris un coup, mais la référence au produit culte a suffi pour créer le succès. La New Beetle n'est pas une vraie Coccinelle mais un produit hommage, *tribute*, un coup de chapeau. En achetant la New Beetle, ceux qui en avaient une vraie dans les années 1960 n'ont pas acheté un remake ou une réplique parfaite mais un hommage du monde d'aujourd'hui à ce modèle d'hier qui leur rappelait tant de bons souvenirs. Ils n'étaient pas déçus tant cette voiture leur donnait envie de croire qu'une révolution était toujours possible. Ils l'achetèrent comme on fait un pari sur l'avenir en misant sur un bon présage. Les détracteurs de l'approche du génome des marques pourront estimer qu'ils tiennent là un contre-exemple parfait montrant qu'un produit qui ne respecte pas son ADN peut réussir. Dans ce cas, il ne s'agit pas du relancement de la Coccinelle d'origine mais du lancement d'un nouveau produit inspiré par la Coccinelle destiné à rendre hommage à toute une époque plus qu'à une voiture. Enfin, les changements importants opérés sur la New Beetle ne sont pas visibles pour le consommateur au premier regard, comme la disposition du moteur à l'avant. Y a-t-il mensonge ou tromperie ? Non, au contraire. Il y a eu un tel engouement pour ce produit revival qu'il a poussé les autres constructeurs à faire de même.

Un nouveau produit inspiré par la Coccinelle destiné à rendre hommage à toute une époque plus qu'à une voiture.

Une voiture n'est pas un simple produit de consommation. C'est avant tout une émotion, un souvenir, une mémoire.

BMW®, qui venait d'acquérir Land Rover®, en le dépouillant de sa technologie 4 x 4, devait créer une nouvelle ligne de voitures petites et haut de gamme. La Mini fut alors pour la marque une opportunité extraordinaire de surfer sur le mythe roulant de celle qu'on surnommait « la voiture du siècle ».

À l'origine, la Mini Austin était une voiture taillée pour la crise. En 1956, les Britanniques étaient traumatisés par l'échec du canal de Suez et se préparaient à affronter une époque où le pétrole allait se faire de plus en plus rare. Alec Issigonis, génial ingénieur gréco-britannique, proposa au bureau de Pinifarina un projet de petite camionnette de 3 mètres de long, spacieuse à l'intérieur, avec le moteur en travers. Tout d'abord surnommée Austin Seven ou Austin Mini-Minor, elle fut présentée pour la première fois en 1959. Sa version Mini Cooper gagna trois rallyes de Monte-Carlo dans les années 1960. Elle fut vendue à 5 millions d'exemplaires, entrant ainsi dans la légende.

BMW avait pensé un moment s'affranchir de cette légende, imaginant que, comme ils l'avaient fait pour le 4 x 4, il suffisait d'en extraire les meilleurs ingrédients et de les recomposer à sa guise pour y arriver. Mais ce qu'il y a de magique avec les marques et les produits mythiques, c'est que leur ADN vous rattrape toujours au moment où vous croyez pouvoir y échapper. L'inspiration était tellement fidèle à la Mini d'origine qu'on aurait pu croire qu'elle était l'œuvre d'Alec Issigonis lui-même. Les prescripteurs de tendances en ont tout de suite fait leur nouvelle marotte, se l'arrachant de Londres à Paris, en traversant l'océan jusqu'à New York. Accessoire de mode, objet de luxe, la nouvelle Mini a dépassé les prévisions les plus optimistes jusqu'à pousser BMW à sortir une nouvelle version, à peine plus grande et moins chère à produire.

Ceux qui avaient une Mini ont retrouvé tout l'ADN d'origine dans cette nouvelle voiture où l'on reconnaissait l'authenticité du modèle de base, la différence de look et la naturalité à travers le retour au pacte d'origine qui était de créer une petite voiture qui consomme moins.

On peut rapprocher ces ingénieurs qui se lancent dans ces opérations revival des scientifiques généticiens experts en clonage. Ils puisent dans l'ADN du produit assez de matériau pour en extraire des gènes capables de coder le nouveau produit de façon assez fidèle pour en assurer la ressemblance et susciter la même émotion.

> On peut rapprocher ces ingénieurs qui se lancent dans ces opérations revival des scientifiques généticiens experts en clonage.

L'ADN d'une marque est aussi une question d'état d'esprit et de posture irrationnelle qui contraste avec tout le quantifiable, le testable et le mesurable que nous enseigne le marketing. Le marketing est une « science » dépourvue de doutes, alors que la recherche du génome des marques nous rappelle combien nous ne pouvons pas tout contrôler. Il est bon parfois d'admettre certaines évidences sans en comprendre les raisons profondes.

Achevons cette réflexion par un autre exemple récent : la Fiat 500®.

La marque italienne voyait dans un revival de sa Cinquecento® l'occasion inespérée de renouer avec le succès après des années de disette.

Le « pot de yaourt » de 3 mètres de long (comme la Mini...) était un objet étrange, monté à l'envers, à la fiabilité douteuse et au design incertain. Il symbolisa pourtant à lui seul la *dolce vita* de cette jeune génération italienne des années 1960, qui pouvait enfin se payer une voiture et avoir droit au bonheur et à la liberté. Si la Beetle incarnait un produit culte et la Mini une légende, la Fiat 500 était à coup sûr un mythe.

Pour le reconstruire, Fiat fit tout naturellement appel à l'expert en clonage qui avait déjà fait renaître la Mini, Frank Stephenson. Il conçut une nouvelle 500 plus large et plus racée, mais terriblement en ligne avec le modèle d'origine et ses petits détails qui en ont fait un mythe : l'aspect d'un pot de yaourt, certes plus élégant – et plus haut de gamme –, les petits phares ronds et le volant blanc. Seule différence non visible, la présence du moteur à l'avant et la disparition de la petite trappe à l'arrière. Après 360000 exemplaires vendus sur 59 marchés de juillet à 2007 à l'été 2009, Fiat peut être fier d'avoir réussi son revival et d'avoir ravivé par la même occasion sa marque, en réalisant avec un seul modèle plus de 80 % des ventes globales.

Ces trois nouvelles versions ont pris du poids avec l'âge, puisqu'elles sont toutes plus grosses que le modèle de base. C'est l'époque qui veut ça : normes anti-collision, grande taille des nouveaux conducteurs, appareillage électronique encombrant... Les manipulations génétiques finissent tôt ou tard par donner des signes de différence dus aux mutations diverses qui ont été effectuées. Ils sont souvent imputables au besoin d'adaptation à l'époque, au milieu, au contexte et au marché.

Ces marques qui ressurgissent du passé

En dehors de l'industrie automobile, de nombreuses marques ressuscitent. Ce regain d'intérêt pour les marques disparues n'est pas cependant un gage de succès. Relancer une marque ne réussit pas automatiquement à tous les coups.

La poupée Sindy®, par exemple, éternelle challenger de Barbie®, fait en France un come-back piloté par Hasbro. Cette nouvelle Sindy tente de sortir du lot en proposant de nouvelles fonctionnalités ou un prix plus abordable. L'ADN mute pour donner une traduction phénotypique (une apparence) différente, comme tout organisme concurrent prédestiné à muter pour exister, *a contrario* du leader qui n'a surtout pas intérêt à bouger mais doit conserver ses fondamentaux intacts, qui lui assurent un succès historique. Sirène ou femme active, les aficionados risquent de ne pas retrouver l'objet de leur désir. Qu'importe, Sindy vise les petites filles et s'appuiera sur les mamans pour servir de caution à la marque au moment de l'achat, préconisé par l'enfant lui-même.

Pschitt!® a adopté lui aussi une stratégie visant à cibler les enfants d'aujourd'hui, cautionné par les enfants d'hier. En l'occurrence nous, les parents. En s'associant avec la licence Pokemon®, il permet aux enfants de collectionner les cartes si recherchées en échange des points collectés sur les bouteilles. Ce relancement n'a malheureusement pas entraîné le succès attendu, car la nostalgie sur laquelle il était accroché n'a pas fonctionné sur les enfants. Le prétexte des Pokemon n'a pas suffi à réinitialiser l'envie de Pschitt auprès des jeunes générations et des parents qui étaient passés du soft chimique au « naturel ».

Le Coq Sportif® a choisi de faire rechanter le célèbre volatile en s'appuyant sur sa vintage attitude, et en étant distribué dans un premier temps dans des boutiques branchées plutôt que dans des boutiques de sport. La stratégie était de rebooster la notoriété pour proposer par la suite une gamme sportive. N'oublions pas que Noah portait une chemisette Coq Sportif le jour de sa victoire à Roland-Garros en 1983.

Adidas® s'est relancée en employant le même procédé, réinitialisant les gènes de mode dans sa marque et commercialisant son modèle Gazelle® comme chaussure de sportswear.

Certaines marques du passé se lancent sur le ressort de la nostalgie, s'appuyant sur une très forte notoriété, diminuant de fait les investissements publicitaires pour privilégier les relations publiques et le buzz.

La ligne de vie des marques est aussi plus courte aujourd'hui qu'hier. On voit de plus en plus de marques éphémères, qui collent à une attente passagère, tendance ou pulsionnelle, et qui créeront un succès avant de disparaître trois ou quatre ans plus tard. Tout va plus vite dans une époque qui raccourcit tout.

Un produit vintage est donc une réplique parfaite, une reproduction fidèle correspondant génétiquement à l'ADN de souche. Le revival est une copie ou un clone, créé par la marque ou le fabricant originel, à partir de l'ADN de base sur lequel on a modifié la traduction phénotypique (l'apparence) pour rendre hommage au modèle de départ tout en essayant de mieux correspondre à l'époque actuelle. C'est en quelque sorte un nouveau produit inspiré d'un autre, portant le même nom affublé du préfixe « nouveau » et s'adressant aux consommateurs en leur faisant faire un bond dans le passé, puis un saut dans le futur. Le revival réinvente ce qui a déjà été inventé.

Vintage et revival sont là pour nous rappeler à quel point les marques et leurs produits sont présents tout au long de notre vie. Ils sont une part de notre histoire, une part de nous-mêmes. Ils nous rassurent, nous guident, nous éclairent. Ils nous émeuvent et nous font vibrer, rêver, imaginer, créer… Et dire que certains voient encore dans les marques une volonté unique et profonde d'avilir, de manipuler et de tromper les hommes, sans avoir le courage et l'honnêteté d'y voir cette part d'humanité et d'espoir qu'elles possèdent en elles.

Le revival réinvente ce qui a déjà été inventé.

Nous verrons plus loin qu'il y a de nombreuses marques cultes, mythiques, ou légendaires à ressusciter.

bonjour c'est pour déposer une marque,
monsieur Dupont.
comme moi.
oui... vous vous appelez ?
et votre marque ?
les ponts dupont
original

3-8 Les marques patronymiques, de Dior à Bell & Ross

Un patrimoine génétique en héritage

À l'origine d'une marque, il y a toujours un esprit pionnier, un homme ou une femme doté d'une vision et d'une mission, avec l'ambition de créer une marque et des produits qui vont répondre, à un moment donné, à un problème, un manque, un besoin ou une envie.

Ces pionniers deviennent par la suite de grands patrons qui impriment souvent sur leurs marques leurs valeurs propres et intimes, tant les marques qu'ils conçoivent sont des excroissances naturelles et génétiques d'eux-mêmes. Ils leur donnent leur état d'esprit, leur attitude, leur personnalité et souvent même leur nom. Ils sont ainsi des *géniteurs*.

Les marques patronymiques portent en elles la philosophie d'un homme qui veut séduire et convaincre des millions d'autres par marque et produits interposés. La marque est la filiation d'un individu créateur sur un marché, son bras armé, sa caution. Quand un nom de famille devient une raison sociale, c'est tout l'esprit du créateur – et souvent de son clan – qui est mis en exergue, comme pour rappeler chaque jour à celles et ceux qui en maîtriseront le destin qu'il s'agit d'un peu plus que d'une simple marque. Le nom de famille agit comme un atout qui personnifie la marque autour d'un système de valeurs.

Quand on ose mettre son nom sur sa marque, c'est un signe fort, il imprime un déterminisme qui dépasse le simple cadre professionnel.

Si les individus sont mortels, certaines marques aident parfois à immortaliser et à prolonger la vie de leur géniteur. Bich,

Citroën, Renault, Bel, Panzani ou Lesieur sont morts mais leurs marques n'en sont pas moins vivantes et prospères. Les marques sont une réponse idéale pour ceux qui désirent laisser sur terre une trace indélébile.

Nous allons tenter d'explorer, à travers quelques exemples célèbres, comment les valeurs d'un créateur se transmettent dans le génome de sa marque et comment l'ADN de la marque en est ainsi initialement imbibée.

Nous verrons aussi comment leurs successeurs se réfèrent au génome de la marque en permanence pour évoluer dans la continuité.

Nous aborderons enfin quelques cas de marques binômes, inventées par une paire de créateurs, et qui combinent deux systèmes de valeurs parfois radicalement différents mais profondément complémentaires.

> Les marques patronymiques portent en elles la philosophie d'un homme qui veut séduire et convaincre des millions d'autres.

Dans le monde de la mode, la plupart des marques et des grandes maisons de couture portent tout naturellement le nom de leur créateur. Sa simple évocation donne une indication précise au marché et aux consommateurs sur le style, la posture et la façon de concevoir une collection. Un nom de marque, dans la mode, agit sur le registre émotionnel et irrationnel. Il crée une sensation, provoque une attente et suscite envie et curiosité. Il évoque une promesse et une attente. Mais il exerce une pression énorme sur le créateur lui-même et ses collaborateurs, car sa réputation et son image sont placées en première ligne. Christian Dior en est l'exemple le plus célèbre.

Dior®, un esprit génétiquement transmissible

Né en 1905 dans une famille de riches industriels ayant inventé la lessive Saint-Marc, le jeune Christian Dior semblait prédestiné aux métiers artistiques. Musique, théâtre, dessins, déguisements, une voyante lui aurait même prédit qu'il réussirait par les femmes. Il vit à Paris au lendemain de la Première Guerre mondiale, et entre à Sciences Po, poussé par sa mère à une carrière diplomatique qu'il ne mènera pas à son terme. En pleine bohème des Années folles, il vivote de la vente de toiles et dessins de chapeaux et de robes. Il renoue alors avec ses amours d'enfance et crée des costumes pour le cinéma et le théâtre, avant de vendre certains de ses croquis à Nina Ricci ou Balenciaga. En 1938, il entre chez Robert Piguet et signe ses premières collections. Il conçoit son premier best-seller : le tailleur en pied-de-poule noir et blanc. La Seconde Guerre mondiale éclate. Démobilisé après un an passé sur le front, il entre en 1941 chez Lucien Lelong à Paris. En 1945, il croise Marcel Boussac, le « roi du coton », qui investit une fortune pour fonder une maison de couture à son nom. Sa première collection, lancée en 1947 avec un certain Pierre Cardin dans son équipe, bouscule tous les codes de la mode et de la haute couture. Le mythe de Christian Dior naît en imprimant son état d'esprit et sa vision dans le génome de la marque qui portait son nom. Ce patrimoine va à jamais marquer l'histoire de la mode. En 1947, l'Europe est en pleine reconstruction. Le plan Marshall a pensé à tout, sauf aux femmes. Christian Dior va s'en charger. Paris et la France sont libérés, le monde des hommes est libéré, Dior veut libérer la femme. Après des années de peur et d'angoisse, il souhaite lui donner des vêtements lui permettant de bouger, plaire, suggérer le désir, et mettre en valeur ses formes et sa féminité. C'est la naissance d'une nouvelle femme et d'une façon totalement avant-gardiste de concevoir la mode féminine. Dior libère la taille des femmes avec la fameuse ligne H. Une taille cintrée, une poitrine haute et ronde, des épaules étroites, le style Dior ira jusqu'à découvrir les jambes à 40 centimètres au-dessus du sol. On raccourcit les robes et les cheveux en signe d'indépendance. Cette collection va aussi accompagner la libération sexuelle de l'après-guerre.

L'inventeur du New Look (1947) réussit en quelques coups de crayon à remettre la femme et la féminité au centre des préoccupations et de toutes les attentions. Il redonne au luxe ses lettres de noblesse et enchaîne une succession de décisions qui détermineront le patrimoine génétique de la marque pour les années à venir. Il commence par créer sa société de parfum, pensant que ce produit est la suite logique et le complément indispensable à une robe. Cette touche finale prend le nom de Miss Dior®. Ayant compris le caractère universel et mondial de la mode *made in France*, il conquiert les États-Unis, institutionnalise la franchise et touche des royalties. Il ouvre des bureaux de relations publiques dans le mode entier, communique dans les médias, crée l'événement à chaque défilé, surprend là où on ne l'attend pas et devient le couturier des stars.

> L'inventeur du New Look réussit en quelques coups de crayon à remettre la femme et la féminité au centre des préoccupations.

En onze années seulement, il s'étend dans quinze pays, emploie deux mille personnes et participe à la réussite de la France dans le monde en assurant plus de la moitié des exportations de la couture française. Foudroyé par une crise cardiaque en 1957, il laisse un tel héritage culturel que la marque peut survivre à la disparition de son créateur.

Il a en effet suffi à ses successeurs de se fondre dans l'identité génétique de Dior, dans son état d'esprit, sa vision, son ambition et sa mission. Yves Saint Laurent succéda au maître en 1957 jusqu'en 1960, avant de monter sa propre maison de couture, épaulé par son fidèle compagnon, Pierre Bergé. Marc Bohan reprit le flambeau jusqu'en 1989, en parfait gardien du temple. Tous les critères et canons d'élégance furent respectés. *Idem* pour Gianfranco Ferré, qui lui succéda à son tour en prenant soin de ne jamais trahir l'esprit du maître, tout en y ajoutant une touche de flamboyance qui lui est propre. On voit très bien dans cet exemple que le génome d'une marque peut muter et évoluer sans s'aliéner pour autant. On adapte, on module, on évolue, mais on ne trahit pas. La véritable révolution eut lieu en 1990, avec l'arrivée dans la célèbre maison de l'avenue Montaigne de l'imprévisible couturier britannique John Galliano. Bernard Arnault, le propriétaire, voulait relancer la marque qui lui semblait vieillotte et endormie. Il voulait aussi prouver qu'une marque patrimoniale de luxe pouvait entrer de plain-pied dans l'économie de marché mondiale. John Galliano s'est vite montré digne de l'héritage en agissant comme Christian Dior l'avait fait à son époque : surprises, provocations, challenges, risques. Il revendique avec fierté cet héritage précieux dont il se fait le dépositaire et le gardien. Mais il y a une différence entre un conservateur de musée et un créateur au génie si pointu qu'il va bousculer la marque pour la replacer sur ses fondamentaux. Chaque défilé crée l'événement et devient incontournable. C'est lui qui rythme le monde de la mode. On l'attend, on le redoute, on l'épie, on l'envie, on le jalouse, mais on reconnaît son talent et on applaudit sa réussite qui a fait de Dior l'une des marques de luxe les plus profitables du monde. Tout comme le fondateur, Galliano libère. Il libère Dior de sa poussière et de son carcan et l'ouvre à de nouveaux marchés en développant l'accessoire jusqu'à le rendre essentiel au développement de la marque. Ce dandy passionné réinitialise le génome de la marque en poussant encore plus loin la créativité, l'innovation et le rêve, et réussit l'alchimie parfaite entre une extrême exigence artistique et une réussite financière exemplaire.

Bernard Arnault eut également la bonne idée de regrouper la couture et les parfums, et j'eus la chance de travailler, avec

Pierrette Diaz et Damien Bellon, mes directeurs artistiques, sur le film de relancement de Miss Dior, en 1993.

On nous avait confié la mission importante de donner un coup de neuf à cette Miss qui était devenue une vieille fille. Si je n'avais pas encore formulé le concept du génome des marques, j'avançais instinctivement sur tous mes briefs en tenant compte des valeurs fondamentales des marques et de l'esprit de leur géniteur. Relancer Miss Dior équivalait à relancer l'esprit de Dior en parfum, tant il incarnait à merveille cette femme libérée de l'après-guerre qui avait envie de rester « Miss » pour pouvoir continuer éternellement à séduire. Nous proposâmes un script au regretté Maurice Rogé, directeur général de la maison Dior. Une jeune femme en robe de mariée fuchsia ouvrait une double porte gigantesque. Elle s'apprêtait à descendre un escalier interminable pour rejoindre son futur époux, accompagnée de deux petits angelots en guise de garçon et demoiselle d'honneur. La future mariée, qui descendait les marches quatre à quatre, était tentée par la voix du diable qui l'incitait à ne pas se rendre au rendez-vous sacré et à rompre son mariage. Insistant sur la triste réalité quotidienne de la vie de couple, il tentait de l'en dissuader en employant les grands moyens avec une voix rappelant celle d'un télévangéliste américain : *« Are you ready to marry this man, and love no other man, I mean no other man, for the rest of your life? Are you sure? Are you ready to clean for him, cook for him, wash for him, watch sport on TV every night? Are you ready? »* (« Êtes-vous prête à épouser cet homme, à n'aimer aucun autre homme que lui, je dis bien aucun autre homme, pour le reste de votre vie ? Êtes-vous sûre ? Êtes-vous prête à nettoyer pour lui, cuisiner

> Miss Dior incarnait à merveille cette femme libérée qui avait envie de rester « Miss » pour pouvoir continuer éternellement à séduire.

c'est qui celle-là ?
c'est une page de pub dans le défilé
on ne me prévient jamais.

pour lui, faire la lessive pour lui, regarder le spot à la télé tous les soirs ? Êtes-vous prête ? »)

À la fin de son périple, la Miss réalisait combien le mariage n'était pas une option pour elle et décrochait sa très longue traîne en passant devant son ex-futur époux, décontenancé, qui regardait le soufflé retomber devant les invités médusés.

Le concept clôturait l'histoire comme une évidence : *« Miss Dior, très Miss, très Dior. »*

Ce film réalisé par Sébastien Chantrel était dans la ligne du génome de Dior. Quelques semaines après sa sortie, pour des raisons stratégiques, sa fin fut modifiée afin de correspondre à une vision plus traditionnelle de Miss Dior. Aujourd'hui, LVMH utilise l'étude de l'ADN des marques sur la plupart de ses produits.

Christian Dior était mort depuis trente-cinq ans, mais il restait toujours vivant dans nos esprits et influençait nos actes, même si nous n'en avions pas réellement conscience.

Dior a réinventé le culte du Dieu-Or. Un culte qui a rassemblé des millions de femmes à travers le monde. Christian « Dieu-Or » a redonné la part de rêve perdu au luxe et à l'argent. Ce Dieu-Or a bâti une fortune, un trésor, qui perdurera de longues années encore. J'adore.

Les marques ont-elles des gènes communs avec leurs fondateurs ?

« Dieu-Or », « Saint » Laurent, culte du luxe et de la beauté, nous surfons entre profane et sacré dans un monde où chaque signe fait sens. Le décryptage du génome des marques de luxe est le travail préalable à toute élaboration d'architecture de marque.

Le luxe et la mode sont les marchés qui nécessitent la plus grande précision et rigueur quant à leur succession et au respect de leur Authentique Différence Naturelle. Les marques patronymiques des autres secteurs, qui ont un fondateur créateur ou inventeur, ont le même souci d'évolution dans la continuité. Qui dit héritage ne veut pas dire forcément héritiers. On peut avoir le même nom et pas le même état d'esprit ni les mêmes valeurs. Certaines marques portent parfois le nom d'un inventeur qui n'est pas fondateur de l'entreprise, comme Goodyear®, fondée en 1898 par Frank et Charles Seiberling en hommage à Charles Goodyear, inventeur de la vulcanisation. Dans ce cas, les valeurs de Charles Goodyear ont inspiré les deux entrepreneurs qui ont adopté le code génétique de l'inventeur pour l'insuffler dans leur entreprise.

Le nom de certaines marques reprend aussi le nom d'actionnaires ou partenaires financiers de l'entreprise. C'est le cas de Hertz®, fondée en 1918 par Walter Jacobs et rachetée en 1923 par John Hertz, qui lui donna son nom.

D'autres utilisent aussi le nom d'un proche du fondateur. Danone, par exemple, est le diminutif catalan de Daniel, fils d'Isaac Carasso, son fondateur. Mercedes est le prénom de la fille d'un client de Gottlieb Daimler. Certains grands entrepreneurs ont aussi choisi de changer de patronyme pour diverses raisons : Marcel Bloch, au lendemain de la Seconde Guerre mondiale où il fut déporté à Drancy puis à Buchenwald, fit changer son patronyme en Dassault-Bloch, puis Dassault tout court. Dassault est une déformation du nom de code « Char d'assaut » employé par son frère Darius Paul Bloch dans la résistance. La légende raconte qu'il pensa aux plans de son premier avion à réaction en captivité. L'Ouragan, premier avion Dassault, naquit en 1949.

Le nom d'une marque traduit une posture différente par rapport aux dirigeants qui en assureront la succession.

N'oublions pas que le mot *patron* signifie « modèle », « protecteur », « guide ».

C'est aussi le modèle sur lequel travaillent certains artisans comme les couturiers, les brodeurs ou les pâtissiers. Le mot *patronymique* fait référence à « une personne qui porte le nom du père ». Le père comme « repère », « modèle à suivre » et « exemplaire ». Ce qui confère à une marque patronymique cette volonté de toujours suivre le modèle identitaire du créateur fondateur.

> Patronymique fait référence à « une personne qui porte le nom du père ». Le père comme « repère », « modèle à suivre » et « exemplaire ».

Les marques qui utilisent uniquement le nom de famille mettent en avant un état d'esprit sans individualité. On peut y ajouter « et fils » ou « et compagnie » pour induire l'idée de continuité. Les grandes dynasties du début du siècle assuraient ainsi la transmission de leur patrimoine en l'affichant sur leur devanture. C'était aussi un message clair pour les collaborateurs qui n'étaient pas de la famille et qui ne devaient pas espérer voir leurs intérêts passer avant ceux d'un héritier génétique.

Quand une marque utilise le prénom et le nom, la référence est directement liée à une personne, ce qui humanise et personnifie l'entreprise. La relation à la marque se fait alors sur un critère davantage psychologique, au niveau de l'état d'esprit ou des valeurs.

Certaines marques juxtaposent les noms, les uns après les autres, soit par ordre alphabétique, soit par ordre d'arrivée dans l'entreprise. Leurs valeurs génétiques sont alors la somme et la combinaison de chaque ADN des fondateurs. Il y a souvent des gènes communs ou complémentaires qui composent un génome original. D'autres préfèrent utiliser uniquement les initiales, effaçant tout imaginaire ou toute évocation que seul un nom peut arriver à susciter. Le seul intérêt de cette méthode est de réduire les risques en cas de conflit entre actionnaires ou cofondateurs. De nombreuses marques conservent les initiales d'un fondateur des années après son départ ou sa disparition. Ce même entrepreneur a pu fonder d'autres entreprises sans créer de confusion avec la marque précédente.

Dans les domaines du luxe, du design, de l'architecture ou de l'agroalimentaire, les marques patronymiques sont des cautions de créativité, d'authenticité et de spécificité. L'ego n'y est pas pour grand-chose tant ces noms-marques ou marques-noms répondent à une attente précise.

Il existe aussi de grandes marques binômes où deux noms sont juxtaposés pour combiner deux patrimoines : Rolls & Royce®, Smith & Wesson®, ou Bell & Ross®.

Bell & Ross, 15 ans pour bâtir une légende.

Bell & Ross, l'un des derniers fleurons de l'horlogerie suisse, a réussi à se lancer dans le monde entier en adoptant le physique d'une marque ancestrale et internationale. Pourtant, les deux fondateurs sont français d'origine. En 1992, une équipe de designers et de spécialistes d'instruments de bord destinés à l'aéronautique et à l'aérospatiale s'associent autour d'un projet : créer des montres parfaitement adaptées à un usage professionnel. Leur volonté : s'inscrire dans la grande tradition horlogère suisse tout en répondant aux exigences d'hommes confrontés à des situations extrêmes. Aujourd'hui, astronautes, pilotes, plongeurs ou encore démineurs utilisent ces montres comme un outil au service de leurs missions. Ce projet merveilleux était né dans l'esprit de deux amis d'enfance, Carlos Rosillo et Bruno Belamich, deux entrepreneurs français qui avaient commencé leur aventure avec leurs rêves et 20 000 euros en poche. Plutôt que de créer un nom de marque *ex nihilo*, ils décidèrent de créer une marque patronymique qui s'inspirait de leurs propres noms. Bell pour Belamich et Ross pour Rosillo. Ou comment inventer une marque toute neuve en lui donnant les apparats d'une marque de confiance, internationale et réputée. C'est le génie de ces deux hommes qui ont réussi, en quelques années seulement, à imposer des modèles différents, contemporains et créatifs, dotés d'une mécanique parfaite. Les connaisseurs ne parlent pas de « montres » Bell & Ross mais « d'instruments », les produits ayant réussi à se distinguer grâce à leur design surprenant et singulier. L'ADN de Bell & Ross se concentre sur la précision de chaque détail, l'association des compétences, la quête de l'essentiel, un style et un design d'une élégance intemporelle, des principes de conception (étanchéité, précision, lisibilité, fonctionnalité), et un idéal : « Parce qu'il veut toucher les étoiles et atteindre le fond des mers, parce qu'il vit ses passions jusqu'à l'extrême, l'homme se mesure depuis toujours au temps. Pour faire de quelques secondes un instant d'éternité. »

Le cas de Bell & Ross est l'un des plus beaux exemples de marque patronymique récente. Les problèmes de succession ont été écartés à la naissance puisque les noms Rosillo et Belamich n'apparaissent pas en frontal, laissant la marque vivre de façon entière. Le patrimoine génétique de Bell & Ross est purement lié à ses produits et à son style plutôt qu'à la personnalité de ses fondateurs. C'est peut-être le seul exemple de ce type qui existe dans l'horlogerie suisse et dans le monde du luxe en général.

Caution, reconnaissance, compétence, confiance, les marques patronymiques sont l'incarnation d'une personne vivante à l'état d'esprit reconnu et à la culture partagée par d'autres. Il peut arriver que certains noms soient discriminants pour des raisons internationales, en fonction de l'actualité. Par exemple, en cas de tension entre deux pays et de menaces de boycott des produits, quelques marques sont plus exposées que d'autres par l'apparente nationalité de leur patronyme. Certaines passent entre les mailles du filet, tant il est difficile de connaître leur pays d'origine. Bic est une marque mondiale et une entreprise française. À l'étranger elle se fond dans le pays et le marché sur lequel elle se trouve. C'est une marque nomade qui voyage très bien.

Le patronyme est un outil essentiel pour installer une marque et lui donner sa personnalité, sa différence et créer sa préférence. En revanche, il doit acquérir une existence propre détachée de son créateur afin de pouvoir survivre aux différents événements auxquels l'entreprise sera confrontée. Colt (revolvers), Karcher, Opinel ou Dolby ont par exemple réussi à faire oublier leur fondateur en devenant des marques à part entière.

Avant de mettre votre nom sur la porte de votre entreprise, réfléchissez bien et demandez-vous si vous être prêt à assumer le poids de cette responsabilité en termes d'attente, de posture sociale, de caution et de créativité. Un nom doit évoquer un état d'esprit, une vision, être reconnaissable et surtout « appropriable » par tous. Il faut aussi penser à la suite, à la transmission de témoin. Les grands patrons français ont malheureusement la mauvaise habitude de ne jamais penser à leur succession de leur vivant et préfèrent la technique du « après moi le déluge ». Ils placent ainsi ceux qui doivent prendre leur suite dans une position très inconfortable, même quand ils portent leur nom. L'identité n'est rien si elle n'est pas chargée de sens.

Un nom n'est rien s'il n'est pas chargé d'émotion, d'histoire et de souvenirs. Un testament écrit vaudra toujours mieux qu'une transmission orale de son vivant, parfaitement assumée et positivée. Certains héritages apparaissent souvent comme des fardeaux trop lourds à porter tant ils recèlent de pièges et de chausse-trappes que les « dauphins » écartés n'hésiteront pas à dresser sur la route du « fils choisi », si celui-ci n'a pas été préparé.

On crée une marque avec un nom, pas avec un problème d'ego.

J'avais pensé à Samsarah comme nom pour le prochain parfum...
Pas mal. oriental... qu'est-ce que ça veut dire ?
Rien. C'est le nom de mes enfants.

3-9 Samsara®, ou comment créer un produit génétiquement compatible avec sa marque

Nous étions au mois de novembre 1988. Jacques Séguéla fit irruption dans mon bureau.

Sans un mot, il s'approcha de moi et tendit sa main sous mon nez. Stupéfait, je le regardai bêtement, ne comprenant pas ce qu'il cherchait à me faire dire ou comprendre. Après trois longues secondes, je me décidai à prendre sa main dans la mienne pour y apposer un baiser comme ceux qu'on donne à des rois ou des dignitaires religieux. Sa main avait un profond parfum de santal et je fus réellement surpris de constater qu'il se parfumait ainsi. Il me rassura en me tendant, toujours en silence, une petite fiole transparente contenant un liquide tout aussi transparent. Sans étiquette ni inscription. J'étais dans le mystère parfait.

Puis, brisant le silence et son cérémonial à l'effet réussi, il me dit fièrement : « Voici ton premier brief olfactif ! »

Il venait en fait de me faire sentir le tout nouveau parfum que Guerlain s'apprêtait à lancer dans le monde entier. Un lancement d'envergure piloté par Jean-Paul et Philippe Guerlain et Bernard Fornas, le directeur général.

Je demandai à Jacques si ce nouveau jus avait un nom. Il me répondit que nous étions justement chargés de l'inventer avec tout son univers graphique. En résumé, le jus attendait qu'on le baptise et qu'on lui trouve un univers d'expression, une direction artistique, un message, un sens, une couleur, une lumière, une évocation. Nous étions loin d'imaginer l'ampleur du travail demandé mais nous nous mîmes immédiatement à l'ouvrage.

Un brief olfactif est le meilleur brief possible pour un parfum tant il est question d'évocation, de sensation, d'émotion et d'imagination. Nous reniflions ce jus en fermant les yeux. Nous ne les ouvrions que pour jeter sur le papier les premières idées et les premières esquisses. Et nous passâmes comme cela des heures à rêver, fermer les yeux, dessiner, refermer les yeux, dans un cycle quasi religieux.

Bien que notre recherche nécessitât de mettre en éveil nos cinq sens, je m'évertuai à y mettre un autre sens, plus génétique. Il fallait que ce nouveau parfum soit génétiquement compatible avec Guerlain® et son histoire.

Je me plongeai dans les livres et interviewai des employés de la grande maison parisienne pour en savoir un peu plus et, qui sait, trouver l'étincelle. Puiser dans les racines d'une marque peut donner des informations capitales.

Guerlain, une histoire chargée de sens

Né en 1798, Pierre-François-Pascal Guerlain, fils d'un marchand d'épices, devint à dix-neuf ans commis marchand chez un fabricant en parfumerie. Après des études de médecin chimiste en Angleterre, il décida de lancer ses propres créations en se distribuant lui-même (une habitude que la marque conserva jusqu'en 1999 !).

Il ouvrit sa première boutique au 42, rue de Rivoli, au rez-de-chaussée de l'hôtel Meurice où les Britanniques avaient leurs habitudes parisiennes. Avec l'enseigne de « Parfumeur vinaigrier », il vendait des savons, vinaigres de toilette et autres eaux de Cologne et poudriers en ivoire. Les parfums étaient destinés à l'époque au papier à lettres et aux accessoires vestimentaires, tant ils étaient encore synonymes de vulgarité. Visionnaire, il paria sur une évolution des mœurs et s'installa rue de la Paix en 1839, dans la boutique Vendôme, pour proposer des fragrances sur mesure, destinées aux personnalités. Quelques années plus tard il réussit son pari en vendant des parfums dans toute l'Europe. La première fragrance, l'Eau de Cologne impériale, fut créée en 1830 et un conditionnement fut spécialement conçu pour l'impératrice Eugénie. Son célèbre flacon orné d'abeilles est toujours disponible. Il devint alors le parfumeur des têtes couronnées. Avec sa devise, « La gloire est éphémère, seule la renommée dure », il s'évertua à garder la tête sur les épaules pour assurer la pérennité de la maison. Il céda la maison Guerlain à son fils aîné, Aimé, avant de décéder en 1864. En 1874, Aimé s'adjoignit les services de son frère cadet Gabriel comme chargé de la gestion.

Ce tandem initia le rythme des différentes successions à la tête de la maison : un créateur et un gestionnaire, de la famille Guerlain, bien sûr. Cet héritage familial et culturel a été déterminant dans leur histoire pour préserver les fondamentaux génétiques et le savoir-faire inimitable de cette grande maison. Dans l'histoire de la marque, tous les dépositaires des valeurs de Guerlain portent le nom de la marque.

Jicky®, Champs-Élysées®, L'Heure bleue® ou Mitsouko® (« Mystère » en japonais) sont autant de parfums au nom évocateur, à la fois intemporels et universels.

En 1925, la maison Guerlain innova avec Shalimar®, qui initia une nouvelle tendance des parfums orientaux. Ce parfum était un hommage. À l'Inde et aux parfums envoûtants des jardins de Shalimar, dans le Cachemire, mais aussi à une femme, Mumtaz Mahal. C'est en son souvenir que Shah Jahan fit construire le Taj Mahal, temple consacré à l'amour éternel. Voilà pourquoi le flacon de Shalimar reprenait les courbes et les lignes des vasques du palais du Rajasthan. Un autre hommage à un grand aviateur disparu en mer, Antoine de Saint-Exupéry, fit apparaître le célèbre Vol de nuit® en 1933.

En 1938, Guerlain ouvrit le plus grand institut de beauté au monde, au 68, Champs-Élysées. Un peu plus tard, en 1959, il lança son premier parfum masculin, Vetiver®, mêlant tabac, cuir et vétiver, une racine que les débusqueurs de fragrance vont chercher dans l'océan Indien. Jean-Paul Guerlain lança par la suite le premier masculin sur le plan mondial, Habit rouge®, inspiré du monde de l'équitation.

C'était assez d'information pour opérer mon approche génétique. La devise de la grande maison pourrait d'ailleurs parfaitement illustrer ce livre : « Donner un avenir à son passé. »

Si je devais aujourd'hui tenter d'en extraire l'ADN, voici les gènes sur lesquels je me concentrerais.

Le génome de Guerlain

L'empreinte génétique

« La gloire est éphémère, seule la renommée dure » (Pierre-François-Pascal Guerlain).

L'Authentique Différence Naturelle

Gène leader : le parfumeur révolutionnaire

Guerlain est le parfumeur révolutionnaire des têtes couronnées. Il a sans cesse réinventé le monde du parfum en innovant et en rompant avec les codes et les habitudes.

Visionnaire, il est le premier à avoir parié que le parfum serait porté sur la peau ! C'est aussi le premier créateur de parfum vendu dans le monde entier avec plus de 700 fragrances. La marque s'est autodistribuée jusqu'en 1999.

L'héritage familial

Il y a toujours eu un Guerlain à la tête de Guerlain et c'est l'esprit de famille qui se transmet de génération en génération. Il existe aussi une famille de produits, tous différents, avec le même dénominateur commun et la même volonté de se singulariser.

Le tandem création-gestion

Il y a toujours eu un tandem nez-gestionnaire à la tête de l'entrerise pour équilibrer la relation entre la volonté artistique et les contingences financières.

De cet équilibre naît la réussite du parfumeur.

Le voyage des sens

Davantage qu'une marque internationale présente dans le monde entier, Guerlain est une marque de parfum qui voyage et ramène de ses périples des racines, des fleurs, des épices et des fragrances qui racontent des histoires d'amour et de passion éternelle.

L'Orient a une grande importance dans la fabrication des parfums Guerlain.

L'intemporalité

Guerlain n'a pas d'âge, ses parfums non plus. Ils s'adressent à toutes celles et ceux qui aiment écrire des histoires et les raconter. Ils s'adressent aussi à tous ceux qui entrent dans l'Histoire, laissant une trace ou un souvenir impérissable que seul un parfum peut évoquer à sa juste mesure.

La pérennité de la maison Guerlain et de ses parfums est un gage d'éternité.

L'hommage

Chaque parfum est un hommage. Hommage à une femme, un symbole, une fragrance, un souvenir, une émotion. Guerlain immortalise un instant.

Concept génétique

« Donner un avenir à son passé. »

La naissance de Samsara

J'avais jeté sur mon carnet toutes ces notions et tenté de les classer par ordre d'importance. Nous devions trouver davantage qu'un nom. Il fallait raconter une histoire. L'évocation du nom devait faire sens tout en restant mystérieuse, comme les parfums Guerlain savent si bien le faire.

Nous décidâmes alors de revenir sur la seule base que nous avions en notre possession : le santal.

Le santal est un arbre originaire des régions tropicales, principalement l'Inde, le Népal, l'Australie et Hawaii. Il est utilisé comme encens, en aromathérapie et en parfumerie, et est également recherché en ébénisterie et en marqueterie pour la fabrication de petits objets précieux de type coffrets à bijoux. En parfumerie, on l'utilise comme note de fond car ce fixateur permet de capturer les arômes de tête des autres huiles essentielles.

Il fallait raconter une histoire. L'évocation du nom devait faire sens tout en restant mystérieuse.

Je m'intéressai alors à son utilisation ésotérique et religieuse pour essayer d'en extraire le sens profond. Je découvris qu'en Inde, des temples

LE GÉNOME DE **GUERLAIN**

L'EMPREINTE GÉNÉTIQUE

«LA GLOIRE EST ÉPHÉMÈRE, SEULE LA RENOMMÉE DURE»

AUTHENTIQUE DIFFÉRENCE NATURELLE

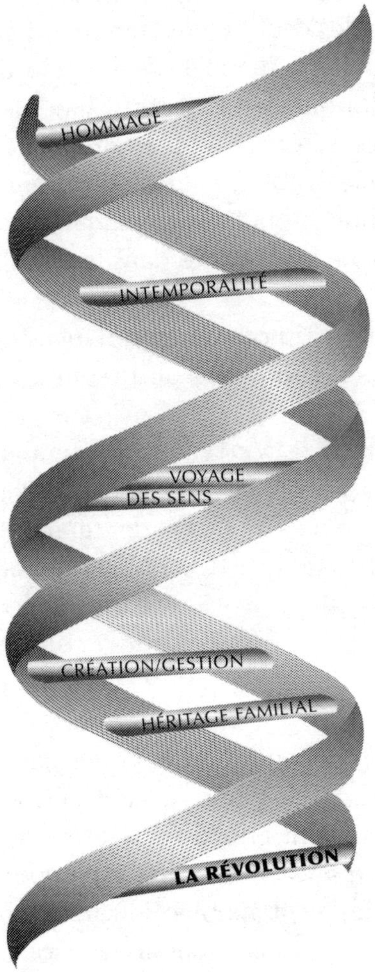

CONCEPT GÉNÉTIQUE : DONNER UN AVENIR A SON PASSÉ

construits en santal conservent leur arôme depuis des siècles. En hindouisme, on l'utilise lors de cérémonies et rituels, et notamment dans les temples dédiés à la divinité Shiva – les hindous portent souvent sur le front une marque faite avec cette pâte, qui doit garder le troisième œil au frais. Le bois de santal est également présent en médecine traditionnelle, notamment sous forme d'huile essentielle, par exemple en médecine ayurvédique. Dans le bouddhisme, il correspond au Bodhisattva Amitabha ; on attribue à ses senteurs la propriété de transformer les désirs et de conserver l'attention d'une personne s'exerçant à la méditation. Il se retrouve dans la plupart des encens fabriqués en Inde, en Chine, à Taïwan, au Japon, au Vietnam et en Corée ; il est allumé par les fidèles dans les temples. Enfin la Bible relate qu'en Israël, au temps du roi Salomon, ce bois fut utilisé pour la fabrication d'instruments de musique et de balustrades dans le temple de Jérusalem.

Nous avions trouvé notre champ d'investigation. Nous finissions les années 1980 avec un besoin irrépressible de revenir sur les fondamentaux quelque peu abandonnés en cours de route par la société de grande consommation. Nous n'étions plus de simples citoyens, nous étions devenus des consommateurs ciblés, classés par des catégories socioprofessionnelles (CSP), et nous avions un pouvoir d'achat et des habitudes de consommation étudiés par de grands instituts. Dans ce monde-là, les femmes « assuraient en Rodier » et se prenaient pour des hommes qui ne savaient plus très bien pour qui se prendre à leur tour. On les avait affublées du sobriquet « ménagère de moins de 50 ans », rendant jaloux une foule de ménagers de moins de 50 ans qui ne supportaient plus de passer au second plan des sollicitations des pros du marketing.

> Le parfum ne devait pas s'adresser à la femme d'aujourd'hui mais à la femme éternelle.

Dans cette confusion, le nouveau parfum Guerlain devait incarner la femme éternelle, la femme universelle, la femme retrouvée. Je m'inscrivais alors complètement dans les fondamentaux révolutionnaires de la marque, qui devait prendre les courants à contre-pied pour imposer ce nouveau parfum. Cette femme retrouvée et éternelle résonnait avec la spiritualité perdue de ces années de permissivité totale où le matériel l'avait emporté sur le sacré.

Dès notre première réunion interne, Pierrette Diaz et moi proposâmes le concept de spiritualité et de sérénité. Nous pariâmes sur une quête de sens et une volonté éternelle des femmes d'incarner l'idée de naissance et de renaissance. Le parfum ne devait pas s'adresser à la femme d'aujourd'hui mais à la femme éternelle.

Nous avions pensé à un nom : Dalaï.

Inspiré du Dalaï Lama, Dalaï était pour nous à la fois intemporel, court, et totalement ancré dans les valeurs que nous voulions défendre.

Dalaï était malheureusement déposé dans plusieurs pays. Il nous fallait trouver autre chose. Une société en recherche de nom cherchait aussi de son côté : il est extrêmement difficile d'imaginer un nom, même composé, qui ne soit pas déposé quelque part dans le monde par un petit malin qui attend de toucher le jackpot. Pierrette et moi ne pouvions nous concentrer exclusivement sur cette recherche, nous avions tout le reste à imaginer !

Pour le flacon, nous nous inspirâmes des courbes du Bouddha afin d'obtenir un flacon « pagode », équilibré et totalement en phase avec l'historique des flacons Guerlain.

Pour le code couleur, Pierrette fit un nuancier de rouge profond et de vieil or, rappelant les ornements des temples tibétains. Du rouge, de l'or, du noir, l'édifice commençait à se construire peu à peu. Le nom se faisait toujours attendre. Nous étions sur la conception d'un script qui puisse traduire cette quête de spiritualité. Nous imaginions une femme, élégante, brune et racée, s'avançant vers un temple bouddhiste. Vêtue de rouge profond, elle entrait sereinement à l'intérieur du temple. Devant elle, Shiva, la divinité symbole des renaissances. Dans une de ses mains, un bouchon de flacon de parfum. Notre femme tendait la main vers la divinité comme pour recevoir un cadeau mystique. Sur le bouchon, une goutte de parfum perlait et tombait. La femme réceptionnait cette goutte de parfum dans sa main et l'approchait de son visage, comme enivrée. C'était une scène simple et poétique qui racontait l'histoire de cette quête. Il nous fallait désormais un slogan pour terminer le spot avec élégance.

En échangeant avec Philippe Maraninchi, célèbre créatif, je proposai l'idée de réincarnation. La femme devait se réincarner pour aider le monde à retrouver sa spiritualité perdue. Les femmes ont toujours aidé l'humanité à retrouver ses fondamentaux et éviter les catastrophes. Ce parfum était un hommage non pas à une femme, mais aux femmes en général. L'hommage est en effet génétique chez Guerlain, ses produits étant tous liés à une histoire, à un destin. Philippe ajouta à mon idée la petite étincelle qui lui manquait pour devenir un bon slogan : « À l'aube du troisième millénaire, la femme se réincarne en Guerlain. » Désormais, nous étions hors planning et devions nous décider sur le nom. Je pris la route de Beaubourg et de sa bibliothèque pour tenter d'y découvrir ce fameux nom que nous cherchions tant. Quelques centaines de pages plus tard, je mis la main sur un tout petit bouquin rabougri qui n'était autre qu'un dictionnaire de traduction de sanscrit. Je le parcourus en notant çà et là quelques noms et paragraphes intéressants. Je fus intrigué par un des noms que j'avais soulignés : Samsara. Nom oriental, rythmé et mélodieux. Les trois « a » le rendaient féminin et il nous paraissait familier, ce qui était bon signe après plus de huit mois de recherches !

Sa signification nous fit tout de suite comprendre que nous avions enfin trouvé ce que nous recherchions : le cycle des naissances et des renaissances. Notre femme Guerlain se réincarnait grâce à ce cycle qui lui permettait d'atteindre la sérénité et la spiritualité pour l'éternité. La boucle était bouclée. C'était sans compter les dépôts de marques. On nous annonça que Samsara était déposé plus de dix-sept fois dans le monde. Exaspérés, les Guerlain décidèrent de racheter un à un tous les dépôts.

> On nous annonça que Samsara était déposé plus de 17 fois dans le monde. Les Guerlain décidèrent de racheter un à un tous les dépôts.

Samsara était dans la lignée de Shalimar, L'Heure bleue ou Jicky. Des noms de parfums qui sonnent comme des histoires, des souvenirs marquants.

Pour achever le tout, il nous fallait un univers sonore et musical pour apporter une dimension lyrique. Je proposai alors à Guerlain d'aller au bout de notre idée et de produire un hymne à la féminité. Je rêvais que Barbara Hendricks l'interprète. Quelques jours plus tard, la diva accepta avec enthousiasme, étant elle-même une inconditionnelle de Guerlain et ayant apprécié l'idée de l'hymne aux femmes. L'enregistrement se déroula sous les meilleurs auspices, sous la direction de Laurent Petitgirard qui dirigea de main de maître cet hymne lyrique qu'il avait composé pour l'occasion. Là aussi, le génome de Guerlain était respecté. Le parfumeur des têtes couronnées avait un hymne à sa dimension chanté par l'impératrice de l'opéra.

Le lancement de Samsara fut un triomphe et le parfum s'imposa rapidement dans le monde entier. Seul un pays arabe posa problème : dans sa langue, Samsara voulait dire « Entremetteuse » ! On fit alors une petite adaptation du nom pour lui donner la signification d'« Étoile du soleil ».

En décryptant ces résultats de recherche avec l'outil du génome des marques, on retrouve presque tous les gènes constitutifs de l'ADN de Guerlain. En partant d'un jus et des fondamentaux génétiques, on peut créer un parfum en droite ligne avec l'héritage éternel de la marque, qui écrira une nouvelle page de la longue histoire des parfums Guerlain.

La compatibilité génétique : le plus petit dénominateur commun

On voit bien dans cet exemple qu'un nouveau produit doit s'inscrire dans la continuité des autres produits de la marque, même quand il évoque une sensation totalement différente. Il existe un plus petit dénominateur commun qui aide à construire l'esprit de la marque. Il n'y a pas de hasard, juste du bon sens et un peu de chance.

Ce plus petit dénominateur commun est le garant de la compatibilité génétique d'un nouveau produit par rapport aux anciens, c'est lui qui assure le lien de paternité, le sentiment d'appartenance, qui donnera l'indication au consommateur qu'il y retrouvera tous les fondamentaux de sa marque préférée. On n'achète pas Shalimar pour les mêmes raisons que Samsara, mais on sait que les deux écrivent l'histoire de Guerlain avec des sensations, des signes et des évocations qui leur sont propres.

Même une grande marque comme Guerlain ne peut se permettre de lancer n'importe quel nouveau produit sous prétexte que la force de la marque suffira à l'imposer.

Les produits nourrissent autant la marque que la marque nourrit ses produits. Cette interaction et dynamique essentielle ne peut se réaliser que sur un système de valeurs communes et partagées. Encore faut-il que ce système soit connu et respecté par l'entreprise. Il arrive parfois qu'un produit ne soit pas en accord avec les fondamentaux, voire qu'il soit incompatible avec la marque mère. Il vivra alors sa vie propre et ne bénéficiera pas du « supplément d'âme » apporté par son ADN. C'est le cas de certains produits dits « marketing » ou « opportunistes » créés pour des raisons purement commerciales ou de marché, dont le souvenir ou la trace laissée est aussi court que la durée de vie.

À la naissance d'un produit, on a l'opportunité d'éviter les grands écarts génétiques et on peut se donner toute latitude pour explorer de nouveaux horizons. On pense à tort que la génétique des marques bloque la création, alors qu'elle l'aide au contraire à mieux rebondir et à innover dans un système de contraintes. Dans le cas de produits de luxe comme le parfum, les produits deviennent à leur tour des marques. Jicky, L'Heure bleue ou Samsara sont aussi célèbres que Guerlain. Pourtant, ils restent indissociables de leur marque mère et ne s'expriment jamais sans y faire référence, comme s'ils risquaient de se sentir orphelins. Cela se passe exactement comme dans une famille. On nous donne un nom à la naissance et on doit tenter toute sa vie de se faire un prénom. Les produits marques comme Samsara ou Shalimar se sont fait un « prénom » en profitant des valeurs génétiques de leur patronyme. La forme de noblesse qu'apporte le suffixe « de Guerlain » est totalement en phase avec la posture de la marque qui est fière de ses produits et de sa descendance. Le plus petit dénominateur commun est le trait d'union entre toutes les composantes d'une famille, ce petit trait de caractère qui fait de vous un membre d'une famille et pas d'une autre. On est « de Guerlain » ou on ne l'est pas. Et n'est pas « de Guerlain » qui veut.

Les produits marques comme Samsara ou Shalimar se sont fait un « prénom » en profitant des valeurs génétiques de leur patronyme.

Sous ma présidence je me marierai trois fois...
j'aurai huit enfants...
...et je ferai la couv de Gala et Voici toutes les semaines
c'est ça la réforme
les Français le méritent.

8-10 La génétique des marques et la politique

Les hommes politiques sont-ils des marques ou des produits ?

Je me suis souvent demandé si le monde des hommes politiques était régi par les mêmes règles que celui des marques, tant leurs biorythmes se ressemblent en tout point. Ils réfléchissent à une stratégie, trouvent des idées en fonction d'une idéologie et d'une vision, imposent un message pour changer la vie de leurs publics, entrent en campagne, créent la différence sur leurs idées, leur posture, leur stature, créent l'adhésion, essayent de nous convaincre et espèrent qu'on les choisira. On ne peut considérer pour autant qu'un homme politique puisse être vendu comme un produit, car il n'est pas le produit de la politique mais bien l'inverse. C'est lui qui impose la politique, qui a la responsabilité de ses paroles et de ses actes et qui sera jugé par le couperet des urnes. J'ai toujours pensé en revanche qu'on pouvait considérer les hommes politiques comme des marques patronymiques, qui évoquent immédiatement un univers à la fois émotionnel et rationnel où la sensation et la perception ont une place prépondérante. Plus qu'un combat droite/gauche, la politique est souvent une affaire d'hémisphère droit et d'hémisphère gauche.

Pendant une campagne présidentielle, on est totalement sur l'hémisphère droit, préférant agir sur l'émotionnel et l'imaginaire plus que sur le rationnel. Les candidats lancent leurs projets de société et nous proposent de nous projeter dans l'avenir avec eux. Un peu à la manière de certaines marques qui vous font comprendre que votre vie et votre avenir seront meilleurs avec elles que sans elles. Elles créent le désir et l'envie et tentent de créer le besoin qui vous fera aller vers elles. Le rationnel a très peu de place dans ce genre de campagne. Les Français élisent non pas un messie ou un sauveur mais celui ou celle qui sera le mieux disposé à répondre à leurs attentes et à tenir la fonction. Au premier tour, l'hémisphère gauche prédomine. C'est le moment où les grands partis doivent regrouper leur troupeau autour de leurs fondamentaux. On rassemble la famille en restant dans le cadre que le parti et son leader ont fixé. On rassemble, on rassure, on se retrouve. Le second tour est le moment du choix crucial, c'est l'hémisphère droit qui opère. Il faut sortir du cadre pour séduire celles et ceux qui ne sont pas *a priori* favorables. C'est le pouvoir d'attraction et de séduction qui fera gagner. C'est la sensation que le candidat va créer qui lui fera passer le cap des 50 % plus une voix. C'est le moment fatidique de la rencontre avec les Français. Seul face aux Français, et face à son destin. Cette rencontre est le moment magique qu'attendent toutes celles et ceux qui ont imaginé un jour, dès leur plus jeune âge, devenir président de la République. Dans un combat entre deux marques où le choix est difficile à faire, certaines essayent de mettre une pression en induisant le risque pour le consommateur de choisir leur concurrent. Il en va de même en politique, où l'on voit trop souvent certains candidats se déterminer par rapport aux autres. Tout comme dans l'univers des marques, c'est une grave erreur que de se déterminer par rapport à un autre système de valeurs que le sien, car le consommateur – ou l'électeur – finit par perdre le fil. On ne peut pas passer son temps à dire du mal des autres ou à les dénigrer sans risquer de se faire du mal à soi-même.

On peut adopter la méthode plus honnête de la comparaison basée sur des arguments concrets, comme savent si bien le faire les Américains à chaque campagne. Mais pour ce faire, il faut des moyens et l'on ose à peine comparer le budget de communication d'un Obama avec celui d'un candidat français. Ce n'est pas tant une question d'argent que de moyens pour être au niveau de son ambition. La loi de 1990 (interdisant toute forme de campagne publicitaire grand public pour les politiciens) provoque en ce sens un véritable recul de la parole publique dans l'opinion. Tout comme une marque, le politique est un communicant qui se doit de transmettre un message pour lui permettre d'agir. Comme le dit Franck Louvrier, talentueux responsable de la communication de Nicolas Sarkozy depuis de nombreuses années, « la communication est le passeport pour l'action politique ». On communique pour annoncer ce que l'on va faire et donner un calendrier de ses actions avec un énoncé des résultats attendus. On communique ensuite pour rendre des comptes sur les résultats, et ainsi de suite. Qu'arriverait-il si les marques n'avaient plus les moyens de communiquer ? N'en déplaise aux anti-pub et autres Naomi Klein *(No logo)*, c'est la communication qui rend les marques plus responsables de leurs actes. Il serait normal qu'il en soit ainsi pour les hommes politiques. Communiquer, c'est sortir du bois, s'engager, risquer. C'est aussi agir et se donner les chances de réussir. Les grands hommes politiques sont tous des communicants de talent qui n'ont pas les moyens de communiquer.

> Pendant une campagne présidentielle, on est totalement sur l'hémisphère droit, préférant agir sur l'émotionnel et l'imaginaire plus que sur le rationnel.

Voilà pourquoi on assiste à des dérives de sens et des couacs médiatiques depuis l'avènement de la société de communication dans laquelle les hommes politiques tentent de faire de l'audience en sortant de leur cadre de référence. Émissions de variété, talk-shows comiques, magazines people, les hommes politiques sont partout sauf dans les émissions politiques, puisque les grandes chaînes de télé ont décidé que « ça ne fait plus d'audience ». Les « peopolitiques » font le bonheur de *Voici*, *Gala* et *Paris Match*, qui cherchaient de nouvelles stars à épier après les mannequins, les acteurs de cinéma et les présentateurs de télé… Le verrou s'est brisé, faisant entrer les politiques dans la famille des victimes consentantes habituées aux publications judiciaires et aux procès pour atteinte à la vie privée. Une vie privée surtout de moyens plus sérieux pour communiquer sur ses idées et redonner du sens et de la valeur à la parole publique. Pourtant, des émissions comme *J'ai une question à vous poser* sur TF1 pendant les élections présidentielles de 2007 ont montré avec plus de 8,5 millions de téléspectateurs que les Français avaient besoin de davantage de politique et, surtout, de meilleure qualité. Les magazines d'actualités ont pu voir à quel point les politiques faisaient vendre. Une couverture avec Sarkozy, c'est + 30 % de garantis. On voit bien que les médias considèrent les politiques à l'instar des autres stars, comme des figures qui font vendre. Les politiques ont heureusement compris qu'ils étaient leur propre média. Ils ne doivent compter que sur eux-mêmes pour créer une caisse de résonance pour leurs idées et faire en sorte de se faire entendre et surtout écouter.

les médias considèrent les politiques à l'instar des autres stars, comme des figures qui font vendre.

Les liens étroits et étranges entre politiques et journalistes sont aussi des signes d'une incohérence qui s'est installée depuis de longues années. Cette fascination réciproque entre le pouvoir politique et le pouvoir médiatique peut choquer et donner à réfléchir quant au devoir d'objectivité des médias par rapport à la classe politique en général, pouvoir en place ou non. Il en va de même pour certaines grandes marques qui peuvent exercer une pression sur les grands médias de par la masse financière qu'ils représentent. Le pouvoir des grandes marques, c'est le pouvoir publicitaire, et les grands médias n'existeraient pas sans elles. Là aussi, la relation d'interdépendance entre marque et média peut faire naître bien des fantasmes. Certaines marques sont si puissantes qu'elles arrivent à agir sur les programmes télé.

Revenons à nos hommes politiques « de marque » et tentons de comprendre la relation qu'ils ont avec leur public, ou plutôt leurs publics. En effet, il y a plusieurs domaines d'expression et champs d'action qui donnent au politicien la possibilité d'adapter son discours en fonction de son interlocuteur. On ne parle pas de la même façon à ses militants qu'au grand public ou à ses collaborateurs. Cette somme de messages, compilés les uns aux autres, crée la parole publique. Même si le message final est souvent le même, la façon de l'exprimer et de le communiquer diffère au niveau de la sémantique et de la rhétorique. Une grande marque agit de la même façon en fonction des différents publics à qui elle s'adresse. Elle n'emploie pas les mêmes outils ni les mêmes médias pour faire de la pub, de la promotion des ventes, des actions de fidélisation ou de trafic. Pour créer du lien avec ses consommateurs, une marque fait une promesse qui doit se transformer en bénéfice, qu'on appelle bénéfice consommateur.

Les hommes politiques, eux aussi, s'engagent sur des promesses, qui doivent se transformer en bénéfice électeur. Ce bénéfice électeur est une donnée vivante et mesurable qui détermine la qualité de la relation avec un politique. Plus celui-ci s'engage sur des résultats quantifiables et perceptibles, plus il ressent la pression de ses électeurs qui l'attendent au tournant sur des faits concrets. C'est aussi une façon de créer ce que les grandes marques mettent plusieurs années à instaurer : la confiance. La confiance résulte de cette équation : « promesse + action = bénéfice ». Les hommes politiques qui réussissent et qui durent sont ceux qui obtiennent les meilleurs scores de « bénéfice électeur ». Au final, ceux qui réussissent le mieux sont ceux qui sont qualifiés de « fiables », « efficaces », « courageux » ou « rassurants ». La perception du bénéfice électeur est la meilleure façon de créer un lien durable avec eux. Trahir ses électeurs, c'est tout simplement ne pas être au niveau de leurs attentes et du bénéfice attendu. Pour une grande marque, c'est la même chose. Elles n'ont pas le droit de décevoir car l'attente est énorme. Une grande marque qui déçoit doit réagir au plus vite, pour ne pas perdre ses consommateurs. Elle a souvent une deuxième chance, car le lien émotionnel lui permet de revenir vers eux en faisant amende honorable, en s'expliquant et en assumant ses erreurs. Le pire serait pour elle de tenter de passer en force. Dans ce cas le consommateur, pris pour un imbécile, quitte la marque et n'y revient plus. Un homme politique qui a déçu les siens peut revenir après une période d'autocritique positive. Ces traversées du désert – parfois grand comme un bac à sable ! – sont des moments cruciaux d'introspection où l'on se met en réserve de la République pour recharger ses accus de crédit, ses points de vie politique, un peu comme dans un jeu vidéo où le héros meurt vingt fois et se relève toujours. Les marques n'ont pas cette chance-là. Certaines sont mortes dès le premier accroc, quand le problème qui a causé la déception était trop grave. Les hommes politiques ont donc cette petite chance supplémentaire, ce crédit illimité, qui vous fait dire qu'une grande marque ne meurt jamais. Peut-être parce qu'ils sont de vrais êtres vivants, eux.

Un homme politique doit sans cesse faire des propositions et lancer de nouvelles idées. Une marque doit proposer en permanence, tout comme un homme politique ne peut se permettre de ne rien dire, de ne rien proposer, de ne pas s'engager. À l'inverse, certains passent leur temps à s'opposer et à être « contre ». À force, on finit par ne plus trop savoir ce « pour » quoi ils sont. Ils oublient souvent qu'une force d'opposition doit avant tout être une force de proposition. La publicité résume en 30 secondes la vérité d'une marque en la sublimant, en la déformant, en l'amplifiant. Pendant plus de trente-cinq ans, le discours politique s'est transformé en une langue de bois, construite sur un champ sémantique abscons, aux tournures pompeuses et compliquées. Cette langue a eu le génie de parler de promesses sans induire l'engagement, de parler d'avenir sans se conjuguer au futur, de parler de « changer la vie » sans donner de mode d'emploi. À force de parler pour ne rien dire, on a vu la parole publique perdre son sens, sa force et sa crédibilité. Si le langage engage, la langue de bois dévoie. Ce « mentir vrai » était la cause de la fracture sémantique qui a éloigné les citoyens de la parole publique. Les oxymores ont été utilisés en politique pour affirmer avec mesure, pour dire tout et son contraire, par peur du conflit. L'oxymore n'est pas une idée, puisqu'il porte en lui sa propre contradiction censée atténuer la force d'un concept qu'on estime trop fort pour créer l'unanimité. L'oxymore minimise les risques et la pensée avec. C'est le langage consensuel par excellence, qui se donne des allures de posture forte et déterminée. En pub comme en politique, on se projette dans une réalité sublimée et dans la possibilité d'un rêve commun ou individuel. Les grandes « marques » politiques doivent retrouver un langage clair et direct, franc et sincère, qui les rapprochera de leur public et de leurs objectifs dont elles semblent aujourd'hui si éloignées.

Une marque doit proposer en permanence, tout comme un homme politique ne peut se permettre de ne rien dire, de ne rien proposer, de ne pas s'engager.

Voilà pourquoi je pense que, si on peut considérer les hommes politiques comme des marques, leurs idées peuvent être apparentées à leurs produits.

Car, oui, une idée politique est un produit qui se lance, qui se « markete », qui se communique. Elle peut être tendance ou dépassée, « hype » ou ringarde. On peut l'acheter ou la rejeter, on peut même la conseiller à des amis et tenter de les convaincre qu'elle est bonne pour eux. On peut se l'approprier et la consommer tous les jours, parfois pendant des années. Et puis, le jour où elle ne nous convient plus ou lorsqu'une nouvelle idée plus brillante vient lui faire de l'ombre, on la laisse tomber pendant un temps, parfois pour toujours. Le consommateur est par essence infidèle. Il est tellement tenté et sollicité chaque jour qu'il lui faudrait faire montre de chasteté commerciale pour ne pas se laisser séduire par le chant des sirènes. Il est infidèle car il veut toujours ce qu'il y a de meilleur pour lui, et car les marques lui font bien comprendre que l'herbe est plus verte ailleurs. « On vous rembourse deux fois la différence si vous trouvez moins cher ailleurs », « 30 % moins cher que votre marque habituelle », « Quittez votre opérateur en un clic »... Les tentations sont grandes, comme en politique, où les indécis et abstentionnistes sont encore très nombreux, devenant la cible la plus convoitée par les candidats. À l'inverse des grandes marques de consommation, il est plus facile de recruter que de fidéliser. Même si le score des dernières élections présidentielles de 2007 laisse présager un regain d'intérêt des Français pour la politique, il reste encore un grand nombre d'électeurs à séduire. Et tous les moyens sont bons. On se sert aujourd'hui d'Internet à la fois pour communiquer, mobiliser, adhérer, fidéliser et créer le buzz.

> En pub comme en politique, on se projette dans une réalité sublimée et dans la possibilité d'un rêve commun ou individuel.

Et les partis politiques dans tout ça ?

Les partis agissent exactement comme les grandes enseignes de distribution.

Ce sont eux qui régulent, organisent, planifient et mobilisent les forces pour donner un rythme de vie politique aux adhérents. Le parti agit comme une boîte à idées, armé d'une idéologie et d'un système de valeurs qui doit toujours être en avance sur son temps et éclairer le chemin. Un parti au pouvoir doit se situer à côté du gouvernement et avoir les yeux qui regardent au loin, comme une vigie, pour trouver et défricher les solutions qui permettront au pouvoir en place de répondre au bénéfice électeur. Tout comme l'enseigne de distribution va permettre aux marques du même bord – qu'on appelle marques distributeurs – de mettre en scène et de lancer leurs produits qui vont séduire les consommateurs. Ces distributeurs d'idées politiques que sont les partis utilisent les mêmes techniques promotionnelles et de fidélisation, allant jusqu'à proposer des réductions sur le prix de l'adhésion sur Internet. C'est de la promo à l'ancienne : « Si vous vous abonnez maintenant sur le Web, vous bénéficierez d'une réduction de 20 % sur le montant de l'adhésion et si vous parrainez un nouvel adhérent, vous recevrez en bonus une photo dédicacée de notre secrétaire général, un T-shirt (100 % coton, 10 % synthétique), et un accès privilégié à tous nos meetings en carré VIP + place de parking assurée, en fonction de la limite des stocks disponibles après acceptation du dossier par notre comité d'adhésion. » Je plaisante à peine.

Alors oui, il faut assumer que la politique soit un métier de grandes marques, de produits créatifs, de grands distributeurs aux techniques de communication précises, pointues, affûtées.

Mais n'oublions pas que le monde politique doit avant tout s'apparenter à un monde de valeurs. Je sens déjà grincer quelques dents à la simple évocation de ces deux mots qui semblent contradictoires pour certains, mais si essentiels pour d'autres.

Il n'est en effet pas possible de faire, de penser et d'agir en politique sans un système de valeurs fondamentales qui déterminent votre parcours. Comment imaginer qu'on puisse sacrifier toute sa vie au service de ses concitoyens pour le seul « appât du gain » et des « combines entre initiés » ? Si les mauvais exemples existent dans tous les domaines, ce n'est pas une raison pour abonder dans le sens du cliché « tous pourris ». Nous considérerons ici celles et ceux qui se lèvent chaque matin avec la volonté de servir « et non de se servir ».

notre politique: changer la vie
et tendre la main
et si on changeait de main?

Les partis politiques ont-ils une Authentique Différence Naturelle ?

On entre en politique comme on entre en religion, avec des croyances et des valeurs. On devient un homme politique quand on a pu montrer à ses militants à quel point on savait respecter ces valeurs fondamentales tout en réinventant sans cesse l'idéologie du parti. On peut par exemple être gaulliste et vouloir en même temps se détacher de quelques valeurs pour les faire muter en fonction de l'époque et des mentalités. On peut être socialiste et considérer que le social-libéralisme, voire le centrisme, est une issue pour le parti. Le gaullisme n'est-il pas une façon de s'opposer, de dire non ? N'est-il pas une forme de rupture et de refus de la fatalité ? Le socialisme n'est-il pas une façon de considérer l'homme au cœur de la société et de toute préoccupation ? N'est-il pas une volonté de changer la vie et de s'adapter à toutes ses évolutions ? Les procès en incohérence et en blasphème intentés par les « dinosaures » de chaque courant de pensée sont la preuve que la politique doit être une matière vivante et protéiforme, fluide, non inerte, produisant des idées pour améliorer notre quotidien. On peut déterminer le système de valeurs fondamentales qui régissent son évolution. Ces valeurs génétiques se transmettent et évoluent à travers le temps en fonction des influences qu'elles traversent. Elles génèrent à terme une Authentique Différence Naturelle qui va aider les différents courants à se distinguer les uns des autres pour créer la différence et la préférence. L'ADN du PS est en effet différent de celui du PC, de l'UMP, du Nouveau Centre, du Modem et de n'importe quel autre parti. Tentons simplement de décrypter les gènes des deux partis les plus importants de l'échiquier politique français pour voir si cette démarche a un sens ou non.

NDLA : sans réponse à mes demandes d'interview au moment de la mise sous presse de cet ouvrage, aucun entretien avec un responsable du PS n'a pu y figurer.

L'empreinte génétique

« C'est en poussant à bout le mouvement économique que le prolétariat s'affranchira et deviendra l'humanité » (Jean Jaurès).

L'Authentique Différence Naturelle du PS

Gène leader : la révolution

La volonté du parti socialiste a toujours été de proposer des idées qui révolutionnent la vie des gens. L'idéologie socialiste part d'une posture créative et imaginative qui vise une transformation de la société.

L'homme au centre des préoccupations

Le projet de société socialiste place l'homme au cœur du débat et des préoccupations et considère qu'il est au début et à la fin de toute chose et de toute proposition.

Justice et égalité sociale

L'idéologie socialiste envisage l'égalitarisme comme fondement social. Tout le monde doit avoir la même chance de réussir, et ce quel que soit son point de départ dans la vie.

Concept génétique

« Changer la vie. »

LE GÉNOME DU **PARTI SOCIALISTE**

L'EMPREINTE GÉNÉTIQUE

«C'EST EN POUSSANT À BOUT LE MOUVEMENT ÉCONOMIQUE QUE LE PROLÉTARIAT S'AFFRANCHIRA ET DEVIENDRA L'HUMANITÉ» (JEAN JAURÈS, L'HISTOIRE DU SOCIALISME)

AUTHENTIQUE DIFFÉRENCE NATURELLE

CONCEPT GÉNÉTIQUE : CHANGER LA VIE.

L'empreinte génétique

« *L'action, ce sont les hommes au milieu des circonstances* » (Général de Gaulle).

L'Authentique Différence Naturelle de l'UMP

Gène leader : rupture et libération

Héritier génétique du RPF, parti du général de Gaulle créé en 1947, puis du RPR fondé par Jacques Chirac en 1976, l'UMP a changé de signification entre l'élection de 2002 et le mandat présidentiel : l'« Union pour la majorité présidentielle » est devenue « Union pour un mouvement populaire ». L'évolution patronymique des initiales n'en a pas modifié les valeurs fondamentales de rupture avec l'immobilisme et la fatalité, et de volonté de libérer la France des carcans qui l'empêchent d'avancer, de respirer et d'évoluer.

La reconstruction

Depuis de Gaulle jusqu'à Sarkozy, l'idée de « reconstruction » a toujours été l'un des fondamentaux du parti de droite. Après l'occupation pour l'un, après l'immobilisme pour l'autre.

L'équité sociale

À l'inverse de l'égalitarisme, l'équité sociale propose d'aider chacun plutôt que tous. Il faut aider davantage ceux qui partent avec un handicap pour que chacun ait sa chance.

Concept génétique

« La France d'après. »

LE GÉNOME DE UMP

L'EMPREINTE GÉNÉTIQUE

«L'ACTION, CE SONT LES HOMMES AU MILIEU DES CIRCONSTANCES.» (GÉNÉRAL DE GAULLE)

AUTHENTIQUE DIFFÉRENCE NATURELLE

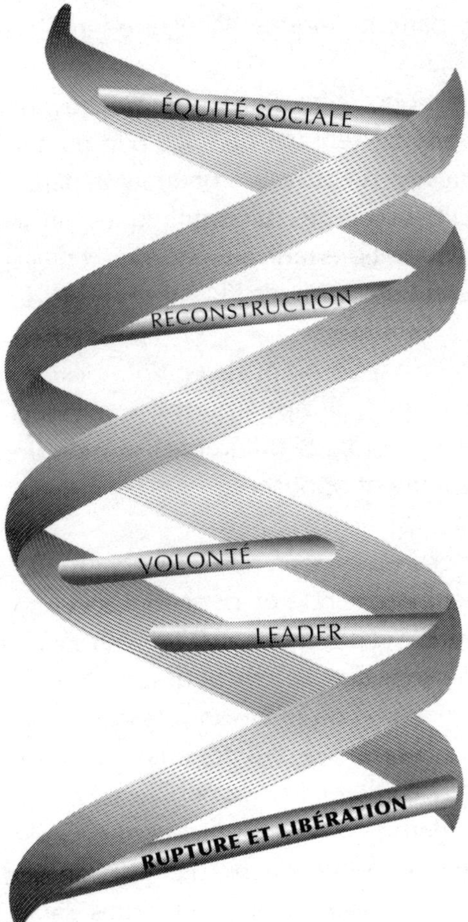

CONCEPT GÉNÉTIQUE : LA FRANCE D'APRÈS.

Je suis sûr que cette expérience ne manquera pas de susciter des discussions sur tel ou tel gène qui fait défaut ou tel gène en trop. Mais s'il y a débat, c'est qu'il y a un intérêt et un sens. Je n'ai ni la prétention ni l'ambition de définir de façon certaine et définitive l'ADN des partis que je cite dans cet ouvrage. Je rappelle à toutes fins utiles que cette expérimentation tente d'approcher les contours d'une vision génétique des marques sans y apporter de preuve scientifique tangible. Il s'agit juste un prisme qui permet d'approcher l'évidence.

Dans le cas des partis politiques, l'allégorie semble fonctionner.

Les partis sont toujours créés par des hommes ayant une vision et un projet. Ils ne naissent pas de nulle part ou par hasard. Ils ont un déterminisme propre et un phénotype particulier. Si on faisait un portrait chinois des partis politiques, on serait surpris de constater les évocations radicalement différentes qui existent entre la représentation du PS, de l'UMP, du PC et du MODEM.

Si le phénotype est à ce point divergent, c'est que le génotype l'est forcément. Voilà pourquoi il y a autant de partis différents que d'idéologies différentes et de valeurs fondamentales radicalement opposées.

Si l'on accepte ce principe, on peut alors conseiller à certains partis politiques de s'y référer pour tenter de comprendre pourquoi on adhère et pourquoi on ne s'y retrouve plus. Le PS, par exemple, paraît avoir totalement déserté son camp depuis 2000. Il est devenu inaudible et son message semble ne plus correspondre aux attentes de ses adhérents. Guerres d'ego en tout genre, guerre de Ségo, le PS a oublié que ce sont les électeurs qui ont le dernier mot. Il me fait un peu penser à Bruce Willis dans le film *Le Sixième Sens*, de Night Shyamalan. Tout le monde sait qu'il est mort depuis longtemps, sauf lui.

Plus d'idées, plus d'idéologie. Quel gâchis !

J'ai eu la chance de connaître le PS au moment où il était l'exemple à suivre de la classe politique. Il avait une organisation précise et des porte-parole aussi brillants que pertinents. Leurs idées sonnaient juste et avaient des années d'avance sur leurs concurrents directs. Ils incarnaient cette nouvelle société souvent rêvée mais jamais réalisée, que les nouvelles générations appelaient de leurs vœux. Chez RSCG, autour de Jacques Séguéla et Jacques Pilhan, j'ai fait partie de l'équipe de campagne de « Génération Mitterrand » en 1988. Avec Richard Raynal, le plus grand créatif français des années 1980, Olivier Mouliérac, mon compère des débuts, et l'incomparable Simone Gilbert, productrice fiable et infatigable, nous avons côtoyé le PS au mieux de sa forme. Ma participation s'est limitée à l'élaboration d'une campagne financée par le chanteur Renaud, qui voulait inciter Mitterrand à se représenter, après une rumeur contraire. Sur une boutade, j'ai lancé : « Tonton, laisse pas béton. » Cette boutade a

fini en pleine page des quotidiens nationaux, signée par Renaud sur une annonce presse illustrée de sa photo.

Le slogan fut repris par les étudiants et les chansonniers de l'époque, ce qui en assurait le succès.

Car il était bien question de gènes et de génération.

La « Génération Mitterrand » ne s'adressait pas aux jeunes socialistes mais aux jeunes Français en général. Cette génération, c'était la nôtre. C'était la mienne. Bien que déjà très proche de Nicolas Sarkozy, j'étais totalement conquis par ce mouvement, dont j'allais me détacher quelques années plus tard, déçu du résultat.

Depuis, de l'eau a coulé sous les ponts et « Présider autrement » – qui était pourtant un bon slogan, mais pas pour le premier tour ! – a fini par achever les ambitions de Lionel Jospin qui a retiré le PS de la vie politique. Le parti ne s'est jamais remis de ce problème d'ego. Depuis, il est devenu un repère d'egomaniaques. Les ego s'y succèdent, mais pas les idées.

On pourrait refonder le PS en partant de son ADN et tenter de faire une thérapie génique. Cela l'aiderait à se réinitialiser en s'appuyant sur un système de valeurs qui fasse comprendre aux jeunes militants ce qu'être socialiste veut dire aujourd'hui en France. Il pourrait déjà commencer par changer la main du logo, la gauche au lieu de la droite, la rose serait ainsi tournée vers l'avenir.

« Changer de main, pour changer demain ».

Dominique Strauss-Kahn fit un aveu terrible au sujet la campagne « Imaginons la France d'après » que j'avais conçue pour l'UMP en avril 2006 : pour lui, « c'était un concept de gauche » ou plutôt, « un concept socialiste » !

Le PS en a rêvé, Sarkozy l'a fait.

Cet aveu d'impuissance est un signe qui montre le décalage fondamental qui existe aujourd'hui entre la marque (Parti socialiste), ses produits (son projet, ses idées) et son public (ses électeurs, les journalistes). Le résultat des élections européennes en juin dernier n'a fait que confirmer cette déliquescence.

Certaines personnalités socialistes pensent que le PS est mort et qu'il faut inventer une nouvelle marque. Avant de l'enterrer, il faut tout tenter pour le sauver. L'UMP a d'ailleurs besoin d'un PS fort. Plus les deux principaux partis sont forts, plus l'idée de démocratie est forte. Plus un des deux partis est faible, moins la diversité d'opinion peut se faire entendre.

Note de l'auteur : Le Parti Socialiste a été contacté à plusieurs reprises afin de solliciter l'interview d'un de ses dirigeants. Malheureusement, sans retour de leur part au moment du bouclage, aucune interview n'a pu figurer dans cet ouvrage.

Pour le parti de droite, le moule est à chaque fois réinventé par son nouveau leader. C'est un parti fait sur mesure par et pour son géniteur.

L'UMP a un problème radicalement différent. Historiquement et génétiquement, le « parti de droite » est une marque qui a toujours été au-dessous des hommes qui l'ont dirigée. De Gaulle, Chirac et Sarkozy, pour ne parler que des plus illustres, ont toujours eu une notoriété supérieure – et rarement égale – à celle de leur parti. C'est ce qui les distingue du PS, qui a toujours été une marque forte et qui était le gardien du temple et des valeurs. Chaque dirigeant du PS s'est fondu dans le moule en essayant de se différencier. Mit-

alors on a eu : RPR, UDF, RPF, UMP...
ça nous donne quelques lettres qui marchent bien...
Pour le prochain parti de droite je propose UPR ou FPU
oui... et ça veut dire quoi ?
qu'est-ce qu'on s'en fout ?

terrand est celui qui a fait exploser le système en prenant la tête du parti lors du congrès historique et hystérique d'Épinay en juin 1971, alors qu'il n'avait même pas la carte du PS !

Pour le parti de droite, le moule est à chaque fois réinventé par son nouveau leader. C'est un parti fait sur mesure par et pour son géniteur. Une machine de guerre électorale qui sert le chef. Voilà pourquoi les partis ont tellement de mal à mobiliser leurs troupes et à recruter de nouveaux adhérents en dehors des périodes électorales. La vie d'un parti devrait pourtant se régler comme dans la grande distribution, sur un calendrier d'action qui se divise en 12 comme les douze mois de l'année. Ce calendrier est fixé d'une année sur l'autre pour donner le rythme et faire en sorte que les marques puissent s'adapter aux temps de promotions et autres actions commerciales. Certes, on n'attend pas de la politique qu'elle fasse des soldes, même si certains partis sont au bord de la liquidation avant fermeture. Néanmoins, la déperdition est énorme et on doit redoubler d'efforts à quelques mois des élections pour rameuter les troupes, ce qui coûte cher et demande beaucoup d'énergie. Les partis savent recruter, mais pas fidéliser. Ils savent mobiliser, mais pas de façon pérenne. Il suffit de constater la différence entre le nombre d'électeurs à la veille du scrutin de mai 2007 et en mai 2008, soit un an plus tard, pour s'apercevoir de l'érosion.

L'UMP a aussi un problème d'incarnation quand elle soutient le pouvoir en place. Pour la majorité des Français, l'UMP est le parti de Nicolas Sarkozy, quelle que soit la signification des initiales U, M et P. Il en était le président de 2004 à 2007 avec 300 000 militants ayant adhéré au projet de la France d'après.

Aujourd'hui, le nombre d'adhérents a baissé mécaniquement et évoluera au moment des prochaines échéances électorales.

L'idéologie et les valeurs viennent toujours du chef ; ses lieutenants relaient ensuite le message de façon organisée. Il y a des discussions et des avis différents qui montrent la diversité du parti, mais le chef, au final, n'est pas contesté. C'est ce qui fait sa force pendant les scrutins, et sa faiblesse hors scrutin. La transmission du témoin se fait plus facilement qu'au PS car la cohésion est aujourd'hui plus forte qu'avant. Mais cet équilibre est, on le sait, précaire, et tout peut basculer si les courants remettent en question la direction, comme c'est le cas au PS.

La communication est aussi mieux gérée et les porte-parole travaillent en parfaite maîtrise pour éviter les décalages et les couacs. Frédéric Lefebvre en est l'exemple, tant il maîtrise ses sujets, ses cibles et les techniques de communication.

Le test ADN de Nicolas Sarkozy

Il y a donc bien un héritage et une filiation entre les partis et les hommes politiques. Ils impriment un peu de leur ADN sur le parti. Ces gènes communs sont les témoins et garants de la transmission des valeurs fondamentales. Si on se risque à décrypter l'ADN de Nicolas Sarkozy, on y retrouvera de nombreux gènes communs à de Gaulle, Chirac et autres ténors politiques dont il a croisé la route. Une grande partie de son ADN vient évidemment de son propre patrimoine génétique qui a fait de lui l'homme qu'il est devenu.

Le génome de Nicolas Sarkozy

Empreinte génétique

« Le pire risque, c'est celui de ne pas en prendre » (Nicolas Sarkozy).

Gène leader : la rupture

Nicolas Sarkozy incarne une « rupture » – de fond, de forme, de ton et de style – qui le distingue des autres. Cette rupture apparaît aussi bien sur son génotype que sur son phénotype. Il rompt avec les habitudes des leaders politiques traditionnels issus de l'ENA et des grands corps de l'État. Avocat de formation, il veut ouvrir la vie politique à la société civile pour y apporter plus de réalisme et de prise directe avec la vraie vie des gens. Il incarne l'homme politique d'après.

Le courage

Certains le surnomment « Sarkozyx », en référence à ce valeureux Gaulois au mauvais caractère qui a toujours un combat d'avance. Son courage est sa potion magique, son moteur de vie. Il s'est battu pour arriver là où il est. On ne lui a « rien donné », il a dû tout conquérir avec force et abnégation. Cette énergie fait partie de son quotidien et le pousse à affronter des situations périlleuses et des adversaires redoutables pour défendre ses idées. Il adopte la « stratégie du cyclone », qui consiste à toujours aller au cœur d'une situation problématique. Le cœur du cyclone est souvent l'endroit le plus calme. Il a un grand courage physique et se met en danger en en assumant les conséquences. Parfois sacrificiel, son courage impressionne et force le respect de ses adversaires. Devant chaque étape déterminante de sa carrière, contre toute apparence, il sait rester calme, serein mais déterminé. Il a le courage de ses opinions. Il a toujours des convictions, jamais de certitude. Il apprécie la concurrence comme un mode de vie.

La sincérité

« Je vais vous le dire comme je le pense » est sa phrase favorite. La ligne droite lui paraît souvent trop longue et il aime adopter un style franc et direct. Il parle « vrai ». Il n'y va pas par quatre chemins pour exprimer une idée ou une opinion, ce qui a tendance à gêner certains anciens habitués de la langue de bois. Son discours et sa sémantique, pourtant très élaborés, sont compréhensibles par tous. Il préfère parler au cœur plutôt qu'à la tête. Il s'adresse à chacun plutôt que de parler à tous.

La volonté

Nicolas Sarkozy a une volonté inébranlable de lutter contre l'immobilisme et les freins qui bloquent la société française. Qui veut, peut. Pour lui, avec de la volonté, « tout devient possible ». Il milite pour le mérite, la réhabilitation du travail, la juste récompense des efforts de chacun et la promotion sociale.

La liberté

La liberté est une valeur génétique de la droite républicaine et de la pensée sarkozienne. Nicolas Sarkozy veut se sentir libre de penser, d'agir et de parler de tous les sujets, avec tous les interlocuteurs, qu'ils soient d'accord avec lui ou non. La libre-pensée qui l'habite lui permet une ouverture d'esprit sans limite ainsi qu'un respect de toutes les différences idéologiques, ethniques, religieuses ou sociales. Sa volonté d'indépendance lui permet de créer son propre sillon et d'imposer son rythme à son parti.

L'engagement

Nicolas Sarkozy n'envisage pas de parcours sans engagement sincère et total. Il refuse de faire les choses à moitié ou de s'arrêter en cours de route. Son enthousiasme débordant le pousse parfois à dépasser certaines limites et à sortir du cadre, plus sur la forme que sur le fond. Ses détracteurs prennent son engagement pour de l'agitation, de l'impatience et de l'hyperactivité. Il croit fondamentalement que les Français souffrent de « pas assez de politique ». Si les Français l'ont choisi, il prend les choses en main et assume seul les responsabilités. L'hyperexposition est le prix à payer d'un engagement total.

Le refus de la fatalité

Comme François Mitterrand, il est certain que l'avenir sourit à ceux qui croient en l'avenir. Éternel optimiste, il voudrait que les Français regardent le verre à moitié plein. Il pense qu'un temps fort succède toujours à un temps faible.

Concept génétique

« Tout devient possible. »

Quand on regarde de près l'ADN de Nicolas Sarkozy, on obtient une grille de lecture qui donne des explications sur les raisons de son élection en 2007. La fameuse rencontre entre les Français et un citoyen candidat se place aussi au niveau de ce système de valeurs. En effet, on correspond à un moment donné à une attente profonde et c'est non pas le plus convaincant qui l'emporte, mais tout simplement celui dont le système de valeurs est le plus proche de ses concitoyens. « La fracture sociale » pour Chirac, « la rupture » pour Sarkozy. Ces valeurs partagées influencent la décision des électeurs. Il en va de même pour les consommateurs vis-à-vis des marques. Dans notre société changeante et fluide, les consommateurs reprennent la main en profitant du système. Ils vont là où réside leur intérêt, devenant ainsi des infidèles professionnels.

Nicolas Sarkozy a souffert d'une image de « traître » qui lui a collé à la peau de façon injuste pendant plusieurs années. En politique, la trahison est un acte de succession forcé qui s'impose naturellement devant la volonté des anciens de ne pas transmettre le flambeau. C'est l'art de trahir sans se trahir. En politique, comme dans tous les systèmes de pouvoir, ce sont toujours les pères qui tuent les fils.

LE GÉNOME DE **NICOLAS SARKOZY**

L'EMPREINTE GÉNÉTIQUE

«LE PIRE RISQUE, C'EST CELUI DE NE PAS EN PRENDRE.»

AUTHENTIQUE DIFFÉRENCE NATURELLE

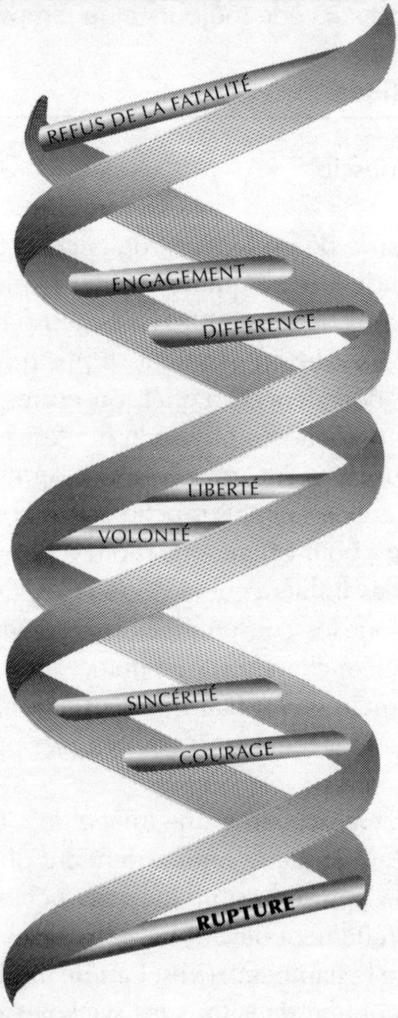

CONCEPT GÉNÉTIQUE : TOUT DEVIENT POSSIBLE.

Même si tout n'y est pas parfait, l'UMP devrait pour une fois servir de modèle au PS afin que ce dernier opère une refondation génétique. Le débat démocratique aurait du mal à se remettre d'une disparition aussi tragique que celle du PS, si jamais elle survenait. Les tentatives de rapprochement avec le Modem de François Bayrou semblent absurdes d'un point de vue génétique, même si on peut les comprendre d'un point de vue électoral. C'est une mutation risquée pour le PS, car elle n'est pas dictée par les adhérents dans l'ensemble, mais par deux ou trois dirigeants. Ce « New PS » risque la même mésaventure que le New Coke, le mauvais goût en moins. Ce sont ce genre de manœuvres opportunistes qui font perdre les électeurs, qui ont besoin de se retrouver sur des valeurs sincères et fortes.

Interview Frederic Lefebvre, député, porte-parole de l'UMP

Frank Tapiro – Un homme politique est-il une marque ?

Frédéric Lefebvre – Il l'est et il ne l'est pas en même temps. Un homme politique cherche des électeurs comme un écrivain cherche des lecteurs ou un commerçant cherche des clients potentiels. Il doit rester à l'écoute, il est porteur de messages qui sont en réalité structurants pour la vie de ses futurs électeurs. Pour éviter de fluctuer en permanence, il faut une ligne forte. Les vraies stars, les vraies marques politiques sont ceux qui voient loin, qui anticipent. J'en connais un que tu connais bien… La vraie star politique sait voir loin sans avoir besoin pour autant de longue-vue pour être en permanence en prise avec les réalités du moment.

FT – Les vraies marques politiques ont-elles un déterminisme ? Improvisent-elles ?

FL – Certains improvisent sans savoir où ils vont. Ils n'emmènent personne derrière eux et leur carrière est souvent courte. Les marques qui entrent dans l'inconscient collectif sont celles qui font partager de vraies convictions, un idéal et du sens. Je crois que c'est ça la politique.

FT – Les marques politiques ont-elles une Authentique Différence Naturelle ?

FL – À l'UMP, il y a une ADN et une histoire. Il y a beaucoup plus de rassemblement aujourd'hui qu'a l'époque du général de Gaulle. Aujourd'hui, l'UMP rassemble autour d'elle des formations qui s'opposaient depuis toujours, comme la famille centriste et la famille gaulliste en particulier ! Une seule marque est aujourd'hui dépossédée de ses gènes, c'est le Modem. Il y a là un paradoxe. François Bayroux croyait tellement en lui qu'il a pensé qu'il pouvait se débarrasser impunément de ses gènes. Ses gènes ont donc trouvé le moyen de se développer ailleurs, à l'UMP par exemple ou au nouveau centre. Celui qui aurait dû être l'héritier de Giscard est à la tête d'un parti de gens réactionnaires. Voilà pourquoi il lui est si difficile de fédérer au moment des élections.

FT – Les grandes marques sont hybrides, issues de mélanges. L'évolution politique peut-elle se réaliser grâce à des mélanges et au concept d'ouverture ?

FL – Quand on étudie les partis politiques, on s'aperçoit que certains sont attachés à des dogmes et d'autres à une méthode, du pragmatisme. Quand on compare la famille gaulliste et le parti socialiste, on comprend pourquoi ce dernier est dans l'incapacité totale de trouver un nouveau souffle. Ils ont montré dans toute l'Europe que leurs idées ne marchaient pas. Ils supportent donc une marque vide. L'évolution se fait dans une sorte de melting-pot. Pour trouver un sens, il faut toujours rester fidèle à l'origine, aux gènes, à la marque de fabrique. C'est ce que nous faisons à l'UMP, c'est le produit du rassemblement de forces politiques qui pensent autrement. Le président a rajouté l'« ouverture » au patrimoine génétique de départ. Cela permet d'attirer des gens qui travaillent au sein du gouvernement tout en partageant des valeurs différentes. Frédéric Mitterrand, c'est l'ouverture aux hommes de gauche de cœur plutôt qu'à une gauche partisane en pleine déliquescence. La gauche de cœur qui porte des valeurs se trouve aujourd'hui aux côtés de Nicolas Sarkozy. La gauche qui ne porte rien, qui ne respecte ni le travail ni la mémoire de Jean Jaurès, est exsangue et est en train de disparaître. Un héritage ça se respecte. Lors de la dernière réunion parlementaire au Palais de Versailles, le mot d'ordre socialiste intimait de ne pas réagir. À la fin du discours du président, emprunt d'humilité et de main tendue, beaucoup ont finalement applaudi en bravant les consignes. Ils ont compris que la marque « majorité présidentielle » est plus large que notre formation politique. Nicolas Sarkozy est convaincu depuis toujours qu'on ne fait rien tout seul. Ils ont compris que ça se passait là et plus ailleurs. Les électeurs ont compris la même chose, les derniers résultats aux européennes le prouvent.

FT – Penses-tu que le bénéfice-électeur réside dans un rapport de valeurs ?

FL – Il y a beaucoup d'électeurs de l'UMP qui ont voté pour Europe Écologie. L'intelligence de Cohn-Bendit a été de ne pas faire d'anti-sarkozysme primaire ou de politique politicienne. Il a parlé d'Europe et d'écologie. Pourtant, dès le lendemain de l'élection, il a parlé de front anti-sarko pour 2012. Je l'ai prévenu sur le fait qu'une marque qui réussit avec une promesse ne peut pas en changer une fois qu'elle a été choisie, sous peine de trahir ses électeurs et d'hypothéquer ses chances pour l'avenir. Il faut faire attention à ce que certaines victoires ne durent pas uniquement le temps d'une élection si on trahit ses valeurs.

FT – Que penses-tu des différences fondamentales entre l'ADN de l'UMP et du PS ?

FL – Dans une démocratie, on a besoin d'une opposition et d'une alternative crédible. Ce n'est jamais sain que les électeurs aient le sentiment qu'il n'y a pas d'autre solution. Au sein de notre famille, il y a souvent des désaccords, et cela nous permet de créer le débat. Au PS, l'ADN a disparu, c'est l'encéphalogramme plat. La tradition est collectiviste, il y a un parti, une idéologie, pas une tête ne doit dépasser, tout le monde a le même mouvement. C'est totalement inadapté à l'époque. Par exemple, prenons un sujet qui était un domaine de prédilection de la gauche : la culture. Ils préfèrent s'opposer à des idées qui pourraient être les leurs, comme Hadopi, car ils n'assument pas le fait d'être d'accord avec la majorité présidentielle. Certains leaders d'opinion de gauche ne comprennent plus le message de ce parti qui s'est coupé de sa base et de son ADN. Tout le monde doit se mettre en rang derrière une position, sans même avoir de leader. Chez nous, le leader est incontesté. Il a néanmoins besoin de débat et d'ouverture. Il va donc chercher des gens qui viennent d'autres univers. Ça crée une majorité en mouvement face à une gauche qui a les pieds dans la glaise et le conservatisme.

FT – Que ferait Frédéric Lefebvre s'il était missionné pendant un an pour réinitialiser l'ADN du PS ?
FL – J'essaierai de prendre exemple sur l'UMP sans me tromper d'élément de référence. C'est un peu malheureusement ce qu'ils font aujourd'hui. Ils oublient que nous avons fait de très nombreuses conventions sur tous les thèmes qui intéressent les Français, l'éducation, la politique étrangère, l'immigration, le sport, la sécurité... On a demandé à tous les experts de toutes les tendances politiques de venir travailler avec nous. De nombreuses personnalités de gauche ont avoué que « l'UMP est le seul endroit où l'on réfléchit ». Il faudrait que les socialistes réfléchissent sans rester entre eux, en allant chercher des gens et des idées d'autres univers et d'autres sensibilités. Il ne faut pas être sectaire et savoir discuter avec des gens qui ne sont pas d'accord avec vous. Ils font de la politique à l'ancienne. Être moderne, c'est préparer l'avenir sans jamais oublier le passé.

FT – Peux-tu me résumer les valeurs fondamentales de l'ADN de l'UMP ?
FL – La liberté, la justice, l'équité. Le travail est une valeur acquise très importante. C'est un gène et une valeur traditionnellement de gauche qui a été abandonnée. Le PS veut libérer les gens du travail. Ils sont passés à côté de la réalité de la vie. C'est le travail qui nous permet de nous rendre utiles et de laisser une trace.

FT – Que penses-tu de la faculté d'anticiper et d'imaginer la France d'après ?
FL – C'est l'UMP qui lance les débats. C'est nouveau. C'est la première fois qu'on voit un parti politique qui ne soit pas dans le soutien à l'action du gouvernement mais plutôt dans la discussion, voire la critique. L'UMP joue parfois le rôle d'opposition face au désert de la gauche. Il y a toujours du débat, parfois même un trop-plein. Nous avons voulu par exemple le plafonnement global des niches fiscales pour empêcher que des gens très riches ne paient pas d'impôts. C'était une véri-

table injustice. Nous avons créé le débat qui a suscité de vives discussions dans nos rangs et avec nos compétiteurs. Nos désaccords et échanges contradictoires ne nous empêchent pas d'avancer et d'aboutir. Anticiper le débat nous a permis de faire une proposition de loi qui a rassemblé une majorité d'UMP, de PS et de centristes. À l'époque, le général de Gaulle ne souhaitait pas exactement ce genre de débat. Nicolas Sarkozy est en rupture sur ce point. C'est la tragédie du PS et du MODEM qui n'ont pas évolué avec les citoyens et la réalité de notre société. Nous sommes résolument ancrés dans la modernité. Sur le thème du congé de maladie, j'ai été contraint de retirer la caricature de mon amendement. Bien sûr que je reviendrai sur un thème aussi important. C'est un sujet de société d'aujourd'hui. Comme l'adaptation au télétravail. La moyenne européenne est de 13 % alors que la France est à 6 % ! Le télétravail, ça veut dire moins de bureau, moins de transports, des habitations plus grandes. C'est une adaptation à la vraie vie et des sujets essentiels qu'il faut porter pour demain. Tu verras que cette idée verra le jour. L'UMP doit distribuer les sujets de demain.

FT – Certaines idées ont raison trop tôt. L'environnement et le timing n'étaient peut-être pas les bons ?
FL – Tu as raison. Je n'ai pas choisi le moment. J'ai réagi face à un texte sur le télétravail plutôt que d'initier et de porter le débat. Une des caractéristiques essentielles de l'UMP est de ne pas avoir peur des tabous et de lancer les débats. Aller loin en étant toujours fidèles à nos valeurs. Nous ne nous mettrons pas les jeunes à dos avec Hadopi, car ils comprendront que des artistes ne peuvent continuer à créer et travailler sans salaire. C'est impossible. La méthode compte : regarder demain et avoir du courage de défendre ses valeurs.

FT – Si Nicolas Sarkozy est une marque, quelle est son ADN ?
FL – Tout d'abord, le respect de la différence. Il l'a en lui. Ils ne sont pas nombreux en politique à la porter. Ensuite, la réussite. Chaque Français y a droit. Il sait aussi que beaucoup

de gens travaillent sans avoir la réussite au bout. C'est une injustice qu'il veut réparer. Tout cela fait le Nicolas Sarkozy qu'on connaît avec un leitmotiv : tout devient possible.

FT – « Tout devient possible » comme refus de la fatalité ?
FL – Il est enfant d'immigré, aucun de ses parents n'avait fait de la politique. Dans son parti, on considérait qu'il gênait souvent. S'il avait cru à la fatalité, il aurait fait un autre métier. Il aurait pu écrire. Il a déjà écrit des livres, des scénarios, des chansons. Il s'est dit qu'il voulait réussir, être le premier dans sa formation politique et devenir président. Aujourd'hui, il lance le pari fou de changer la France, avec toute son énergie, et le plus vite possible car on n'a pas le temps d'attendre. Il a du courage à revendre, il ne laisse pas tomber quelqu'un en danger.

L'Europe est-elle une marque ?

Né après le traité de Rome en 1957, le rêve européen semble ne pas avoir réussi à devenir un grand rêve populaire. Cette marque qu'on essaye de lancer et relancer depuis plus de cinquante ans n'a toujours pas trouvé son public. Cela s'explique par des raisons politiques et historiques, mais aussi par des raisons génétiques.

Depuis de nombreuses années, l'Europe marche à côté de ses fondamentaux. Elle partait certes avec des contraintes : différence de langues, de cultures, d'histoire, d'intérêts. Elle devait assurer la paix et incarner « le continent des matins calmes » (Guillaume Klossa). Si elle a réussi sur ce point – notamment grâce à la zone de libre-échange commercial qui permit aux ennemis d'hier de devenir les partenaires commerciaux de demain –, elle n'est pas devenue un rêve commun, une identité commune.

On ne peut avoir d'identité commune si on ne partage pas les mêmes valeurs. Et cela ne se décrète pas. Cela se construit

Oui Sidi ?
Votre tapis authentiquement persan, il est "made in Europe"
Oui Sidi
c'est de la marque !
c'est pour préparer l'entrée dans l'Union

avec le temps et de l'énergie. Au lieu de cela, on a confié l'Europe à des technocrates qui en ont fait un projet abscons, déshumanisé, dans lequel personne ne peut se reconnaître. Il n'y a pas de mode d'emploi, pas de bénéfices clairs connus et reconnus par tous. Pour beaucoup, l'Europe est synonyme de pouvoir d'achat en baisse et d'augmentation des prix à cause de l'euro. Pourtant, plus de 60 % des lois qui régissent notre vie quotidienne sont votées au Parlement européen. S'il n'est pas un rêve, le projet européen est au minimum une réalité. Si un parlement doit représenter un peuple, on peut légitimement se poser la question de savoir s'il existe un peuple européen. Je ne pense pas qu'il existe encore aujourd'hui, même si la jeune génération semble en avoir initié les bases. Quand on regarde les premiers mots de la constitution rejetée de 2004, on peut lire : « Inspirée par la volonté commune des citoyens et des États… » On aurait préféré qu'elle commence par : « Nous, peuple d'Europe… » La Constitution américaine débute par « We the people… », ce qui clarifie d'emblée l'émetteur du message. Dans le cas de l'Europe, l'émetteur est technocratique et ne peut donc toucher le cœur des Européens. On pourrait commencer par choisir le même mode de scrutin pour simplifier et harmoniser les choses.

Pour beaucoup, l'Europe est synonyme de pouvoir d'achat en baisse et d'augmentation des prix à cause de l'euro.

L'Europe est aujourd'hui un concept politique et administratif, technocratique et compliqué. Il n'y a pas d'identité européenne. On est français, pas européen. Il n'y a pas de sentiment d'appartenance, pas de fierté, pas de prosélytisme.

On s'en remet au talent de nos chefs d'État qui se débattent comme ils peuvent dans le concert international alors que l'Europe devrait inspirer le respect naturellement, sans avoir besoin de cela. Il n'y a pas d'ambition, ni de vision, ni de mission.

Un grand nombre d'aberrations bloquent l'Europe, à commencer par un problème de génération. Ceux qui ont rêvé l'Europe, ceux qui l'ont bâtie, ne seront pas ceux qui vont s'en servir. La Constitution européenne a échoué à cause de cette méconnaissance, de ce manque de proximité, de cette absence de réalité.

L'Europe est un rêve qui s'éteint.

La magie des grandes marques, c'est qu'elles ne meurent jamais. Malgré un tableau aussi désespérant, il ne faut pas croire en la fatalité. L'Europe est une marque qui a raté son lancement. Il faut l'aider à se réinitialiser en revenant sur les fondamentaux.

Toutes les maisons d'édition évitent le mot « Europe » dans le titre d'un livre. L'Europe n'est pas *bankable*. Les plus pessimistes d'entre vous seront heureux d'apprendre qu'il y a toujours un espoir et que certaines marques mort-nées ont réussi à devenir de grands succès.

Orangina®, par exemple, est un produit qui a failli ne jamais voir le jour. Son fabricant était convaincu qu'un soda avec une pulpe d'orange qui restait au fond de la bouteille ne se vendrait jamais, et la petite bouteille ronde ne correspondait pas aux standards des cafetiers de l'époque. C'est un publicitaire – ils sont partout ! –, Georges Petit, qui a trouvé la formule miracle du « Secouez-moi ! », et qui a inventé de ce fait le premier produit interactif, puisqu'il nécessitait la participation active du consommateur. Le défaut est devenu un atout.

C'est à nous de trouver aujourd'hui les idées qui vont secouer la pulpe de l'Europe.

Les politiques doivent passer la main au peuple européen et lui faire comprendre tous les bénéfices que l'Europe procure quand on sait s'en servir. On pourrait commencer par lancer un site Internet « Europe : mode d'emploi » destiné à toutes celles et ceux qui ont envie de profiter de l'Europe, mais qui ne savent pas comment faire ou qui ignorent tout simplement qu'ils ont droit à tel ou tel avantage. La liste est longue, et il faudrait commencer par se dire qu'il existe autre chose qu'Erasmus pour dépasser les frontières mentales. Ce « syndrome Erasmus » est le bonzaï qui cache la forêt de mesures qui peuvent nous changer la vie, si tant est qu'on les connaisse.

Il faudrait aussi que les leaders politiques passent la main à la jeune génération pour essayer de bâtir l'Europe d'après. Le parlement européen est malheureusement considéré par beaucoup comme un placard doré, défiscalisé pour certains, où il fait bon vivre, mettant de côté ceux qui veulent simplement y militer pour faire de ce rêve une réalité.

L'Europe est donc une marque qui a besoin de se refonder en un projet neuf et concret pour toucher son public et devenir un succès.

Aux élections européennes de juin 2009, le taux d'abstention dépassait les 60 %, ce qui laisse entrevoir une énorme marge de progression pour rapprocher les Européens que nous sommes de cet enjeu capital que représente le Parlement européen. Le point positif : seuls les partis qui ont fait une vraie campagne européenne ont tiré leur épingle du jeu. L'appel au vote sanction a été ...sanctionné. L'Europe ne peut donc plus être instrumentalisée pour faire passer des messages nationaux.

Ce scrutin est peut-être le début de la prise de conscience du projet européen dans ce qu'il amène de plus rassurant pour l'avenir. Pas étonnant que les écologistes aient fait un si bon score.

Le génome de l'Europe

Empreinte génétique

« Le continent des matins calmes. » (Guillaume Klossa)

L'Authentique Différence Naturelle de l'Europe

Gène leader : la paix

L'Europe a été créée pour garantir la paix, transformant les ennemis d'hier en partenaires de demain.

L'espoir

Le projet européen est une source d'espoir et d'opportunités pour les générations à venir, un espoir social, économique et culturel.

L'unité

L'union fait la force du projet européen : un espace sans frontières, un marché et un rêve communs, un seul et même peuple.

La liberté

L'Europe est née au lendemain de la Libération. En garantissant la paix, elle garantit la liberté des Européens pour les années à venir. L'Europe est une zone de libre-échange des personnes et des marchandises.

Un hymne à la joie

L'hymne européen depuis sa création est synonyme de joie, de fête et de communion.

LE GÉNOME DE L'EUROPE

L'EMPREINTE GÉNÉTIQUE

«LE CONTINENT DES MATINS CALMES.» (GUILLAUME KLOSSA)

AUTHENTIQUE DIFFÉRENCE NATURELLE

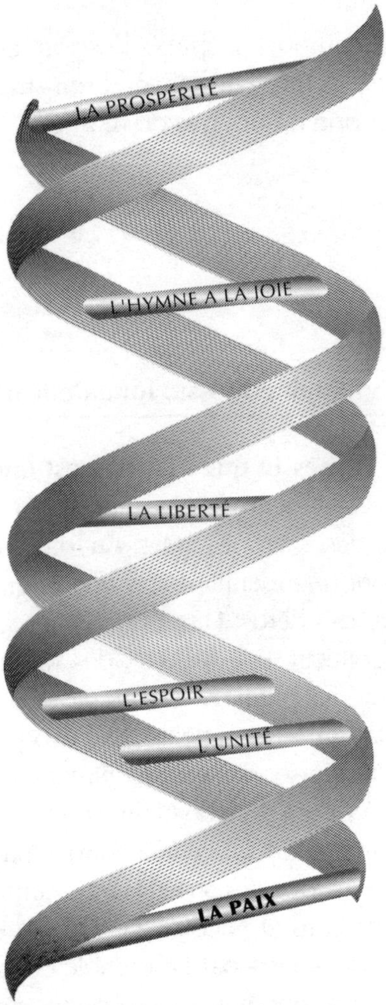

CONCEPT GÉNÉTIQUE : «UN MÊME RÊVE, UNE RÉALITÉ.»

La prospérité

C'est le bénéfice attendu du marché commun et le rêve d'une grande puissance.

Concept génétique

Le concept de l'Europe pourrait être « Un même rêve, une réalité. »

Si elle incarne toujours la paix, l'espoir et la liberté, son manque d'unité semble fragiliser l'ensemble de l'édifice. Sans unité, l'Europe n'aura pas de réalité.

Il y a du travail…

Interview de Guillaume Klossa, fondateur d'Europanova

Frank Tapiro – Penses-tu que l'Europe est une marque ?
Guillaume Klossa – Il y a des marques qui ne disent pas leurs noms, il s'agit des marques pays ou d'États marques. Ces marques pays ont une identité forte, une origine, une légende, une mythologie, des héros. Leur code génétique est fondé sur un imaginaire collectif, une histoire, des valeurs, un rêve. On parle du rêve américain qui renvoie au pays où tout est possible comme on parlait du rêve français pour évoquer l'égalité républicaine. Il y a des personnalités qui entrent dans la mythologie comme George Washington, de Gaulle ou Churchill et qui sont attachées de manière indélébile à la marque pays. Il y a une actualité de la marque avec des produits innovants, comme Barack Obama aux États-Unis et Nicolas Sarkozy en France. Chaque marque pays se détermine par l'ensemble de ses composantes génétiques à travers le temps. Le problème, c'est qu'on n'a jamais investi sur la marque Europe. Elle souffre d'un déficit d'in-

carnation, elle manque de mythes fondateurs. On ne sait pas très bien quand commence son histoire. Au lendemain de la guerre ? À partir du traité de Rome ? À l'époque de la Grèce antique ? On ne sait pas non plus ce que représente le rêve européen. La marque Europe n'existe pas encore. Il faut la bâtir, l'incarner, l'inventer si l'on veut vraiment faire de l'Europe un projet, une ambition politiques. Nous avons un devoir de créativité.

FT – Le peuple européen existe-t-il ?

GK – Parlons franchement, il n'y a pas aujourd'hui de peuple européen. Il y a une société européenne qui partage des valeurs communes, un mode de vie. Les Européens ont en partage l'essentiel, ils placent le respect des individualités, de leurs différences et de leur diversité ainsi que la dignité de la personne humaine symbolisée par l'interdiction de la peine de mort au cœur de leur système de valeurs. Un peuple européen suppose qu'il y ait une capacité de projection collective dans un projet et un avenir collectif. Ce n'est pas encore le cas. Pour se projeter collectivement, il faut une incarnation avec un leader reconnu et légitime, des relais d'opinions vraiment européens, la conscience de défis collectifs, la croyance en un intérêt général commun. Lors de la dernière présidence française, ce sentiment d'être européen, incarné par Nicolas Sarkozy, a pris une forme concrète grâce aussi au contexte de crise qui mettait en évidence les intérêts et défis communs à un moment où l'Europe a donné le sentiment qu'elle pouvait agir sur la réalité alors que les autres grandes nations, Chine, Russie, États-Unis…, semblaient paralysées. Mais cela n'a duré que le temps de la présidence française et n'a pas généré de dynamique collective durable. Pour que l'Européen se perçoive comme partie prenante d'un projet politique, pour que la marque Europe émerge, on ne peut s'abstenir d'incarnations respectées, durables, crédibles, identifiées qui projettent dans l'avenir et à l'extérieur. Sans incarnation, on ne peut porter un projet politique. L'autre enjeu, c'est penser l'unité européenne de manière durable. C'est le défi à relever. Si on se considère tous sociétalement solidaires, on doit pouvoir trouver une gouvernance commune.

FT – Comment à ton avis créer un système de valeurs génétiques partagées par tous les Européens ?

GK – Je me sens parfois plus proche d'un habitant de Vilnius que de mon voisin de palier. Ce système de valeurs fondamentales existe et il est largement spécifique à l'Europe. Nous avons quatre ou cinq valeurs que nous partageons au sein de la communauté. Tout d'abord, la dignité de la personne humaine. Ce continent a connu des guerres, le fascisme, le totalitarisme mais aussi la plus grande chasse à l'homme de l'Histoire, une chasse à l'homme systématique, minutieuse, organisée à l'échelle d'un continent de l'Histoire avec l'idée que certaine partie de l'humanité, les juifs, les gitans, les homosexuels… étaient des sous-hommes, des bêtes dont il convenait de nier l'humanité. En réaction, la dignité de la personne humaine, son caractère inviolable, s'est affirmée comme le fondement de ce que l'on peut appeler une nouvelle civilisation européenne. Ensuite, la liberté comme épanouissement de l'individu et la volonté de trouver sa propre voie, sa propre personnalité. La solidarité avec l'idée que l'État, que l'Union européenne dans une certaine mesure doivent veiller à l'égalité des chances mais aussi assurer une solidarité entre les générations, les territoires. Enfin, le développement durable, qui est « l'inscription dans la durée », dans le long terme du respect de la nature déjà très important à l'époque des Lumières, fait également parler du code génétique européen, c'est la notion de solidarité mais aussi de responsabilité à l'égard des générations futures appliquée au champ de l'environnement. Sur ce sujet, ce sont les Européens qui mènent la danse planétaire. Dernière valeur, le respect des différences de chacun, non pas comme membre d'une communauté mais comme individu. Ces valeurs font partie intégrante du génome européen.

La question, c'est moins l'existence de ce système de valeurs que le fait que chaque Européen en ait véritablement conscience, c'est là le rôle du politique : véhiculer ce système de valeurs, le promouvoir, le défendre.

FT – Peut-on aussi citer la paix comme empreinte génétique ?

GK – Un jour, nous faisons une séance de remue-méninges avec Cabu qui avait accepté, grâce au relais amical de Philippe Val, de réaliser l'affiche des premiers États généraux de l'Europe. Cabu me demande de lui donner une image de l'Europe, une seule image qui donnerait sens au projet européen. Cette image pour moi, c'était moins la paix que « le continent des matins calmes », le simple fait de savoir que l'on peut dormir tranquille sans craindre de se faire tuer, d'être menacé de mort, de délation, d'être exécuté alors même qu'une erreur judiciaire reste possible, de ne pas être dans la ligne du parti. En d'autres mots, c'est la tranquillité au réveil sans être saisi de la peur au ventre de l'arbitraire. On oublie que si le traumatisme de la guerre est loin à l'Ouest, les régimes fascistes ou militaires ont perduré en Europe jusqu'aux années 1970, on oublie aussi que le mur de Berlin n'est tombé qu'il y a vingt ans. Le fondement de la promesse européenne, c'est donc de pouvoir de se réveiller en paix, d'avoir une tranquillité d'esprit au réveil, c'est sans doute le bien le plus précieux qui soit. C'est aussi avoir conscience de la précarité de la paix, de cette tranquillité matinale de tous les jours. L'Europe est aujourd'hui le continent des matins calmes, mais c'est une anomalie au regard de l'Histoire, espérons que cela dure.

FT – L'Europe est-elle un héritage ?

GK – Si l'Europe est un héritage, c'est un héritage mêlé qui tend vers un seul projet, le projet politique le plus intéressant qui soit, l'émancipation de l'individu, c'est l'aboutissement de l'homme, en lui permettant de s'émanciper des contraintes que les États, la nature, les structures, les comportements grégaires ont générées.

La technostructure européenne, les institutions ne font pas partie de cet héritage, ce sont des modalités, des moyens plus ou moins durables pour parvenir à l'objectif fixé par Monnet, « Nous ne coalisons pas des États, nous unissons des hommes ».

FT – L'Europe d'aujourd'hui traverse-t-elle un problème de génération ?

GK – La génération qui a créé l'Europe est déjà morte. Monnet, Schuman, De Gasperi, Adenauer entre autres ont porté l'idée européenne. Ce n'étaient pas des militaires, des généraux, des héros épiques mais des pacifistes, plutôt humbles et discrets, qu'on n'a pas assez valorisés. Des honnêtes hommes soucieux du bien commun, de l'intérêt général, mais sans doute pas suffisamment du show off, ce qui contribue à expliquer ce déficit d'incarnation génétique. Ils ont eu le souci de faire l'Europe de manière concrète et progressive en s'appuyant d'abord sur l'économie et le commerce mais pas de lui donner une dimension humaine, une âme, peut-être parce que cela relevait à leur époque d'une évidence, l'évidence du primat ancien de la culture européenne commune dans laquelle ces hommes avaient été éduqués. Il y a eu une première génération de successeurs, dont Jacques Delors fait partie. Il y a une nouvelle génération qui arrive. Si cette génération ne porte pas le projet européen, l'Europe n'existera pas comme puissance mondiale au XXIe siècle. La civilisation européenne sera emportée par la vague irrésistible du déclin comme d'autres avant elles. Avec d'autres, nous aimerions lancer une « Fabrique d'Européens ». Nous pensons qu'il n'y a pas de honte à vouloir stimuler un esprit commun. Il ne s'agit pas de fabriquer des Européens comme les États-Unis ont fabriqué des Américains et la République a su fabriquer des citoyens français. C'est une fabrication plus moderne, plus ouverte, plus empathique, qui nécessite une éducation et un esprit collectif. L'enjeu est de former de jeunes leaders d'opinion européens. Il y a également moyen d'inciter les médias à porter le projet européen avec de meilleurs arguments, des valeurs adaptées à l'époque, une énergie nouvelle. Un exemple, le film Home de Yann Artus-Bertrand concourt à cette conscience commune européenne. L'Europe doit continuer à être ce laboratoire du monde de demain.

4 *Torture test :* 10 questions pour mettre le génome des marques sur le grill

Toute approche expérimentale a pour objectif de bousculer l'ordre et les préceptes établis. Le génome des marques ne déroge évidemment pas à la règle. Les longs moments de doute qui m'ont assailli depuis que j'ai posé cette hypothèse m'ont fait connaître de plus près les angoisses des vrais scientifiques qui trouvent un résultat et doivent le tester sans cesse pour le valider.

Depuis plus de treize ans, je me suis préparé à cette confrontation indispensable pour faire d'une idée un concept partagé par le plus grand nombre.

Je me suis donc imposé un *torture test*, me forçant à répondre aux dix questions les plus déstabilisantes soulevées par mes interlocuteurs suite à l'application concrète de mon concept.

4-1 Peut-on parler d'inné et d'acquis pour les marques ?

Chaque marque agit comme une espèce qui a plusieurs représentants.

Les marques obéissent à leurs propriétés biologiques. Ce qui les différencie les unes des autres, ce sont des facteurs innés et acquis.

Longtemps objets de controverse, l'inné et l'acquis, ces deux aspects de la vie, de son expression et de son évolution fondent les bases mêmes de la nature des organismes complexes tels que le règne animal et la race humaine. L'inné dépend du patrimoine héréditaire de l'espèce et de tous les comportements inscrits dans les gènes, autrement nommés « instinct ». L'acquis, lui, est le résultat de l'expérience, de l'apprentissage individuel englobant les comportements intelligents, la faculté de raisonnement et les réflexes conditionnés. Il provient de l'influence de l'environnement direct (congénères) ou indirect (organisation de la nature). On peut considérer qu'une marque possède elle aussi une part d'inné, insufflée à la naissance par les gènes fondateurs, et une part d'acquis, provenant de sa vie sur le marché, de l'influence de l'environnement et de sa relation avec le consommateur. Cette part, l'acquis, est la partie la plus visible de la mutation génétique de la marque et de son adaptabilité à son environnement. Quand on étudie l'histoire d'une marque, on distingue facilement l'acquis grâce à sa traduction physique, notamment par l'évolution de sa filiation (gamme) en fonction des attentes et des besoins des consommateurs. Chez Coca-Cola, l'inné est représenté par les valeurs fondamentales et intangibles : le goût, l'universalité, l'optimisme et les propriétés curatives. L'acquis est la somme de toutes les valeurs que Coca-Cola a pu revendiquer en fonction de sa relation avec les consommateurs au cours de son histoire : le sport, la jeunesse éternelle et les inventions marketing qui répondent au marché (prix, contenance, arômes, produits édulcorants).

Pour les marques, il arrive très souvent que l'acquis devienne de l'inné, tant les gènes acquis par les marques au cours de leur existence deviennent des constituants structurels, plus que conjoncturels, déterminants de leur avenir. En observant les différents ADN des marques traitées dans le chapitre 3, nous pouvons définir les gènes acquis et les gènes innés, afin de classifier et de hiérarchiser d'avantage la somme des valeurs fondamentales propres à chacune des marques.

4-2 Existe-t-il des gènes récessifs et dominants chez les marques ?

Cette question relève d'un point scientifique essentiel dans l'étude du génome humain. Bien que pointue, elle ne peut être éludée, car ce concept récessif/dominant explique la transmission des caractères physiques d'un être humain. Il serait donc intéressant d'observer si ce processus peut s'appliquer aux marques.

Tout d'abord, rappelons brièvement ce que sont les gènes récessifs et dominants chez les êtres humains. Un caractère physique (couleur des yeux, des cheveux, taille, etc.) est la traduction d'une information génétique. Pour chacun de ces caractères, il existe deux informations différentes : l'une venue de la mère, l'autre venue du père. XX pour la mère, XY pour le père. Celles-ci peuvent être contradictoires (yeux bleus vs. yeux marron) ou identiques (yeux marron et yeux marron).

Quelques règles permettent de déterminer d'après les deux copies du gène quel sera l'aspect de l'individu : Si le gène s'exprime à travers des copies (allèles) **codominantes**, l'aspect physique correspondra à la moyenne des deux informations. Ainsi, un enfant qui aura reçu un gène « grande taille » et un gène « petite taille » sera de taille moyenne. Si le gène s'exprime par contre à travers des allèles **dominants** et **récessifs**, l'aspect physique correspondra au gène dominant si l'individu en possède un. Le caractère physique récessif n'apparaîtra que si la personne a reçu l'allèle récessif correspondant de son père ET de sa mère. Lorsque cet individu aura des enfants, il transmettra soit l'allèle de son père, soit celui de sa mère. Ainsi, si un bébé a les yeux marron mais que sa mère a les yeux bleus, il est exclu que le père de cet enfant ait également les yeux bleus. En effet, comme l'allèle « yeux bleus » (codant le gène « couleur des yeux ») est récessif et que l'allèle « yeux marron » est dominant, un individu ne peut avoir les yeux bleus que si ses deux allèles du gène responsable de la couleur des yeux indiquent le bleu. Ainsi, si deux parents ont les yeux bleus, ils ne possèdent tous les deux que des allèles « yeux bleus » du gène « couleur des yeux » et ils ne pourront avoir que des enfants aux yeux bleus. Cependant, le caractère étant codé sur plusieurs gènes distincts, il existe de rares cas où deux parents aux yeux bleus pourront donner naissance à un enfant aux yeux d'une autre couleur.

En faisant un simple calcul de probabilité, on peut estimer les chances héréditaires des critères physiques. On peut se demander s'il en est de même pour les marques.

Si on considère qu'une marque possède un phénotype qui est l'expression de son génotype, on peut admettre que certains critères soient issus d'une combinaison de gènes récessifs et dominants. Prenons l'exemple de Coca-Cola.

On peut considérer que le « goût » est un caractère « pur », donc double récessif, au même titre que deux parents aux yeux bleus auront toujours des enfants aux yeux bleus. Le New Coke est une modification de ce gène. Le nouveau goût qu'il propose est en effet une nouvelle expression phénotypique de ce caractère. La mutation qui s'est opérée a rendu le goût du New Coke dominant. Une fois muté, le gène du goût a porté en lui des allèles récessifs du goût originel, lui conférant une structure qui ne rend pas le gène du goût « pur ». En résumé, Coca-Cola ne peut changer de goût sans risquer une catastrophe. Un caractère obligatoire et vital, comme le goût, est pur et donc double récessif : g/g. Le changement de goût transforme le caractère en G/G, ce qui est létal pour la marque. En revanche, rien n'empêche le Coca-Cola original de proposer de nouveaux arômes comme vanille, cerise ou café, tant que le gène initial demeure intact. Coca-Cola light et Coca-Cola Zero ont le goût du Coca-Cola sans sucre et sans calories. Une marque forte a des caractères purs qui ne sont pas délayables. Il en va de même chez Coca-Cola pour « l'universalité » (le même goût pour tous) et la « couleur rouge ». Le seul moyen de conserver le caractère du goût dans le temps est qu'il soit double récessif. La mutation est toujours dominante pour les caractères purs. Chez Pepsi, par exemple, le goût est un caractère dominant car il peut changer au gré des tendances et des cycles générationnels. Cela fait partie de son programme génétique et de son déterminisme. Goût du jour contre goût de toujours.

Une marque forte a des caractères purs qui ne sont pas délayables.

Citons un dernier exemple : *Le Parisien*, une marque pour laquelle l'agence Hémisphère droit a créé une campagne de communication à la fois « génétiquement compatible » et « rupturiste » : « *Le Parisien*, il vaut mieux l'avoir en journal. ». Dans les premiers spots conçus en 1999, la campagne montrait des Parisiens dans toute leur horreur, avec leur impolitesse, leur manque de tact et des scènes de culot réalisées sans trucages. Il est vrai que les habitants des grandes villes du monde entier sont considérés comme des emmerdeurs. On peut donc considérer que le gène « emmerdeur » a un caractère dominant : en effet, le Parisien est un emmerdeur, mais tous les emmerdeurs ne sont pas parisiens ! Voilà pourquoi cette campagne a reçu un accueil extraordinaire à Paris. Pour tout individu, l'emmerdeur, c'est l'autre. Le gène ne s'exprime pas toujours, ce qui laisse penser qu'on peut être parisien et s'en sortir. La dominance d'un caractère prend ici tout son sens.

4-3 Contrefaçons : un produit sans ADN peut-il avoir une âme ?

Techniquement, la contrefaçon est le fait de reproduire ou d'imiter quelque chose sans en avoir le droit. La notion de contrefaçon a souvent une connotation péjorative, sous-entendant un produit de mauvaise qualité. Ce marché représenterait de 200 à 500 milliards de dollars (soit 7 à 10 % du commerce mondial) et détruirait 200 000 emplois dans le monde, 100 000 en Europe et 30 000 en France. C'est un fléau à la fois commercial – car il dérobe une partie importante du commerce des marques originales – et symbolique au niveau des valeurs des marques, piratant leur nom, leur style et leur look. Fort heureusement, la contrefaçon n'arrive jamais à imiter la qualité intrinsèque d'un produit. Ces produits vampires, sans autre valeur que l'illusion qu'ils procurent, font du tort notamment aux marques de luxe, diffusant des milliers d'articles sur un marché où prime la rareté, tout en dépréciant les valeurs propres des produits originaux. Ces produits totalement dépourvus d'ADN sont des clones ratés et sans âme qui satisfont au désir d'appropriation de certaines marques sans y mettre le prix. On voit bien dans ce cas précis que la valeur de marque se mesure aussi bien sur le plan de la représentation symbolique et du « supplément d'âme » que sur le plan purement marchand et financier.

Il existe aussi des produits célèbres qui sont des imitations de grands produits, comme Pepsi est une imitation du Coca-Cola.

Il faut savoir que dans la nature, tout être crée son concurrent par la duplication de son génome. Par la suite, ces deux êtres génétiquement proches deviennent des ennemis ou des rivaux quasi éternels. Cette loi est la même dans le monde des marques. Plus deux marques sont proches génétiquement, plus elles sont rivales. La duplication du génome de Coca-Cola a engendré la création de Pepsi. La duplication de l'ADN entraîne quelques modifications fondamentales : les deux boissons sont très proches mais se distinguent sur le nom et le goût. On peut considérer que Pepsi est un OGM de Coca-Cola. Dupliquer ne veut pas dire répliquer. C'est une inspiration génétique.

La réplique est un *mee-too* (produit suiveur) – parfois meilleur que l'original ! –, un produit quasi identique génétiquement, au niveau de sa fabrication, de sa formule et de sa conception, et qui se différencie uniquement par son phénotype, son apparence. Nom différent, autres packagings et codes couleurs, les « répliqueurs » tentent néanmoins de créer la confusion pour tromper le consommateur. Ce sont des produits sans âme. Certaines marques attaquent ces produits pour parasitisme car ils viennent perturber leur relation avec le consommateur en l'induisant en erreur par une reprise de codes similaires. Prenons l'exemple le plus flagrant d'une marque sauvagement agressée depuis sa naissance par des vampires multirécidivistes : la Vache qui rit.

Dès ses débuts, la marque a dû batailler contre la contrefaçon. Une contrefaçon honteusement grossière et si proche qu'elle en provoquait l'hilarité. La Vache qui rit avait vraiment de quoi rire en découvrant ses copies : « Vache qui parle », « Vache qui lit », « Veau qui pleure », « Vache savante » et « Vache qui rue ».

Son contrefacteur le plus sérieux fut incontestablement la « Vache sérieuse », que Bel, après dix ans de procès, réussit à évincer. Quelques années plus tard, ce fantôme continua de hanter les parts de marché de la Vache qui rit en reprenant l'apparence de la « Vache Grosjean ». La Vache qui rit dut coexister avec cette imitation qui tentait de se faire une place dans les linéaires en lui mangeant l'herbe sous les naseaux. La Vache qui rit fut le produit le plus imité dans le monde entier. Moins drôles que les « Happy Cow » et autres « Vache contente », certains plagiaires étrangers allèrent même jusqu'à reproduire la boîte dans ses moindres détails en vendant un produit quasiment immangeable. Il faut rappeler une fois de plus qu'on ne peut copier que la forme et l'apparence, le secret de fabrication assurant au produit original de conserver son Authentique Différence Naturelle. On ne peut donc copier un produit génétiquement qu'après en avoir obtenu le secret de fabrication, ce qui explique pourquoi la formule du Coca-Cola est si précieusement conservée. On ne protège que ce qui est précieux. La formule est le gène essentiel qui constitue l'ADN de Coca-Cola. D'où le célèbre slogan : « Toujours imité, jamais égalé. »

4-4 Peut-on décoder le génome d'une entreprise ?

Rappelons tout d'abord que les valeurs d'une marque découlent de son ADN et non l'inverse. L'ADN assure l'interconnexion des différents diffuseurs pour en garantir la cohérence : produit / communication / rôle social / position internationale / média / interne / multimédia / marketing. Certains cabinets de conseil en management tentent de décrypter le génome d'une entreprise en se servant de la même analogie avec l'ADN des organismes vivants pour décoder le génome des organisations. Ainsi, ils tentent de déterminer la nature de l'entreprise pour mieux comprendre comment celle-ci se comporte et évolue. Le cabinet de conseil en management Booz Allen a développé en 2004 un « outil de décodage du génome de l'entreprise » en identifiant 7 espèces d'entreprises différentes :

1. L'espèce évolutive : la plus performante, la plus flexible, visionnaire et créative, qui s'adapte sans cesse aux changements de l'environnement tout en maintenant le cap.

2. L'espèce agile : elle réagit au quart de tour quand cela est nécessaire. Plus tactique que stratégique, elle a besoin de planifier et de hiérarchiser les moyens.

3. L'espèce militaire : commandée par un homme (ou une femme) à poigne qui sait gérer les périodes de crise. Le management intermédiaire subit et obéit plutôt que de prendre des initiatives. C'est une faiblesse qui consiste à concentrer les pouvoirs sur un seul manager.

4. L'espèce passive agressive : le management attend que les choses se passent et peine à décider et agir selon les plans prévus.

5. L'espèce dispersée : elle se distingue par son manque de rigueur et sa déperdition d'énergie, malgré le talent de ses collaborateurs. La solution consiste à faire avancer tous les salariés en même temps dans la même direction.

6. L'espèce immature : elle n'est pas encore démocratique dans ses prises de décision.

7. L'espèce bureaucratique : elle est bloquée par sa lourdeur administrative.

Cette grille permet d'effectuer des diagnostics qui évitent tout dogmatisme. Le traitement est ciblé et ne vient pas tout désorganiser, ce qui est rassurant au moment de l'appliquer. La majorité des employés estiment que leur management n'est pas performant, ce qui laisse une bonne marge de progression à des entreprises désireuses de définir les fondamentaux qui leur donneront un rythme de croisière positif.

On voit bien qu'il s'agit ici d'une classification d'espèces plus phénotypique que génotypique, dépendant d'une attitude ou d'une démarche particulière qui détermine le fonctionnement et l'organisation de l'entreprise. Chaque critère dépend d'une décision managériale qui peut se modifier par la volonté des hommes et des femmes qui en définissent la politique. L'ADN est un patrimoine de base que doivent respecter les différents managements que l'entreprise connaîtra. Les valeurs d'une entreprise et sa nature dépendent du management, l'ADN de la marque dépend de l'esprit fondateur. De plus, ces valeurs se retrouvent fréquemment chez d'autres entreprises, parfois même dans des domaines totalement différents. Professionnalisme, esprit d'équipe, fiabilité, respect ou performance ne suffisent pas à élaborer une chaîne de valeurs authentiques, différentes et naturelles. Cette démarche est donc plus un outil de décryptage organisationnel et formel qu'une étude des valeurs profondes et génétiques.

4-5 L'avenir est-il aux marques hybrides ?

Les plus grandes marques qui nous entourent sont hybrides, parfois sans même le savoir. Coca-Cola, boisson au goût unique, est en fait un produit d'assemblage né de la rencontre entre la noix de kola et les feuilles de coca. Elle porte en elle le gène du métissage, du mélange et de la combinaison (le trait d'union). À part les produits génériques (farine, sucre, légumes...), la plupart des marques sont nées de mélanges.

Toutes les grandes marques de demain sauront intégrer dans leurs gènes les informations compatibles à leur évolution qu'elles auront récupérées dans leur environnement et qui feront d'elles des marques qui sauront répondre aux nouveaux enjeux de demain.

Par exemple, les marques digitales ou Internet. Qu'elles soient virtuelles ou réelles, le client veut avoir le choix. Il veut pouvoir

Avec la multiplication des contrôles aux aéroports les marques voyagent moins bien ...
Plus moyen de prendre avec soi son opinel...
ou son Smith & Wesson.

se déplacer en magasin et surfer sur le site. Du *brick and mortar* (des briques et du ciment) au *click and mortar* (des clics et du ciment). En dur et en virtuel. Le support physique a de gros avantages : il participe à l'amélioration des relations avec le client tout en le rassurant. Il permet d'assurer la logistique (stockage, livraison) et de générer l'impulsion. Les vépécistes ont créé des supports physiques (boutique, dépôt pour les livraisons) pour relayer leur offre catalogue ; les services en ligne ont tous éprouvé le besoin d'avoir une déclinaison téléphonique ; les fleuristes en ligne s'appuient sur des boutiques, les distributeurs sur leurs magasins, etc. Le concept de convergence est aussi le lien qui existe entre l'espace digital et son application physique.

Je préfère le concept de confluence, qui résume parfaitement les enjeux de certaines marques média qui doivent syndiquer leurs contenus dans le but de les diffuser sur des plateformes digitales où ils toucheront un nombre plus important de contacts. La confluence implique un flux continu qui s'auto-alimente en permanence. Il permet à différentes sources de contenus de converger, de se mélanger, de se reconstituer puis de se rediffuser vers d'autres contenants. Le plus bel exemple de marque hybride confluente est Lagardère. Marque média aux multiples sources de contenus, Lagardère est une marque confluente, mouvante et mutante qui doit opérer sa mue pour plus de transversalité. « Si tu ne vas pas à Lagardère, c'est Lagardère qui ira à toi » est un concept génétique qui semble parfaitement illustrer le combat de Lagardère, hier, aujourd'hui et demain dans la planète média. Arnaud Lagardère deviendra sûrement le premier président confluent et influent de cette nouvelle ère. Bien entendu, un grand nombre de marques digitales proposent des services en ligne qui n'ont pas besoin d'intermédiation physique. Fortunéo, banque et courtier en ligne, propose des produits financiers sans frais bancaires qui ne nécessitent pas pour autant des agences en dur et des conseillers en chair et en os. Pour permettre aux consommateurs d'« arrêter de banquer », il faut arrêter de banquer soi-même en évitant des coûts qu'Internet permet aujourd'hui de supprimer.

Internet et les nouveaux médias digitaux sont la plus formidable opportunité de mutation pour les marques qui ont vocation à être hybride.

Partouche est un très bel exemple de marque hybride.

Isidore Partouche, leader européen des casinos, était loin d'imaginer l'empire qu'il allait construire au moment où il fut rapatrié d'Algérie. Cet entrepreneur génial a su saisir les opportunités et les chances qui se sont présentées à lui, comme le fait un bon joueur qui sait miser au juste moment pour rafler trente-six fois la mise. Un café, un restaurant, une boîte de nuit, un hôtel, puis un premier casino, un deuxième, et enfin l'escalade. En moins de trente-cinq ans et avec 52 casinos « en dur », Partouche a su réinventer le casino pour en faire un lieu de vie et de fête. Il a dépoussiéré ce charme désuet de nos casinos rococo pour leur donner l'énergie des casinos de Las Vegas qui vivent à un rythme effréné, vingt-quatre heures sur vingt-quatre, où le spectacle est partout. Il considère ses clients comme sa première « richesse » et entretient une relation étroite avec eux. L'esprit de famille est omniprésent et la compétition interne est rude. De père en fils, jusqu'aux oncles et aux cousins, la culture et l'esprit Partouche se transmettent de génération en génération. Le modèle Isidore – vif et pétillant, et toujours aux affaires –, est la statue du commandeur qu'on respecte.

Un café, un restaurant, une boîte de nuit, un hôtel, puis un premier casino, un deuxième, et enfin l'escalade.

Sa plus belle devise : « La meilleure façon de gagner au casino ? C'est d'en acheter un ! » Il a cette force de vie communicative et cette énergie qui se transmet dans l'ADN de la marque et se propage à l'intérieur de l'entreprise. « Partout, pour tous, Partouche ». En 2004, Patrick Partouche, fils d'Isidore, a créé le Partouche d'après, Partouche Interactive®, et s'est fait un prénom. Partouche Interactive est le pionnier des jeux en ligne que les Français attendent depuis que l'Europe a autorisé l'ouverture du marché. La France a malheureusement choisi d'attendre un peu, le temps de laisser la Française des Jeux s'adapter à ce *new deal*. Intelligent, stratège, ouvert, résolument optimiste et grand communicant, Patrick Partouche ouvre le chemin digital qui fera de Partouche une marque hybride, « en dur et en ligne », résolument tournée vers l'avenir, sans rien changer aux fondamentaux génétiques insufflés par Isidore. Ary Sebag, son cousin germain, gère de main de maître les casinos en dur, en alliant ses talents d'artiste et de gestionnaire qui correspondent parfaitement au caractère hybride de la marque. À eux deux, Ary Sebag et Patrick Partouche assurent l'équilibre si important pour la viabilité du modèle. J'ai eu la chance de les rencontrer et de travailler avec eux depuis 2006. Nous avons lancé Partouche Interactive à grand renfort de tambours, le soir des élections présidentielles de 2007. Un spot de 2 minutes 30 avec Éric Cantona déguisé en roi de cœur annonçait la couleur. En dur ou en ligne, nous voulions être une marque qu'on retrouve « Partout, pour tous, Partouche ». Cette nouvelle marque hybride pourra sans doute enfin s'exprimer totalement début 2010, à la date de lancement présumé des jeux en ligne en France.

4-6 Existe-t-il un gène migrateur pour les marques internationales ?

Le gène migrateur ou gène nomade est le gène qui permet à une marque de voyager et de s'exporter à l'international tout en respectant son génome. Certaines marques possèdent ce gène dès la naissance. C'est un caractère inné de la marque. Nous avons vu précédemment que Bic a enlevé le « h » de son nom (Bich) au moment de la création de sa marque, pour en assurer l'universalité, la lisibilité par tous dans tous les pays et la simplicité. Voilà pourquoi Bic s'exporte si bien et s'adapte parfaitement aux pays où il commercialise ses produits, au point d'en adopter parfois la nationalité.

D'autres marques comme Danone ont plus de mal et ont dû « opérer » leur marque afin d'en assurer la cohérence, comme en témoigne l'appellation « Dannon » adoptée dans les pays anglophones pour être lue phonétiquement de la même façon sur tous les marchés. Ce caractère tient de l'acquis.

4-7 Les grands clubs de foot sont-ils des marques ? Si oui, ont-ils une ADN ?

Celui qui ose aller dire à un kop de supporters de Paris, Marseille ou Saint-Étienne que son club n'est pas une marque est soit totalement inconscient, soit dénué de tout sens footballistico-génétique. Les clubs de foot sont des marques qui ont évidemment des valeurs propres et un ADN très marqué. La fièvre du foot qui différencie tel ou tel club, parfois dans la même ville comme à Londres, montre bien à quel point il s'agit d'un même sport avec des valeurs fondamentales différentes. L'objectif est identique : marquer des buts. On joue toujours à onze joueurs, avec les mêmes règles, le même temps de jeu et le même ballon. La différenciation provient de l'ADN. Le système de valeurs génétiques se repère au style de jeu (offensif, défensif, fantasque, rigoureux, pressing haut...), au nom du stade et à sa taille, à l'esprit du club, à l'esprit de la ville et de ses habitants, à son emplacement géographique, à l'historique et au palmarès, au respect du maillot, à sa couleur, etc. Seuls les signes extérieurs ou les facteurs historiques, géographiques, culturels ou psychologiques constituent l'ADN d'un grand club qui comporte un gène leader connu et reconnu. Que resterait-il de Saint-Étienne si on lui enlevait la couleur verte de son maillot légendaire ? Que resterait-il de Marseille si on lui enlevait ses chants de supporters ? Que resterait-il de Paris si on lui enlevait le Parc des Princes ?

Les grands clubs sont des grandes marques et, comme chacun le sait, les grands clubs ne meurent jamais. Pourquoi ? Parce qu'ils possèdent tout simplement des valeurs génétiques immuables qui maintiennent le club dans les mémoires et dans la vie des gens, et ce quel que soit leur classement au championnat. C'est ce qui permet à de grands clubs qui connaissent les affres de la « descente » de pouvoir compter sur leur public dans l'adversité, même si le spectacle n'est pas toujours au rendez-vous. En France, le supporter est souvent un « sous-porteur » qui oublie qu'on doit savoir tout supporter, même la défaite. Au lieu de ça, on siffle tout le match et on vole au secours de la victoire en cas de revirement de dernière minute. En Angleterre, on applaudit son équipe quel que soit le score et on se transmet son siège de stade de père en fils, comme un héritage. La transmission de la passion se fait de la même façon et certains jeunes choisissent même de trahir l'appartenance au club familial pour montrer leur volonté d'indépendance vis-à-vis de leurs parents. Cette trahison est encore plus mal vue en Italie où les Milanais supporters du Milan AC ne fréquentent pas ceux de l'Inter de Milan. La légende des Montaigu et des Capulet demeure vivante à

Je suis Patrick Saint Germain...
et moi Olympe de Marcel
nous avions nos propres marques...
... et le foot a tout ruiné.

cause de ces valeurs fondamentales qui font que deux clubs ne peuvent partager une ADN commune tant ils sont tous authentiquement et naturellement différents les uns des autres, surtout quand ils sont de la même ville, de Vérone à Milan.

4-8 La fusion de deux marques entraîne-t-elle une fusion génétique ?

Une fusion est une mise en commun des patrimoines (une concentration) de deux ou plusieurs sociétés, qui aboutit à la constitution d'une nouvelle entreprise ou à une prise de contrôle. On parle souvent de fusion-absorption, d'apport de titres ou d'un apport partiel d'actif. À la suite d'une fusion, la valeur de l'actif économique et le résultat d'exploitation consolidé restent inchangés. Ce qui montre que d'un point de vue purement financier, ces fusions n'induisent pas de création de valeur immédiate.

Ces marques transgéniques qui mettent leur patrimoine en commun engendrent une fusion de leurs ADN respectives. En fonction des différentes stratégies, on décide si la marque dominante conserve son patrimoine génétique aux dépens de la marque dominée. On peut choisir qu'elle conservera son nom, son identité et ses valeurs, et que son ADN fondamentale restera intacte. L'apport de l'autre marque dominée se fait alors uniquement sur le plan économique ou de l'entreprise. On a vu de très grandes marques fusionner et disparaître, comme Talbot, La Roche aux fées ou Chambourcy, aux dépens de leur absorbeur.

Certains rapprochements opèrent comme une fusion des deux ADN en conservant le meilleur des deux. Ce nouveau patrimoine génétique servira d'ADN de naissance de la nouvelle entreprise/marque qui, en général, se dotera d'un nom et d'un logo nouveaux. Son système de valeurs sera dans ce cas la résultante de ses deux parents qui se sont auto-dissous pour engendrer une nouvelle entité correspondant à une adaptation au milieu, suite à une crise de marché ou à une révolution d'ordre industriel ou économique sur un secteur particulier.

Citons l'exemple d'Areva®, qui a été créé le 3 septembre 2001, par la fusion de CEA Industrie®, Framatome® et Cogema®. Sa raison sociale est AREVA S.A. Le nom Areva n'est pas un sigle, il a été inspiré par l'abbaye d'Arevalo, en Espagne. Néanmoins, le groupe écrit son nom en majuscules : AREVA. C'est un expert en énergie, regroupant des activités liées à l'énergie nucléaire, aux solutions technologiques pour produire de l'énergie sans dioxyde de carbone et à l'acheminement de l'électricité. Anne Lauvergeon, qui dirigeait la Cogema avant la fusion, a pris les rênes de la nouvelle entreprise. Dans une interview au magazine économique *Challenges*, la directrice du groupe déclarait le 10 juillet 2008 : « L'uranium est un des éléments moteurs de notre succès. Notre modèle, c'est… Nespresso : nous vendons les cafetières, et le café qui va avec. Et le café, c'est très rentable. Ainsi en Chine, nous avons vendu deux îlots nucléaires, plus 35 % de la production d'Uramin, dont nous sommes propriétaires. Cela illustre notre modèle intégré. »

On peut alors se demander s'il faut des gènes communs pour réussir une fusion et assurer le succès de la nouvelle entreprise.

On peut alors se demander s'il faut des gènes communs pour réussir une fusion et assurer le succès de la nouvelle entreprise. On assiste souvent à des fusions d'entreprises ou de marques sur le même milieu, le même environnement ou le même marché. Le premier objectif est de rassembler les forces pour créer un nouvel ensemble plus fort. Ce sont les hommes et les femmes aux commandes de la nouvelle entité qui se chargeront d'y insuffler les valeurs qui ne se transmettront pas par hasard. À la différence de la fusion entre deux êtres vivants qui donnent naissance à un enfant, le patrimoine génétique obtenu après une fusion peut se contrôler et se décider sans passer par la fameuse loi du « hasard » de la création. Cette loi est celle qui détermine la combinaison génétique transmise par hérédité au nouveau-né. La manipulation transgénique est donc plus aisée avec les marques et les entreprises, même si la culture d'entreprise résulte d'un savant mélange de déterminisme et de compatibilité entre les hommes et les femmes qui constitueront ce nouvel ensemble. La culture l'emporte toujours.

4-9 Les marques distributeurs sont-elles de vraies marques ? Possèdent-elles une ADN ?

« Nous sommes une enseigne, pas une marque ! »

Il est vrai que les distributeurs sont parfois schizophrènes. Ils distribuent les marques qui diffusent leurs propres produits, tout en produisant leurs marques qui diffusent des produits concurrents de ceux de leurs clients.

C'est Carrefour qui a lancé la tendance avec ses « produits libres » en 1976. L'enseigne souhaitait s'affranchir de l'aspect incontournable des marques nationales. Avec ce type de produits, Carrefour n'était plus un simple distributeur : il devenait concepteur. Libre veut aussi dire « libre de marque », ce qui traduit bien la volonté de ne pas se substituer à une marque et à tout ce qui fait d'elle une marque :

– elle n'a pas de problème de distribution ;

– elle investit moins en communication ou en promotion ;

– elle favorise la qualité du produit plutôt que l'apparence de l'emballage (packaging) ;

– elle privilégie le prix par rapport à la notoriété.

« Aussi bons mais moins chers », ces produits libres mettaient en avant le rapport qualité/prix.

On peut juste leur reprocher de ne pas avoir le don d'ubiquité, car on ne les trouve que dans une seule enseigne, à la différence des autres marques.

Les ancêtres de ces marques distributeurs (MDD) sont apparus en France au XIXe siècle avec les succursalistes, comme Félix Potin, possédant des usines créées à l'origine pour remplacer le travail manuel de l'épicier comme, par exemple, le conditionnement du sucre : au lieu d'être vendu en vrac, il était vendu en boîte de 1 kilo estampillée « Félix Potin ». Le groupe Casino, héritier de cette tradition, a intégré des outils industriels pour son approvisionnement et vendait déjà au milieu des années 1970 des produits de la marque Casino, notamment des légumes en boîtes de conserve.

Toutefois, le mode de sélection des fournisseurs, la rédaction de fiches techniques et le système d'approvisionnement ne constituaient que les prémices des MDD modernes. C'est seulement en 1985 que des produits ont porté la marque Carrefour et sont devenus des MDD qui engagent pleinement l'image de l'enseigne.

Ces MDD sont donc des produits alternatifs dont les caractéristiques ont été définies par l'entreprise ou le groupe d'entreprises qui en assure la vente au détail et qui est le propriétaire de la marque sous laquelle ils sont vendus.

Les produits libres de Carrefour sont les premiers à avoir utilisé une technique publicitaire employée par les grandes marques pour annoncer haut et fort leur naissance, leur différence et provoquer une préférence.

On peut donc parler d'une Authentique Différence Naturelle et d'une expression phénotypique simplifiée, exprimant une réalité qui n'a pas d'autre ambition que de proposer le meilleur rapport qualité/prix au consommateur.

Dans une période de crise comme celle que nous traversons, ces marques semblent être la meilleure parade à la récession, avec leurs « premiers prix ». On parle bien de marques et non de produits distributeurs, ce qui induit parfaitement la volonté des enseignes de proposer des marques où la valeur ajoutée est une valeur diminuée des coûts de marketing. Le socle de valeurs constituant leur ADN se situe au niveau de la transparence, de la sincérité, de l'honnêteté, de l'abordabilité et de la simplicité. Ces marques sont symboliquement des anti-marques, ou plutôt des alter-marques, qui donnent la substantifique moelle d'un produit sans ajout superflu. Le premier achat est causé par le prix, le second par le rapport qualité/prix. La marque distributeur devient une marque caution, une garantie d'obtenir l'essentiel au meilleur prix. La fierté d'appropriation est plus intime que démonstrative. En revanche, un certain sentiment de fierté et de revendication est en train d'apparaître chez les enseignes low-cost. Jadis considérées comme dévalorisantes et paupérisantes,

Ces marques qui donnent la substantifique moelle d'un produit sans ajout superflu.

elles sont aujourd'hui des complices et des soutiens pour une partie de la population à qui elles permettent d'éviter les risques d'exclusion du monde de la consommation – et donc d'exclusion tout court, dans une société dominée par le « je consomme, donc je suis ».

Certaines enseignent jouent sur les deux tableaux et oscillent entre le comportement de distributeur pur et celui d'une marque.

Décathlon® en est le meilleur exemple. Société française créée en 1976, elle exerce deux métiers complémentaires : la conception et la création d'articles de sport d'une part, et la vente au détail d'articles de sport d'autre part. En 1986 est créé Décathlon Production. Sa vocation est d'assurer la conception et la fabrication d'articles signés Décathlon.

En 1996, Décathlon crée ses deux premières « marques passions » : Tribord® dédiée aux sports d'eau et Quechua®, dédiée à la montagne. Aujourd'hui, pas moins de quinze marques figurent à son portefeuille, parmi lesquelles Aptonia®, B'Twin®, Inesis® ou encore Kalenji®, Domyos®, etc.

La vocation de Décathlon est donc de devenir distributeur des marques de sport qu'elle conçoit. N'en déplaise aux fondamentalistes de la distribution, elle a un statut hybride qui lui permet d'assumer aussi bien un statut de marque que de distributeur. La caution génétique apportée par Décathlon à ses marques est totale, car l'enseigne est très spécialisée et archi-leader dans son domaine. Depuis son lancement, elle privilégie les conseils de pros en choisissant des vendeurs experts dans le secteur sportif concerné. Le rayon de tennis sera managé par un spécialiste de tennis, *idem* pour le VTT, le golf ou l'équitation. Cette expertise rejaillit directement dans l'ADN de chacune des marques, lui conférant une particularité technique et qualitative répondant aux nouvelles attentes des consommateurs tout en respectant le sacro-saint rapport qualité/prix, gène leader des MDD. Décathlon a intégré ce déterminisme, cette vision et ce statut hybride dès sa naissance en 1976. L'enseigne a réussi l'exploit de démocratiser l'accès aux articles de sports dans un pays qui considérait encore la pratique sportive comme une option à l'école et au lycée.

Interview de Christian Baumard (coprésident de Kabo Production)

Frank Tapiro – Bonjour, Christian, peux-tu s'il te plaît nous donner tes références génétiques professionnelles !
Christian Baumard – Comme tu le sais j'ai un parcours de vingt ans en agence de marketing services ce qui m'a amené à collaborer avec un grand nombre de marques commerciales et de distributeurs, ainsi que des réseaux. Par la suite, j'ai bifurqué pour devenir producteur audiovisuel pour la télévision, et aussi pour les marques depuis cinq ans, en créant la société Kabo Productions avec Alain Kappauf.

FT – Comment réagis-tu à cette posture de marques vivantes détenant un code génétique ?
CB – Je crois que c'est très bien vu et que la comparaison et l'analogie sont justifiées. Les marques ne sortent pas de nulle part et ne vont pas nulle part. Ce qui façonne à un moment donné le chemin parcouru par une marque, c'est ce qu'elle détient dans son patrimoine génétique. Je trouve donc la démarche clairvoyante.

FT – Parlons de marques que tu connais bien : les marques de distributeurs. Sont-elles des marques à part entière ?
CB – Je vais scinder ta question en plusieurs éléments : il y a la marque enseigne, comme Leclerc par exemple, à la génétique très puissante. Elle engage le consommateur sur une

relation particulière. Il existe aussi des marques produits qui ne portent pas la marque enseigne. Elles ne rentrent pas dans ton analyse. Chez Décathlon, il existe des marques produits à part entière, comme Quechua, qui portent le patrimoine génétique de la marque enseigne et sont des marques fortes.

FT – Les distributeurs sont ils aujourd'hui des marques ? Les enseignes sont-elles schizophrènes ou hybrides ?
CB – C'est leur évolution génétique naturelle. Il y a différents chemins de vie pour les distributeurs. Casino a une marque de distribution depuis plus de cent ans, inscrite dans son patrimoine génétique. Casino a donc de l'avance sur ce domaine par rapport aux autres marques de distribution sur le poids que représente sa marque propre sur le volume de ses ventes. Il est inéluctable pour un distributeur de devenir une marque. Cela concrétise non seulement une relation avec le consommateur mais aussi un savoir-faire. L'évolution est naturelle car l'environnement économique et industriel le permet. Les distributeurs ont capté du savoir-faire industriel en complément de leur expertise première la logistique. La distribution a gagné la confiance des consommateurs et inversé le rapport de force avec les industriels, ce qui lui permet de développer ses propres produits. C'est un cycle darwinien. Au début, l'offre produit est basique avec un avantage compétitif sur le prix. Ce sont des produits comme les autres mais moins chers, comme les produits libres Carrefour. Progressivement, le distributeur développe son offre et segmente son approche. Il fait de l'entrée de gamme et du haut de gamme, comme par exemple Gault & Millau chez Monoprix. Intermarché, lui, intègre les filières et fabrique lui-même ses produits. Dans la distribution spécialisée, ce qui est génétique, c'est d'offrir le meilleur rapport qualité/prix au consommateur. Progressivement, ce rapport se segmente : une très bonne qualité avec un autre prix ou un petit prix avec une qualité suffisante. On se rend compte que les « catégories killers » spécialistes d'un secteur, Toys 'r Us, Décathlon,

Leroy Merlin, ont développé très rapidement leurs propres produits avec un brio qui égale ou dépasse celui des industriels. Tout simplement parce qu'ils ont les moyens de leur développement, étant leaders sur leur catégorie en termes de volume. Ils peuvent donc développer des produits innovants, de grande qualité, qu'ils pourront vendre dans les meilleures conditions commerciales au consommateur parce qu'ils en feront fabriquer des volumes très importants. Les distributeurs généralistes ont fait le choix de marques ombrelles. On prend la marque et on l'applique à tous ses produits, quelle que soit la catégorie, de l'hygiène à l'alimentaire. C'est le cas de Casino ou de Tesco. La réalité génétique prend alors un sens incroyable. On peut acheter un produit gastronomique qui porte le même nom qu'un papier toilette ! Je les achète comme toi et ça ne me gène pas car, derrière, il y a une marque enseigne en qui j'ai une totale confiance et je sais qu'elle me vend ce dont j'ai besoin en fonction de la catégorie choisie. Ce modèle est un gros succès car le distributeur crée un contrat de confiance avec le consommateur sur un discours de transparence et de franchise. Le consommateur adhère à ce type de démarche.

FT – Comment envisages-tu l'évolution génétique des grandes enseignes ? Sont-elles capables de se réinventer ?
CB – On constate à l'évidence que le chiffre d'affaires France des grandes enseignes d'hypermarchés souffre fortement car les consommateurs viennent moins souvent ou moins nombreux. Ils font le choix d'autres circuits de distribution. C'est lié à l'évolution sociologique de notre société. On a moins de temps à accorder aux courses. Le hard discount est apparu en France en provenance d'Allemagne, avec un business model plus court en choix, sans théâtralisation, un personnel resserré, des frais fixes plus faibles, un assortiment moindre qui permet d'acheter plus de volume et donc de négocier de meilleurs prix. C'est donc l'approche prix qui est génétique pour lui. À l'origine de ces enseignes, on trouve

des fondateurs qui avaient un rapport à l'argent particulier, fondé sur l'économie, sur le « value for money » (« ça vaut ce que ça coûte »). Elles ressemblent génétiquement à leurs fondateurs. Elles ont atteint leur limite en pénétration. Les grandes enseignes ont réagi en lançant leur propre enseigne hard discount. Mais la part de marché de hard discount est arrivée à son maximum. Cela aura une limite car les grandes surfaces vont s'adapter pour offrir des prix compétitifs. Au niveau du format de l'hypermarché, on peut se demander s'il est toujours adapté à nos nouveaux modes de vie. En 1963 naît le premier hypermarché Carrefour à Sainte-Geneviève-des-Bois. Il profite alors de l'évolution de la société : le développement de la voiture, de la périphérie, l'achat groupé qui permettait de faire baisser les prix. Aujourd'hui, on assiste à la fin de la génération voiture. Nos enfants trouveront d'autres moyens de se déplacer. Le tout-sous-le-même-toit devient plutôt une contrainte car il y a plein de monde et on perd son temps. On assiste au retour du commerce de centre-ville, plus pratique. Tout le sujet est : comment les distributeurs vont-ils réinventer leur format ? L'idée est de ré-enchanter l'hypermarché. Je crois à une chose fondamentale : l'hypermarchés avec un s. Je crois à des îlots et une théâtralisation qui permet d'aller d'îlot en îlot de façon fluide. Généralement, quand vous entrez dans un hyper, on vous met au plus loin les produits dont vous avez vraiment besoin. L'eau, par exemple, se trouve tout au bout, à gauche au fond... Au final, le pack d'eau écrase les tomates qui se trouvent au fond du caddie. C'est du vécu. Je crois qu'il faut faire comme sur internet et proposer ce dont j'ai besoin tout de suite. J'aimerais donc que ces îlots correspondent à mon plan de circulation et non pas à la démarche qui génère de l'achat d'impulsion provoquée par les distributeurs. Il faut redonner le désir de la saveur aux gens par la théâtralisation du lieu de vente et leur redonner l'envie d'aller faire leurs courses. Je crois fondamentalement que les enseignes ont acquis une légitimité plus ou moins grande sur certains périmètres. Les distributeurs ont essayé de tout vendre, de la banque, des voitures, des voyages et demain des maisons. Il est important de savoir où est la franchise de marque, de définir ce qui est génétiquement acceptable ou une hérésie génétique. Le cas le plus simple est Leclerc. Tout ce qui est dans le périmètre de la défense du consommateur contre les abus des monopoles est génétiquement compatible avec Leclerc, le carburant ou la bijouterie. Leclerc est né avec un patrimoine génétique qui était clairement identifié. Il n'a pas muté en cours de route mais a suivi l'évolution de la société. Casino s'est développée de l'épicerie à l'hyper, sur tous les formats de distribution. La marque Casino est dans une proximité avec les besoins des consommateurs sur l'item de la confiance. La marque Carrefour est plus confuse. On ne sait pas où elle veut aller. Carrefour a perdu le bénéfice de pionnier qu'il avait acquis avec les produits libres. C'est ce qui s'appelle marcher à côté de ses gènes.

4-10 Les marques dérivées sont-elles génétiquement compatibles ?

Les marques dérivées ont un nom construit à partir du radical de celui d'une grande marque. De fait, elles profitent de la notoriété de la marque tout en ayant leurs caractéristiques propres. En élargissant son domaine de référence, une grande marque permet de renforcer le sentiment d'appartenance à une même enseigne ou à un même groupe. Cependant, elle prend également le risque de multiplier les signes, de diviser l'impact, de se diluer et de s'affaiblir.

Par exemple, Nescafé®, Nesquick®, Nescoré® ou Nespresso® rappellent immédiatement Nestlé®. Dany®, Dan'up®, Danerolles®, Danette® ou Danessa® renvoient à Danone. Restaumarché®, Bricomarché®, Ecomarché®, sont tout de suite identifiables comme les enseignes dérivées du portefeuille Intermarché.

Nestlé, Danone et Intermarché sont des marques éponymes. Elles donnent leur nom à leurs produits. Une marque dérivée est bien plus facile à lancer qu'une marque récente, qui n'a ni référence, ni ressemblance, ni sonorité correspondant à une grande marque à forte notoriété. Le consommateur peut immédiatement faire le rapprochement entre le nouveau produit et la grande marque référence, lui donnant toute l'assurance que la marque lui procure. En cas d'échec, la marque caution ne subit pas de contrecoup. La marque dérivée profite de la fonction éthique de la marque caution en termes, par exemple, de protection de l'environnement ou de comportement responsable. La marque caution disparaît peu à peu une fois que la marque dérivée s'est imposée comme marque à part entière.

D'un point de vue génétique, les marques dérivées sont des protéines de la marque mère. Elles ont donc une Authentique Différence Naturelle qui contient des gènes communs avec ceux de la marque mère, auxquels s'ajoutent les gènes correspondant à leur valeur propre et à la nouveauté qu'elles apportent sur le marché. Cette combinaison génétique permet de construire une architecture de marque cohérente où chaque marque dérivée nourrit la marque mère et où la marque mère transmet un héritage de valeurs à ses marques dérivées.

oh oui grand-père raconte-nous une histoire de marque leader !
il était une fois, un débouche-évier qui s'appelait...

5 Évolution et mutation génétique des marques

5-1 Une marque ne mute que si elle en est contrainte

« Le bon moment pour changer, c'est quand on n'est pas encore obligés. ». « On doit changer juste avant d'être contraint de le faire. » Robert Winship Woodruff fut l'homme clé de Coca-Cola de 1923 jusqu'à sa mort en 1985. Ce grand conservateur était obsédé par la protection des gènes fondamentaux de la marque, pensant qu'une grande marque comme Coca-Cola ne pouvait pas tout se permettre.

Une marque est un être vivant condamné à créer, à évoluer, à changer, mais pas à muter. Elle ne le fait que si elle en est contrainte par son milieu (le marché), après avoir vérifié et contrôlé si cette mutation ne pouvait pas lui être fatale.

Qui maîtrise le génome d'une marque en maîtrise le destin.

Une marque se doit de préserver son socle de valeurs génétiques et fondamentales comme on préserve une boîte noire, contenant ses principes vitaux. Plus le code génétique est fortement défini, plus il est préjudiciable de s'en éloigner.

Une marque peut muter en conservant sa matrice originelle intacte. Le rétro-contrôle permanent lui permet de revenir (*feed back*) vérifier dans son ADN fondamental si cette évolution est conforme et si elle peut muter sans risque. La marque s'inscrit dans une interaction permanente entre les gènes et son milieu.

Une mutation basée sur le domaine de compétence fondamental d'une marque ne peut que se solder par un succès.

L'ADN, bien qu'extrêmement complexe et précis, évolue sans cesse à cause de différents facteurs internes et externes à un être vivant. Les mutations génétiques peuvent intervenir au niveau d'un gène ou ailleurs dans l'ADN. Certaines mutations affectant un gène peuvent d'ailleurs n'avoir aucune conséquence. D'autres entraîneront une modification (structure et fonction) de la protéine « codée » par le gène, voire l'absence de protéine. Plusieurs marques ont, au cours de leur existence, modifié un gène qui a engendré par la suite de profonds bouleversements. Le facteur intéressant dans l'ADN des marques et de savoir comment, à quel moment et pourquoi faire cette mutation pour ne pas engendrer de résultats désastreux, voire fatals. Toute entreprise connaît dans sa vie dans des phases de recentrage, de développement, de crise, de transformation, de changement de cap. Ces phases s'inscrivent dans la ligne de vie d'une marque qui a son propre biorythme et un destin qui semble prédéfini tant son histoire est synonyme d'évolution et non de révolution. La révolution intervient souvent à la naissance d'une marque. On parle de marque révolutionnaire ou on dit que certaines marques révolutionnent tel ou tel marché. Et comme dans toute révolution, la marque qui l'a engendrée devient à son tour un nouveau système linéaire qui sera renversée par d'autres révolutions et ainsi de suite.

De nombreuses marques qui ont muté pour créer une rupture se doivent de ne pas s'éloigner de leurs publics en ne trahissant pas ce pourquoi la confiance a été installée. La révolution créée par la mutation doit se transformer en énergie positive. Danone, lors de son recentrage de marque à la fin des années 90 a limité la casse en revenant de façon forte et déterminée sur ses fondamentaux « Produits frais » supprimant ainsi toutes les autres branches ne rentrant pas dans ce prisme, comme les bières et autres produits niches. Les bières étaient pourtant la vache à lait du groupe qui décidait ainsi de couper une source de revenus importante pour se concentrer sur son métier de base. Les Cassandre ont pu constater une fois de plus qu'une mutation basée sur le domaine de compétence fondamental d'une marque ne peut que se solder par un succès. Apple® aussi a muté en passant d'une marque d'ordinateurs à une marque de distribution de contenus culturels numériques. Apple est une marque de services. Les différents produits électroniques Apple n'étant que des outils, des moyens, des vecteurs, pour transférer ces contenus sur des supports différents et communiquant entre eux. Le business model d'Apple tient autant aujourd'hui du succès d'i-Tunes® que de la vente de i-Phone® ou du i-Pod®.

Apple n'a pas muté par hasard. Il s'agit d'une véritable décision marketing basée sur l'ADN d'Apple.

Le Génome d'Apple

Empreinte génétique

« Je patine à l'endroit où le palet va être, et non là où il a été » (Steve Jobs, citation empruntée à Wayne Gretzky, champion de hockey).

Gène leader = La rupture

La naissance d'Apple sonne la fin de l'hégémonie du PC sur le monde. L'alternative indépendante et créative de deux jeunes inventeurs qui vont bousculer la planète informatique. En 1984, le projet Macintosh® donne naissance au premier ordinateur grand public commandé par une souris, qui va révolutionner le monde de la micro-informatique.

Le patronyme Apple

Steve Jobs, végétarien, était un grand amateur de pomme. Macintosh est une variété de pommes qu'il récoltait dans sa jeunesse pour se faire de l'argent de poche. Le trognon de pomme faisait partie du quotidien des deux Steve, Jobs et Wozniak. Ils décidèrent d'en faire le nom et le logo de leur société.

La simplification, l'ergonomie

Par le design et un OS qui en simplifie l'usage et qui permet d'APPrivoiser la technologie. Apple incarne le bénéfice de la technologie sans les inconvénients. On y croque comme dans la pomme du logo.

La technologie à visage humain

Apple est la seule marque de hardware qui possède un créateur fondateur connu, reconnu et identifié : Steve Jobs. C'est la première marque humaine de l'univers informatique. Quand on allume un Macintosh en 1984, il vous dit « bonjour ». Un PC vous accueille par une ligne de code machine.

La différence

Apple invente et propose une vision différente de l'informatique, de la technologie et du monde de la communication avec un design innovant destiné à des gens qui revendiquent leur différence.

L'innovation permanente

Apple innove en permanence et garde toujours une longueur d'avance sur ses concurrents.

Concept génétique

Think Different.

Aujourd'hui, Apple n'est plus seulement un concurrent d'IBM, HP ou Dell. C'est le concurrent de YouTube, Yahoo, Fnac et de toutes les plates-formes de distribution de contenus audiovisuels.

En mutant de Christian Dior à Dior, la marque est passée d'un statut de référence du luxe à celui de marque de démocratisation du luxe. En choisissant d'ouvrir le spectre de la marque vers les accessoires boostés par le style avant-gardiste de John Galliano, il a explosé son chiffre d'affaires et élargi sa gamme de produits, sortant du cadre très fermé des marques haute couture en prenant le risque de désacraliser la marque légendaire. La réalité du marché du luxe en pleine expansion et la forte concurrence ont poussé les dirigeants de Dior à devenir une marque de « haute tendance » et de « haute diffusion ».

Dans tous les cas, c'est le marché qui dicte sa loi aux marques. À elles de réagir en conservant leur propre loi fondamentale et intrinsèque, au risque de se perdre en trahissant les composantes de leur succès. Même si certaines mutations semblent naturelles, voire inéluctables, dans les faits, elles néces-

LE GÉNOME DE **APPLE**

L'EMPREINTE GÉNÉTIQUE

« JE PATINE À L'ENDROIT OÙ LE PALET VA ÊTRE,
ET NON LÀ OÙ IL A ÉTÉ »
(EMPRUNTÉE À WAYNE GRETZKY, CHAMPION DE HOCKEY)

AUTHENTIQUE DIFFÉRENCE NATURELLE

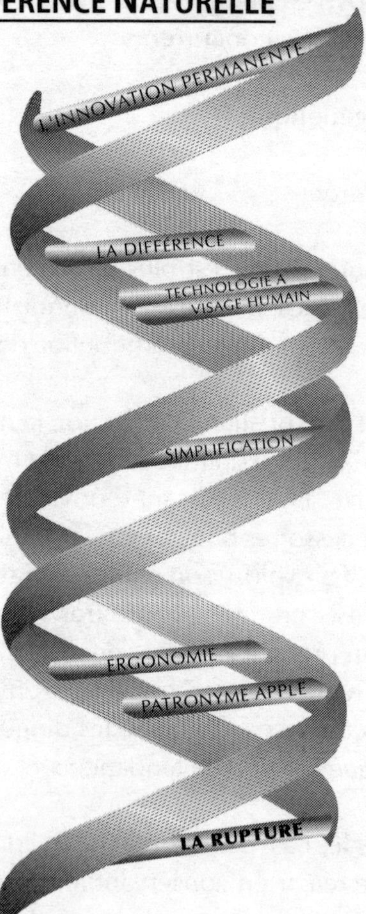

CONCEPT GÉNÉTIQUE : THINK DIFFERENT

sitent le plus souvent une révolution interne qui permet de les initier sans risque. Une révolution contrôlée et raisonnée.

La marque peut réagir en s'adaptant, en mutant, ou en décidant de ne pas bouger et de ne pas se laisser influencer. La mutation volontaire, artificielle ou forcée se termine souvent par un échec.

Chez les êtres vivants, on distingue deux types de mutation : la mutation somatique, qui affecte toutes les autres cellules de l'individu et non ses descendants ; la mutation germinale, qui concerne les cellules reproductrices et n'affecte que les descendants.

Les marques opèrent de la même façon selon que la mutation concerne leurs produits ou non.

Une marque peut en revanche créer un phénomène de réversion en cas de mutation indésirable. Par exemple, Coca-Cola remplace le New Coke par le Coca-Cola classique pour retrouver le succès. Il a opéré cette réversion en créant un contre-gène « classique ».

On peut donc parler de mutations compensatrices et salvatrices.

Ces phases de mutation profonde sont toujours des périodes clés pour les marques. Elles sont alors à la fois plus fragiles et plus fortes, tant l'énergie et les moyens financiers mis en œuvre sont grands.

La période de crise mondiale que nous traversons est le signe d'un profond bouleversement sociétal. Depuis de nombreuses années, notre monde est entré dans une phase de mutation que nous avons longtemps considérée comme une succession de soubresauts conjoncturels en nous voilant la face sur l'essentiel. Nous devons admettre que nous ne voulons plus vivre comme avant. Pas à pas, nous nous remettons à considérer l'homme comme un rouage central.

Nous allons entrer dans une ère de réinitialisation de notre système de valeurs pour nous donner un ancrage adapté au monde d'après. Nous ne consommons déjà plus comme avant. Nos envies et nos besoins semblent avoir retrouver forme humaine et nous ne subissons plus le diktat des créateurs de désir artificiel, symptôme d'une panne de désir qui nous étreint depuis bien longtemps.

Cette mutation n'est pas non plus un rejet total ou une volonté de destruction de l'ancien monde qui brûlerait les idoles qu'il a jadis adorées. Elle redéfinit la nature du besoin. Si nous achetons moins de voitures, ce n'est pas simplement pour éradiquer « le symbole le plus parlant et le plus polluant de la révolution industrielle d'après guerre ». C'est plus subtil que cela. Nous avons simplement sacrifié l'objet à l'usage. Nous ne voulons plus acheter de voitures, nous voulons être mobiles. Le mot « auto-mobile » va retrouver tout son sens. Les constructeurs qui ont déjà raté la vague verte doivent inventer les véhicules qui permettront à l'homme de se déplacer simplement, rapidement, à moindre prix, sans polluer, en adaptant leur modèle économique aux besoins de location d'usage plutôt que d'appropriation matérielle de masse.

Oui, la crise est une opportunité. L'opportunité de rebondir et de réinventer un monde dans lequel tout ce qui entoure l'homme est réellement à son service et non le contraire. Et pour les marques de créer une nouvelle relation avec leurs publics, durable et basée sur la confiance, la transparence et l'éthique.

5-2 Il ne faut pas confondre mutation et évolution naturelle

Comme tout être vivant qui grandit, mûrit et vieillit, une marque s'adapte à son temps sans en avoir conscience, l'évolution se faisant de façon lente et imperceptible. Une marque change tous les jours en communiquant différemment, en modifiant son packaging, sa formule, son logo ou ses contenus. Néanmoins, elle demeure généralement fidèle à elle-même puisque cette évolution est naturellement inscrite dans son ADN. La mutation est une rupture, une modification d'un gène ou d'une partie des gènes qui constituent l'ADN d'une marque. Elle entraîne une modification parfois profonde du phénotype (l'apparence) et du comportement (posture, vision, ambition). Ce changement ne peut s'effectuer sans risque que si l'ADN de la marque est considérée dans son ensemble, de façon transversale, comme la somme des valeurs fondamentales, sur le principe de la causalité absolue. En effet, on doit considérer qu'un gène influe sur un autre gène et qu'une valeur fait partie d'un tout dans le système de valeurs d'une marque. Une mutation d'un gène entraîne donc une équation différente dont le résultat doit demeurer inchangé pour conserver l'intégrité de la marque et ne pas en trahir le patrimoine. Tous les calculs savants et autres études marketing peuvent conduire à une mutation voulue et provoquée qui finit par annihiler la marque si elle n'a pas au préalable pensé à contracter une assurance-vie. L'ADN est cette assurance-vie qui permet de muter sans crainte.

Une marque qui n'a pas d'acte de naissance n'existe pas. Si elle n'a pas conscience de son ADN, elle n'a ni passé, ni présent, ni avenir. Elle peut très bien prospérer et durer sur sa posture prix ou qualité/prix sans pour autant avoir ce petit plus qui caractérise les grandes marques.

Voilà pourquoi il est indispensable pour une marque de chercher à décoder son patrimoine génétique. Voilà pourquoi il est urgent et de retourner aux racines du futur.

L'ADN mute et s'adapte pour survivre, mais la matrice originelle reste la même.

Nous allons tenter d'explorer quelques exemples de mutations réussies qui ont aidé des marques à se relancer et à se donner une nouvelle source d'énergie.

5-3 Orangina® : jetez-moi ou secouez-moi

Nous avons vu plus tôt comment Orangina a opéré pour muter son gène « négatif » (pulpe qui ne se mélange pas) en un gène positif pour la marque (« Secouez-moi ! »), au moyen d'un rituel de consommation nécessaire et vital, garantissant son succès. Là encore, la mutation était nécessaire puisque le problème de la pulpe était létal. Le geste initié par le « Secouez-moi ! » a non seulement permis de mélanger la pulpe, mais aussi de démocratiser la petite bouteille ronde qui était totalement rejetée par la distribution. Secouée comme on agite des maracas, la bouteille dépassait son statut de simple contenant pour devenir un instrument de mélange amusant qui rendait la consommation différente et sympathique. Cette mutation salvatrice a enfin permis de mettre en avant la naturalité de la marque. Elle devait en effet se distinguer des autres boissons « soft » par une posture naturelle, qui était matérialisée par la pulpe d'orange. Orangina a trouvé dans ce rituel une mise en scène qui a fait d'elle le héros de la marque. Ainsi, la visualisation de la pulpe était si flagrante que les consommateurs avaient sous les yeux l'argument discriminant majeur qui a fait d'Orangina une boisson si particulière et si appréciée.

5-4 Mutation génétique de Bic : du jetable au récupérable

Bic est né de l'innovation produit et de la vision d'un homme qui a démocratisé des objets courants et quotidiens qui nous simplifient la vie. C'est une marque vouée à créer et à innover en permanence. La révolution, le « Bic Bang », a été initiée par l'apparition du Bic Cristal, suivie par des innovations qui allaient dans le sens de la démocratisation : le briquet et le rasoir. La véritable révolution fait d'ailleurs toujours partie du logo de la marque générique. Le petit bonhomme à tête de bille tient en effet un stylo dans son dos. Il ne viendrait pas à l'esprit à quiconque de modifier ce logo, profondément indissociable de la marque et de tous ses produits. Plus qu'un stylo, il symbolise la quintessence de Bic et l'état d'esprit du baron Bich. C'est la révolution du stylo qui a engendré l'innovation briquet et rasoir. En revanche, Bic est à l'orée d'une mutation profonde sur un gène qui doit s'exprimer différemment dans un futur proche : la fonctionnalité.

Cette fonctionnalité s'est exprimée d'une façon univoque en proposant des produits jetables. Cela n'a pourtant jamais été la vocation de Bic. Les produits jetables étaient en fait la meilleure traduction du gène fonctionnel et la meilleure réponse à une époque où les produits de consommation quotidiens étaient encombrants, chers et peu pratiques. Rendus jetables, ils devenaient immédiatement des produits à bas prix, simples à utiliser, pratiques à stocker et faciles à éliminer. Aujourd'hui, les préoccupations sont différentes et une marque responsable et aussi proche de ses consommateurs n'ignore pas le bouleversement sociétal provoqué par le développement durable et le respect de l'environnement.

Je pense que Bic, qui s'est toujours situé aux côtés du consommateur, devra désormais l'aider à ne plus acheter de futurs déchets en puissance et le dédouaner de sa culpabilité à créer plus de déchets. Bic doit évacuer ce problème en restant fidèle à ses engagements pour demeurer l'une des marques préférées des consommateurs en mutant du jetable au récupérable. C'est aux marques de faire les efforts qui permettront aux consommateurs de moins en faire. Une telle mutation est une véritable révolution pour cette marque qui doit être désormais associée au respect de l'environnement. Elle peut ainsi devenir le leader des marques responsables dans un marché qui a tant de mal à le devenir. Cette mutation lui donnera une nouvelle posture, une nouvelle image et surtout une nouvelle énergie. Le respect de l'environnement et le développement durable coûtent cher. Comme à son habitude, Bic trouvera des solutions innovantes et économiquement viables pour muter sans en faire payer le prix au consommateur. Le rapport qualité/prix peut devenir un rapport qualité/valeur pour donner à Bic un positionnement qui se situe entre les grandes marques de rasoirs et les marques distributeurs. Cela lui permettra de convaincre le consommateur qu'il n'a pas besoin de payer le prix de la technologie et d'assumer tout seul la réduction de ses déchets quotidiens.

Son futur est entre ses mains.

5-5 BP® : de British Petroleum à Beyond Petroleum

Fondée en 1909, la société BP (anciennement nommée British Petroleum puis BPAmoco) est une compagnie britannique spécialisée dans la recherche, l'extraction, le raffinage et la vente de pétrole. Sa fusion avec Amoco®, Atlantic Richfield (Arco®) et Burmah Castrol® a fait d'elle la plus grande société du Royaume-Uni et la troisième compagnie pétrolière mondiale.

En 2000, BP a choisi un nouveau slogan qui traduisait sa volonté de donner aux deux lettres B et P une autre signification. Désormais, il faut lire et dire « *Beyond Petroleum* » (au-delà du pétrole). Plus qu'une simple lubie de publicitaire, cette mutation sémantique du patronyme de la société exprime une volonté réfléchie de la marque et de l'entreprise. Depuis de nombreuses années, les grandes marques pétrolières et BP en particulier sont montrées du doigt comme les grands pollueurs de la planète, à une époque ou l'écologie, la responsabilité sociale et le respect de l'environnement sont devenus des tendances lourdes et des réflexes acquis par une société qui a désormais une « date limite de conservation ». La pression créée par les associations et leurs relais médias a poussé les pétroliers à réagir et à muter. Dans le cas qui nous intéresse, il s'agit bien d'une mutation vitale pour éviter l'exclusion ou la condamnation publique à perpétuité. Au sein même de BP réside un groupe d'actionnaires militants dont Greenpeace fait partie, Sane BP (BP sain). Ce groupe – qui a compris que pour détourner un avion, il fallait monter dedans – propose depuis 1999 à chaque assemblée générale un grand nombre de solutions environnementales, que BP ne pouvait plus longtemps ignorer. Cette action était combinée à l'imminence du choc pétrolier et l'entreprise ne pouvait pas négliger ces facteurs déterminants pour son évolution, son image et son succès. British Petroleum a donc décidé de donner un nouveau sens à ses initiales pour traduire sa volonté de s'inscrire dans ce nouveau paradigme. En adoptant un nouveau logo, une rosace verte au cœur jaune et blanc, comme pour symboliser le soleil et son effet sur la nature, et en baissant la casse des lettres b et p, devenues minuscules, BP montre à quel point il est important de respecter la nature. Il se positionne à la fois comme responsable (BP est au-dessus de la rosace et non en dessous) et respectueux, choisissant de se minimiser face à cette immensité que l'on se doit de préserver. Adopter les minuscules donne aussi à BP une allure plus sympathique, plus humble et moins dominatrice ou impérialiste, ce qui contraste avec son ancien logo. Beyond Petroleum traduit une volonté de la marque de sortir de son champ d'origine pour explorer de nouvelles sources d'énergie et quitter le champ de pétrole. À la fois par responsabilité sociale et pour garantir sa pérennité, la société investit depuis quelques années dans l'énergie solaire.

Aujourd'hui, les stations-service portent la nouvelle enseigne et le nouveau nom, Beyond Petroleum. Même si repeindre son logo en vert peut signifier un désir de BP de devenir une marque respectueuse, cela ne remplacera jamais la preuve par l'action et les faits qui montreront qu'il s'agit d'une profonde mutation de la marque et de l'entreprise plus que d'une nouvelle campagne de communication. Un corps vert ne veut pas forcément dire une âme verte. Cette volonté doit se transformer en réalité pour achever la mutation.

5-6 Lesieur®, imaginons l'huile d'après

Lesieur fait partie de ces grandes marques patrimoniales qui nous accompagnent depuis toujours. Envers et contre tout, c'est pour travailler avec ses enfants que Georges Lesieur quitta l'huilerie à laquelle il avait donné quarante-cinq ans de sa vie pour fonder en 1911 la société « Lesieur et ses fils », à savoir Paul, Henri et Maurice. La grande aventure de Lesieur commença en apprivoisant toutes les huiles, végétales, minérales, alimentaires et industrielles et en conquérant tous les produits qui en dérivent. Georges Lesieur déclarait à l'époque : « Je crois en l'énorme potentiel des huiles et je crois en les huiles. » Un siècle plus tard, Lesieur n'est autre que ce qui était inscrit dans ses gènes à sa naissance : une famille d'huiles. Cet esprit de famille est donc le socle fondamental de Lesieur, aussi bien au niveau de l'entreprise que de ses produits. Ce visionnaire a regardé les gens vivre et les a accompagnés en comprenant avant les autres ce dont ils avaient besoin. Grâce à ses capacités d'anticipation et d'innovation tant scientifiques que marketing, organoleptiques et même sociales, la marque sait se mettre constamment au service de ses consommateurs et de son époque. Lesieur affronte les turpitudes que rencontre la consommation de l'huile et incarne en permanence la solution. En 1920, l'huile est mauvaise : Lesieur la rend pure. L'huile n'est pas pratique : Lesieur en individualise la consommation. Dans les années 1960, les bouteilles d'huile sont consignées : Lesieur crée la bouteille en PVC. Dans les années 1980, les femmes travaillent et rejettent le tablier : Lesieur invente la vinaigrette toute prête. L'huile graisse tout : il invente le bouchon verseur. Dans les années 1990, c'est l'ouverture aux saveurs et à la diversification : Lesieur invente Isio 4 et les jardins d'Orante. En 2000, on ne sait toujours pas comment se débarrasser de son huile de friteuse : Lesieur invente Frit'o Clean, qui la solidifie pour mieux la jeter.

L'Authentique Différence Naturelle de Lesieur

Gène leader = l'esprit de famille

Lesieur est une marque patronymique et patrimoniale qui exprime un esprit de famille et un état d'esprit tout court. Une famille de personnes et une famille de produits. Plus que de l'huile, Lesieur est une famille d'huiles. C'est une **marque père**, une marque repère (Le-sieur = Le Monsieur).

Le carré magique

Le logo est un carré lui-même constitué de quatre carrés identiques. Il symbolise le père et ses trois fils, constituant un même ensemble, une même société, une même famille. C'est un symbole d'unité multiple.

L'innovation

C'est le moteur de Lesieur, son énergie créatrice qui prend ce que l'industrie et le savoir-faire traditionnel ont de meilleur. L'innovation repose sur quatre piliers : science, santé, saveur et marketing.

L'esprit entrepreneur

Lesieur est un entrepreneur à la fois rupturiste et progressiste qui se remet en question en permanence.

La fonctionnalité

L'approche de Lesieur est résolument fonctionnaliste pour que le produit soit au goût du jour, hier comme aujourd'hui.

Le consumérisme

Lesieur observe la vie des gens pour leur proposer les bons produits qui vont les accompagner au quotidien. Cette empathie donne à la marque un caractère humain et chaleureux qui est toujours en phase – ou même légèrement en avance – avec la **valeur sociétale du moment**.

L'aspect transgénérationnel

Aussi bien connecté aux tendances – « *Je veux tout* » sonne plus juste dans les années 1980 que n'importe quel article de magazine féminin ! – qu'intemporel, Lesieur a un pouvoir de transmission et d'accompagnement des consommateurs tout au long de leur vie. La marque est devenue un classique qui résiste au temps et aux modes.

La popularité

Lesieur est la marque de tous les Français sans distinction. Cette marque générique et patrimoniale est devenue au fil du temps une marque de confiance.

Le mélange

> Seul Lesieur peut se permettre d'innover en proposant une huile qui entre en contradiction apparente avec son ADN.

L'huile est un produit de mélange, et tous les produits Lesieur sont aujourd'hui des produits mélangés. Isio 4 en est le parfait exemple. Même l'huile d'olive est faite de plusieurs huiles. Le mélange est aussi une valeur fondamentale et sociétale pour Lesieur : métissage, assemblage, lien social, brassage. C'est un gène acquis par la marque qui semble correspondre à l'air du temps, lui garantissant une différence au niveau du produit comme au niveau de la relation avec ses consommateurs.

En partant du décodage de l'ADN de Lesieur, tentons de dégager son potentiel de mutation génétique. Lesieur se réinvente en permanence en concevant les produits qui vont correspondre à leur époque.

Il se trouve qu'aujourd'hui, l'huile cristallise la tendance culinaire « je t'aime moi non plus ». L'huile est considérée comme un aliment naturel, nutritionnel et essentiel dans certains régimes (régime crétois), mais elle stigmatise dans le même temps tous les fantasmes négatifs de la malbouffe.

Lesieur doit éradiquer le rapport « huile = gras » en dédramatisant la relation du consommateur à l'huile. Il faut parler de « bon gras ». Pour prendre soin de son époque et apporter un maximum de bienfaits à ceux qui la consomment, Lesieur se bat constamment pour libérer l'huile (la libérer des contraintes de sa consommation, libérer les saveurs, libérer les usages, la libérer des craintes qui lui sont associées…).

On peut donc imaginer des évolutions produits comme le vaporisateur à adapter sur les bouteilles, un packaging mélangeur d'huiles, un bouchon anti-ruissellement ou une huile bio, qui correspondent aux attentes de l'époque.

Lesieur pourrait aussi pousser le bouchon jusqu'à inventer une huile qui révolutionne l'univers alimentaire dans son ensemble, une huile qui s'inscrive totalement dans son patrimoine génétique. Ce nouveau produit opérerait une rupture si forte qu'elle pourrait être considérée comme une mutation, tant elle bouscule les mentalités et les habitudes. Cette huile, ce serait l'aspartame de l'huile ou la première huile sans gras.

Seul Lesieur peut se permettre d'innover dans ce sens en proposant une huile qui entre en contradiction apparente avec son ADN mais qui, en fait, constitue une révolution utile pour les consommateurs. Là encore, le *feed back* sur le marché nous montre qu'à terme, l'huile risque de connaître de nombreux désagréments si elle n'opère pas une mutation salvatrice. En inventant cette huile au bon gras, Lesieur lui permet de ne plus être associée à des connotations négatives. C'est une mutation par anticipation. C'est l'huile et les huiles qui en sortiront vainqueurs. L'apparition de l'aspartame n'a pas tué la consommation de sucre, mais l'a modifiée à une époque où le sucre était hors-la-loi. Lesieur peut muter pour inventer l'huile d'après sans risquer de trahir ses fondamentaux puisque cette innovation s'inscrit parfaitement dans la vocation de la marque d'offrir des produits qui accompagnent le consommateur et qui correspondent à son attente du moment. L'huile sans gras fera naturellement partie de la grande famille des huiles Lesieur. C'est l'huile d'après inventée par la marque d'huiles de toujours.

5-7 Le recentrage génétique de Danone

Au début du siècle dernier, un médecin espagnol d'origine grecque, Isaac Carasso, s'intéressa à la santé des enfants barcelonais qui souffraient d'affections intestinales dues aux conditions climatiques difficiles. Sa rencontre avec Elie Metchnikoff, le directeur de l'institut Pasteur de l'époque et prix Nobel de physiologie et de médecine en 1908, fut cruciale. Ce dernier lui fit apprit que les ferments lactiques combattaient les troubles intestinaux, réduisaient le cholestérol sanguin et contribuaient à combattre le vieillissement. Voilà comment l'institut Pasteur fournit ces ferments qui permirent à Carasso de vendre ses produits en pharmacie, dans des pots en grès. En 1919, il ouvrit un petit négoce appelé Danone en référence au diminutif catalan du prénom de son fils Daniel. Il mit en place les premiers processus industriels de fabrication du yaourt. Isaac Carasso mourut en France en 1939.

> Ce recentrage s'est effectué sur les fondamentaux génétiques de Danone, qui est né d'un produit de santé.

Son fils, Daniel Carasso, qui avait créé et développé la filiale française en 1929, reprit l'entreprise familiale espagnole. Parti aux États-Unis en 1941 pour fuir le régime nazi, il y fonda une société de yaourts appelée Dannon, pour préserver la prononciation du nom. Danone fusionna avec Gervais en 1967, devenant Gervais Danone. Le groupe Danone fut créé par Antoine Riboud en 1973, après le rachat de Gervais Danone par le fabricant de verre BSN.

Depuis le lancement de son premier yaourt, Danone est devenue une marque mondialement connue, au deuxième rang des marques alimentaires après Coca-Cola. Elle s'est *brand stretchée* autant sur les produits laitiers que sur les biscuits, les bières, l'alimentation infantile, la nutrition clinique et les produits de beauté.

Pourtant, à la fin des années 1990, Danone a choisi une stratégie de focalisation sur trois métiers porteurs : adoptant le nom de sa marque phare, le groupe Danone a recentré son activité autour des produits frais laitiers, de l'eau et des biscuits. En mai 1996, Antoine Riboud, patron de BSN® depuis trente ans, a cédé les rênes à son fils Franck Riboud. La famille Riboud ne détient que 1 % du capital du groupe. Le groupe s'est fixé comme mission « d'offrir chaque jour une alimentation variée, des goûts plus variés et des plaisirs plus sains ».

Rapidement, Franck Riboud s'est défait des conserves et condiments (William Saurin®, Amora®), des soupes et des plats cuisinés (Liebig®, Marie®), des pâtes (Panzani®), et des confiseries (La Pie qui chante®, Carambar®) pour se concentrer sur trois pôles : la santé (numéro un mondial des produits laitiers), le snacking (numéro deux mondial des biscuits sucrés) et la boisson (numéro deux mondial des eaux minérales).

> Le succès de Danone a inspiré ses principaux concurrents qui réduisent leur portefeuille autour d'un nombre restreint de métiers porteurs.

En 1999, le groupe s'est séparé de sa filière emballage et s'est désengagé du créneau de la bière (vente de Kronenbourg® en 2000). Mais il s'est renforcé dans ses trois principaux secteurs avec les biscuits (Pologne, Colombie, Tunisie, Maroc, Brésil), les produits laitiers frais (Argentine, États-Unis, Pologne, Turquie) et l'eau embouteillée (Argentine).

Lors de son recentrage, Danone a décidé d'abandonner des secteurs qui lui rapportaient pourtant énormément de profits, comme les bières Kronenbourg. On s'aperçoit que ce recentrage s'est effectué sur les fondamentaux génétiques de Danone, qui est né d'un produit de santé. L'aliment est alors devenu un alicament et la stratégie marketing et communication de Danone est de nouveau la santé, comme aux premiers jours. Le retour aux sources s'est avéré payant. Achevé en 2000, le recentrage génétique du groupe se traduit par le fait que plus de 97 % de son chiffre d'affaires est actuellement réalisé dans les trois domaines considérés comme porteurs.

Danone a développé ses métiers autour de marques mondiales : la stratégie de recentrage du groupe se double d'une volonté d'asseoir le développement international de l'entreprise sur un nombre limité de marques à fort contenu. Dans le domaine des boissons, il s'agit d'Évian®, dans celui des biscuits, de Lu® et dans celui des produits laitiers frais, de Danone (Dannon aux États-Unis).

En 2007, Danone a cédé les biscuits Lu à Kraft Foods® et réparti son activité sur quatre pôles : produits laitiers, eaux conditionnées, alimentation infantile et nutrition clinique. En concentrant ses efforts et en évitant la dispersion, le groupe a augmenté ses bénéfices tout en renforçant l'image de la marque, qui communique de façon univoque sur un bénéfice consommateur unique : la santé.

Le succès de Danone a inspiré ses principaux concurrents qui réduisent leur portefeuille de marques afin de concentrer leur développement international autour d'un nombre restreint de métiers porteurs.

Le recentrage génétique permet donc à une marque de mobiliser ses moyens et ses ressources internes sur un nombre restreint de métiers avec la possibilité de réduire les coûts pour trouver les moyens de financer un développement international souvent très coûteux. Ce recentrage génétique est une source de succès pour Danone et les grandes marques qui ont compris qu'on ne pouvait être bon que sur son propre domaine d'expertise. Ce recentrage est salutaire dans des périodes de crise, ce qui montre qu'en se concentrant sur l'essentiel, une marque peut se développer sans risque.

Daniel Carasso était la preuve vivante de deux valeurs génétiques de la marque : la santé et la longévité. Malgré son âge – 106 ans ! –, il restait actif dans le groupe dont il était le président d'honneur. Il partageait sa vie entre Paris et Barcelone et se rendait régulièrement à son bureau au siège du groupe. D'un naturel plutôt discret, il a fait une apparition publique, à l'âge de 103 ans, pour les célébrations des 90 ans de la marque Danone le 2 avril 2009 à Paris.

J'ai bien entendu cherché à le rencontrer pour l'interviewer sur le génome de la marque Danone et sur son secret de longévité. Malheureusement, quelques semaines plus tard, Daniel « Danone » Carasso a tiré sa révérence. Si l'homme nous a quittés, le symbole demeure.

Les êtres humains sont faits pour mourir et les marques pour durer.

Il demeure pour toujours l'un des actifs principaux de Danone. N'oublions pas qu'en bulgare, yaourt veut dire longévité.

5-8 Marlboro® ou le changement de sexe

Le nom de la marque Marlboro proviendrait de l'adresse (rue Marlborough) d'une ancienne manufacture de Londres. Une autre explication de l'origine de la marque est le nom simplifié du comté de Marlborough en Grande-Bretagne, où demeurait un certain Philip Morris, négociant de tabac à Londres, à la fin du XIXe siècle.

Avant de devenir la cigarette la plus vendue au monde dans plus de 180 pays, Marlboro a quelque peu cafouillé son lancement.

Lorsque Marlboro voit le jour en 1926, sa cible est le public féminin (l'extrémité de la cigarette est rouge, rendant les traces de rouge à lèvres invisibles). La marque communique sur la cible féminine en lui adressant des conseils de beauté à chaque pub, mais elle n'arrive pas à décoller du 15e rang des marques de cigarettes américaines.

La nouvelle Marlboro « masculine » a des gènes communs avec l'ancienne « féminine ».

Marlboro se décide donc à opérer une mutation d'envergure qu'on peut considérer comme un changement le sexe de la marque !

En 1954, elle se repositionne et modifie la recette et l'apparence de son produit pour toucher un public masculin. Tout d'abord, le mélange est beaucoup plus fort. Ensuite, la cigarette gagne un nouveau filtre, qui abandonne la couleur rouge au profit du simili liège. Enfin, elle invente le premier paquet rigide *(flip-top-box)*, qui permet de mieux conserver les cigarettes. La communication, après plusieurs essais, choisit de mettre en scène une série d'hommes virils, parmi lesquels le fameux cow-boy. Le succès de ce personnage a donné naissance à la légende du cow-boy Marlboro, des grands espaces et de l'esprit de liberté. Le « Marlboroman » vivant au « Marlboro country ». Dans ce cas précis, la mutation de Marlboro est une refondation, une renaissance, partant du même patronyme et de la même couleur rouge (du filtre au paquet) pour s'adresser à une nouvelle cible et lui conférer de nouveaux attributs. La nouvelle Marlboro « masculine » a donc des gènes communs avec l'ancienne « féminine ». Ce patrimoine génétique de naissance « féminin » (caryotype XX) n'a pas totalement disparu aujourd'hui, Marlboro Light étant la marque de cigarettes la plus consommée par les femmes dans le monde entier.

Cette mutation génétique vitale a transformé un échec en succès. Peut-on pour autant parler de gène refoulé ou de détermination sexuelle tardive ? Marlboro est-elle la première marque transsexuelle qui a assumé son nouveau sexe jusqu'à en devenir le champion ? Si le cow-boy fait partie intégrante de l'histoire de l'Amérique et de la conquête de l'Ouest, immortalisée par les John Wayne, Richard Widmark et Henry Fonda, il est aussi devenu l'un des symboles de la communauté gay des années 1970 pour sa virilité outrancière, jusqu'à sa consécration dans le merveilleux film d'Ang Lee, *Le Secret de Brokeback Mountain* (2005). Cette icône masculine du cow-boy a pourtant été ébranlée par la disparition d'un des acteurs représentant le Marlboroman pour des publicités, Wayne McLaren. Signe des temps, il est mort d'un cancer des poumons.

Modifications partielles, profondes ou superficielles, changements compensateurs ou salvateurs, chaque mutation a une incidence sur la vie d'une marque et son adaptation au marché. La mutation se fait sous la contrainte ou la menace d'un marché ou d'un concurrent, alors que l'évolution est naturellement liée à son biorythme et à son système de valeurs génétiques. Le respect de l'ADN permet une mutation réussie.

5-9 Des marques à ressusciter

Je suis sûr que vous avez comme moi à l'esprit des marques du passé que vous aimeriez voir réapparaître, ressusciter. Ces marques qui nous ont accompagnés parfois dans notre petite enfance et qui demeurent présentes dans nos mémoires. Un

Igor mon ami la gloire nous attend.
Oui Maîîître.
ce soir nous ressuscitons une marque...
Oui mais laquelle ?
Danino ?
Majorette ?
Chambourcy ?
Oh oui !

goût, une odeur, une sensation, un son, une matière ou une couleur, leur simple évocation nous fait l'effet d'une madeleine que Proust lui-même ne renierait pas. La plupart de ces produits sont en veille génétique car ils ne connaissent aucune activité. D'autres sont tout simplement morts et enterrés dans un placard ou un musée.

On pourrait tenter de réactiver leur ADN pour les réveiller et les réactiver, comme la Belle au bois dormant.

À la manière des campagnes pour les grandes causes, je vous propose de militer avec moi pour la réhabilitation génétique de ces marques injustement écartées, supprimées, abandonnées, dissoutes, humiliées, assiégées, diminuées, mais pas oubliées. Laissez agir vos souvenirs d'enfance, laissez-vous aller à vos premières envies, à vos premières histoires d'amour avec ces marques éternelles qui resteront gravées dans vos cœurs.

Oui, on peut aimer une marque et en être fier.

Je me souviens de mon excitation gustative lors des dégustations quotidiennes de nos Danino® préférés. Mes frères et moi raffolions de ces crèmes glacées conservées au freezer qui se décongelaient rapidement, laissant apparaître une mousse onctueuse et parfumée au chocolat ou au café. On accélérait le mouvement en faisant tourner le bloc encore dur dans son petit conditionnement bleu irisé métallique et futuriste. Malheureusement, la disparition des freezers a condamné Danino à la congélation éternelle. Militons pour libérer de son sarcophage givré ce véritable *hibernatus* des desserts qui, j'en suis sûr, aura conservé toute sa saveur malgré l'évolution des modes de consommation qui interdit la recongélation. Pourquoi ne pas proposer un autre mode de consommation qui permettrait de conserver les Danino au congélateur et de les sortir quelques minutes avant dégustation ?

Autre souvenir. Le dimanche matin, nous nous précipitions dans la cuisine pour être les premiers à faire cuire les Danerolles®, ces petits croissants préparés qu'il fallait juste mettre au four pour les voir gonfler, dorer et croustiller. Sous l'œil bienveillant de notre maman qui surveillait l'utilisation du four, ce rituel de petit-déjeuner faisait sans doute enrager le boulanger du coin qui voyait ce lancement d'un sale œil, bien que ces croissants n'eussent jamais pu égaler, en qualité, ses croissants les plus ordinaires. Ils permettaient juste de ne pas bouger de chez soi le dimanche matin.

L'après-midi, en rentrant du rugby, on se ruait sur ces fameux petits sachets chimiques parfumés, Tang®, qui, mélangés à de l'eau, donnaient une boisson des plus chimiques et fluo. Qu'importait la recette, pourvu qu'on ait l'ivresse de l'innovation. Je réclame le droit de pouvoir ingurgiter à nouveau ces petites doses artificielles dans un monde peuplé de « bons produits bio et essentiels ». Plus chimique, certes, mais moins triste.

La disparition des freezers a condamné Danino à la congélation éternelle.

Le soir, entre amis, on finissait par le feu d'artifice du dîner : Koukoulina, « la glace à truc ». Cette charlotte glacée était emprisonnée sous une coque de plastique. Quand on la retirait, un caramel fondant et doré coulait de part et d'autre de cette montagne givrée. Nos yeux étaient aussi gros que nos ventres.

Certes, nous parlons là d'un temps que les moins de 80 kg ne peuvent pas connaître, tant la tendance de l'époque était au plaisir de consommer sans modération.

Aujourd'hui, les grands enfants sont devenus des parents à leur tour. Je suis convaincu que la plupart d'entre vous seraient prêts à acheter ces produits pour leur progéniture, ne serait-ce que pour leur faire découvrir une partie de ces souvenirs d'enfance comestibles qui font encore rêver bien des années plus tard.

Cette envie de se faire plaisir a été édulcorée par des lois et des mesures qui nous ont privés de dessert. Nous avons désormais honte de ce que nous consommons. Relançons donc ces produits qui nous rappellent des temps où le sourire se démoulait comme une Frigécrème et se gobait comme des Topset.

Je compte sur votre participation active. Il suffit de vous connecter sur le site www.legenomedesmarques.com pour ressusciter les marques de votre choix, de La Roche aux fées aux Picorettes, de Virgin Cola à Kelton, sans oublier Majorette ou Chambourcy, oh oui.

Vous pouvez compter sur moi pour tenter d'en faire quelque chose.

Et qui sait, peut-être aura-t-on un jour la chance de voir ressurgir du passé ces marques qui ne nous ont jamais véritablement quittés.

Interview de Jean Watin-Augouard (historien des marques, rédacteur en chef de la Revue des marques)

Frank Tapiro – Jean, toi qui es le grand historien des marques, que penses-tu du concept de génome des marques ?

Jean Watin-Augouard – Aujourd'hui, comment définit-on une marque ?

« La marque est un signe distinctif sur un marché »... what else ?

« La marque est un repère mental sur un marché »... et après ?

Ces définitions ne montrent que la partie visible de l'iceberg. Pour moi, de la même manière que l'on prélève une carotte glaciaire pour connaître l'évolution de l'univers, il faut prélever la carotte de la marque, ce qui rejoint ton concept. Dans cette carotte, il y a le patrimoine de la marque, patrimonium ou héritage du père, le fondateur-la fondatrice de la marque, héritage qu'il faut repérer, protéger, conserver et faire fructifier. La marque est un chef-d'œuvre. Le chef (fondateur) relève un jour un défi qui devient destin et s'incarne dans l'œuvre, aujourd'hui. On peut créer une marque par frustration, comme King Gillette qui ne supportait plus les coupe-choux, et créer ainsi un nouveau marché. On peut créer une marque par rébellion quand ce que propose le marché n'est pas satisfaisant, comme Chanel ou Afflelou. On peut créer une marque par vocation humanitaire, comme Isaac Carasso, Julius Maggi ou Nestlé. Il y a toujours le chef d'un côté, qui relève un défi, et l'œuvre de l'autre. Si on enlève le trait d'union entre le chef et l'œuvre, on ne comprend plus rien. C'est dans ce trait d'union qu'il y a ce que tu appelles le « génome de la marque » et ce que j'appelle le patrimoine. Il y a un capital immatériel, constitué du dépôt de la marque, du dessin, du brevet ou du modèle. Il y a aussi un capital industriel. Quand j'achète un pot de moutarde et que j'y trouve, fait très rarissime bien sûr, un petit morceau de verre, c'est la marque qui est atteinte. La chaîne de fabrication donne naissance à des produits avec leurs essais, leurs réussites et leurs échecs. La marque, c'est aussi du design pour habiller les produits. Il faut lui apprendre à parler, avec le capital communication. Il faut ensuite la vendre avec un capital logistique, merchandising et clients. En résumé, la marque est la sédimentation, jour après jour, année après année, décennie après décennie, siècle après siècle, de ce capital matériel et immatériel. Chaque marque a son propre caractère et est un cas particulier.

FT – Penses-tu qu'il existe un déterminisme chez les marques ?

JW-A – Hermès n'est pas Louis Vuitton, Guerlain n'est pas Dior, Renault n'est pas Peugeot. Oui, chaque marque a son propre territoire, sa manière propre d'être, de vivre, parfois de décliner, de vieillir, de disparaître et aussi de renaître, quand on trouve un homme ou une femme passionné par la marque. Pour moi, la marque, c'est la vie et son avenir, c'est l'homme, sa passion pour l'invention. Voilà pourquoi il faut faire attention à l'utilisation de ce concept. C'est le grand danger des sciences molles, parfois jalouses des sciences dures. Pour se rassurer, elles vont souvent trouver une analogie qui rassure et qui tente d'expliquer de manière rapide et séduisante pour l'esprit. Ce concept permet de rendre plus simple la complexité de la marque. Il faut que son utilisation demeure ouverte et non fermée pour servir d'outil quotidien non bloquant. Ta grille de lecture permet cette ouverture.

FT – Comment expliquerais-tu cet outil à des pros du marketing ?

JW-A – C'est dans le patrimoine que résident les racines de la longévité de la marque et certaines clés de sa modernité. Il est vrai qu'un directeur marketing pourra dire que « le passé, c'est poussiéreux, ça ne fait pas de chiffre d'affaires et pas de marge ». Cela peut être pris pour du bon sens. Pourtant, dans le patrimoine de la marque, il y a des pépites qui lui sont propres, qui n'appartiennent pas aux concurrents, qui lui donnent de l'âme de manière singulière et qu'on peut mettre en résonance avec le temps d'aujourd'hui. Par exemple, en 1934, Peugeot invente l'Éclipse, première voiture avec toit électrique qui se referme sur le capot arrière. L'Éclipse est née trop tôt, trop moderne pour l'époque et s'est éclipsée.

Quelques années plus tard, en 2001, Peugeot ressort l'Éclipse de ses cartons avec la 206 coupé-cabriolet. Peugeot n'est pas une vieille marque parce qu'elle va puiser dans son histoire ce qui participe demain à son développement. Un spot montre même la métamorphose de l'Éclipse en 206CC !!
Le pacha du navire responsable de la marque doit considérer le patrimoine (le génome, l'ADN) comme un des outils possibles dans sa grande boîte à outils pour développer, animer, singulariser sa marque. Il faut faire une révolution culturelle dans les entreprises et sensibiliser dans les écoles les futurs responsables marketing à la culture de la marque et à la connaissance de son patrimoine. Renault, par exemple, a fait un travail de mémoire pour le lancement de la Koleos en s'appuyant sur son patrimoine.

FT – Que penses-tu de la métaphore « Authentique Différence Naturelle », en lieu et place d'acide désoxyribonucléique ?

JW-A – Pendant très longtemps, je ne supportais pas la référence à l'ADN pour les marques. Car la marque est davantage une succession d'acquis que du simple et seul inné. Cette traduction me convient tout à fait. L'authenticité de la marque, valeur fondamentale, créée par sa différence qui lui est propre et la singularise et qui est bien sûr naturelle car pas galvaudée. La révolution culturelle commence. Là, tu crées une pierre très importante dans l'édifice qui nous manque aujourd'hui en France. C'est vrai que, dans les entreprises, on commence à se poser deux bonnes questions : ma marque a-t-elle une histoire ? et : que puis-je en faire ? Le problème, c'est que, trop souvent, c'est la poubelle qui a la mémoire de la marque. D'où la nécessité de créer le « Louvre des marques », lieu de mémoire et lieu de vie pour les marques.

FT – Que penses-tu de l'idée de proposer aux marques de faire une fois par an l'opération « grenier des marques » ?

JW-A – Comme une nation, une entreprise a besoin d'une mémoire collective, de ciment. Pour transformer les salariés en ambassadeurs de la marque, il faut les impliquer et leur donner de la fierté. On est d'autant plus fiers qu'on connaît l'histoire de la marque pour laquelle on travaille. Il faudrait d'ailleurs que la marque donne son CV aux futurs collaborateurs qui postulent pour un poste.

FT – Crois-tu en la nécessité d'une compatibilité génétique entre la marque et les collaborateurs qui travaillent à son développement ?

JW-A – Elle est indispensable. L'avenir de la marque, c'est l'homme. Les marques retrouvent du dynamisme grâce à des hommes et à des femmes qui décident d'y insuffler une nouvelle énergie salvatrice. DOP risquait au début des années 1990 de disparaître. Un directeur marketing, se refusant à tuer cette belle marque, a puisé dans le patrimoine de la marque le berlingot et le territoire de l'enfant pour créer P'tit DOP. P'tit DOP a recréé un marché. Poulain allait être tué par Cadburry. En puisant dans le patrimoine de la marque, on crée une nouvelle gamme « haut de gamme » de chocolat qui norme le marché, 1848. Toutes les autres marques ont suivi. La nouvelle Mini d'Austin est absolument géniale. On met en résonance avec le temps d'aujourd'hui les éléments qui singularisaient Austin dans les années 1950. Le passé transpire de manière moderne. Dans les années 1930, Hermès a habillé une Bugatti. La nouvelle Bugatti Veyron Faubourg est aussi habillée aujourd'hui par Hermès. Pour moi, le couple marque-homme est fondamental. Si on n'a pas la marque dans ses tripes, on n'arrive à rien. Le drame de beaucoup d'entreprises « porte-avions » est le phénomène bureaucratique. On gère sa carrière, pas la marque. On ne se transmet pas le témoin, le patrimoine. Excepté dans les entreprises familiales ou les PME.

FT – Ce phénomène est-il une exception culturelle française ?

JW-A – Aux États-Unis, l'entreprise est au cœur de l'histoire. En France, on a longtemps privilégié la culture du « politique » au détriment de l'entreprise, du marketing et du commerce. Il suffit de chercher le rayon « Entreprise » ou « Marque » à la Fnac ou chez Virgin pour s'en rendre compte de cette grave lacune et de la cécité intellectuelle de nos clercs. L'histoire d'une société ne s'écrit pas uniquement au Parlement. Elle s'écrit aussi dans et par les entreprises et les entrepreneurs. Comment comprendre la révolution de l'hygiène, de l'alimentation, des transports, de la communication, du bien-être en général sans connaître les grands « capitaines d'industrie » ? Raconter l'histoire de Michelin, de Danone, de Chanel, et de bien d'autres, c'est, en filigrane, raconter aussi l'évolution de la société française ! C'est pourquoi ton livre est fondamental. Il faut prendre notre bâton de pèlerin pour rappeler que les marques ont une histoire, des valeurs et des fondamentaux et qu'il faut arrêter de faire des bêtises et de poubelliser le patrimoine des marques.

FT – Que penses-tu du concept de gène-éthique des marques, au moment où la responsabilité est au cœur des préoccupations ?
JW-A – Il y a un danger. Attention, on ne peut pas faire dire à la marque tout et n'importe quoi. Il faut faire bouger le curseur de façon pertinente. Ce qu'elle peut ou ne peut pas dire. Il ne lui revient pas de dire le bien et le mal. La marque ne peut pas se substituer aux grandes idéologies, aux grandes religions. Elle doit rester humblement à sa place, qui est une très belle place. Le risque que prend une marque en changeant de territoire, c'est de se fourvoyer. Kellog's, dans les années 1950, donnaient des instructions de vote ! À propos de Kellog's, voici une marque qui est née par hasard, suite à un accident de fabrication. La marque doit surtout être honnête, être soi-même, être toujours transparente et ne jamais se renier, se respecter et respecter ses clients, ne pas « péter les plombs » – comme certaines ! – car rien n'est jamais acquis pour elle comme l'atteste le cimetière des marques ! La grande difficulté pour une marque est d'être toujours sur la cime sans tomber dans le cime… tière !

FT – Cet accident « industriel » n'a-t-il pas plutôt créé un produit qui par la suite est devenu une marque ?
JW-A – Oui, on peut le voir comme ça.

FT – Le triptyque homme-marque-entreprise est donc fondamental pour la survie des marques ?
JW-A – Oui et c'est aussi à cause des hommes qu'il y a un « génocide » des marques. Des marques prestigieuses sont mortes de n'avoir pas su trouver d'homme ou de femme aux qualités requises pour assurer leur pérennité et leur développement.

FT – Peut-on ressusciter des marques ?
JW-A – On est en train de ressusciter Menier. Peut-on ressusciter Facel-Vega, Alpine, Felix Potin ? Comme tu le dis bien dans ton livre, c'est l'environnement, le marché qui le décide. La marque, c'est le risque. On peut donc prendre le risque mais on ne peut pas dire à t0 qu'on va obligatoirement réussir parce que la marque a un passé. Il faut que la marque rencontre à nouveau son public et lui propose une offre de nouveau singulière et créer ainsi une « Authentique Différence Naturelle ». L'ADN, que diable !!!!!

Interview de Gilles Pacault, vice-président de Prodimarques.

Frank Tapiro – Que penses-tu du concept du génome des marques ?
Gilles Pacault – L'analogie avec le corps vivant ayant une longue histoire est une évidence. J'ai eu le privilège de gérer ou de participer à la gestion de grandes marques qui ont souvent eu une longue histoire. Elles ont accumulé au cours de cette histoire un certain nombre de valeurs qui les ont façonnées. Certaines d'entre elles détenaient ces valeurs dès leur naissance. Par exemple, Nestlé est né en 1867, créée par Henri Nestlé. Dans cette marque patronymique, « petit nid », il y a déjà l'allusion à l'alimentation infantile qui tend à apporter des valeurs nourricières à des enfants. Toute la vie de cette marque va ensuite se décliner, se développer, s'enrichir, se structurer, en reposant sur ces quelques instants de la naissance de la marque. On voit bien qu'on est dans un corps vivant, d'où l'analogie que tu évoques qui me paraît frappante. Quand on a rapproché les marques Roche aux Fées et Chambourcy, on était en présence d'une marque mère (Chambourcy) et d'une kyrielle de marques filles (La Laitière, Kremly, Sveltesse, Flanby, Yocco, Kréola, Viennois). On s'est posé la question de l'analogie, du vocabulaire. Nous avions bâti une architecture de marque comparable à celle d'une famille, une architecture généalogique identique à celle que tu évoques.

FT – Les marques ont-elles plus que jamais besoin de se ressourcer dans leurs valeurs génétiques pour savoir où aller ?
GP – On vit depuis un certain temps une crise d'identité des marques qui trouve son origine dans différents facteurs. Tout d'abord, leur poids dans le monde de la consommation qui a baissé de 20 % à 7 %. Les marques se sont aussi lancées tous azimuts dans des politiques d'extension, de brand-stretching et de diversification où elles ont perdu leurs valeurs fondamentales. Elles se retrouvent à la tête d'une gamme énorme sans se préoccuper du sens, des valeurs d'origine. Il y a

donc un risque de dilution dangereux pour elles. On sent depuis peu une volonté de retour nécessaire sur ces valeurs et un besoin de savoir comment les exprimer et comment construire sa stratégie marketing et communication sur cette base. Ce n'est pas un retour en arrière mais un bilan identitaire qui sert à provoquer un nouveau départ sur un socle fort. Les marques qui gagneront demain seront celles qui se seront posé ces bonnes questions.

FT – Les valeurs génétiques augmentent-elles la valeur financière des marques ?

GP – La valorisation financière des marques provoque toujours de vifs débats. Une anecdote : en 1987, Nestlé a racheté Roundtry-Macintosh avec des marques internationales comme Kitkat, Nuts, Lion, Smarties, After Eight, Quality Street et quelques autres. Il y avait plusieurs façons d'en envisager le prix. La valeur comptable qui donne un indice 100 et la valeur boursière qui donne un indice 300. Nestlé l'a finalement racheté six fois le prix de sa valeur comptable, soit à l'indice 600. La seule différence entre sa valeur comptable et le vrai prix de l'entreprise, c'est la valeur des marques. Les discussions avec Bercy sur la valeur des marques internationales sont très intéressantes car on doit déterminer la valeur de l'immatériel. Sur un pot de Nesquick, dans le monde entier, on retrouve la petite phrase « S.A. Nestlé, propriétaire des marques ». Cette phrase est extrêmement lourde de sens. Nestlé donne à ses marques la puissance commerciale, la force de son réseau mondial, et tout ce qui permet à un être vivant – si on considère les marques ainsi – de se développer, se nourrir, se former, de procréer et de grandir.

FT – Comment bien gérer une marque dans le temps ?

GP – La gestion d'une marque dans le temps est complexe. Comme tout corps vivant, si on reste immobile, on meurt. Une marque doit évoluer, croître, grandir, se fortifier tout en restant en ligne avec ses valeurs génétiques. Ne rien faire est parfois plus dangereux pour une marque que de faire un mauvais choix. C'est un exercice qui nécessite beaucoup de volonté, de réflexion, d'audace. Si on dérape, il faut revenir rapidement sur son socle de base. On vous reprochera toujours de n'avoir rien fait ou d'avoir mal fait longtemps. On ne vous reprochera probablement pas d'avoir fait ou essayé, de vous être trompé et d'avoir corrigé rapidement.

FT – Quelles seront les marques de demain ?

GP – Je ne pense pas que les marques distributeur seront les marques de demain, ce qui ne veut pas dire que ce ne sont pas des marques pour autant. La marque Casino, qui existe depuis la fin du XIXe siècle, a mis du chocolat, de l'huile, des légumes, des conserves sous sa marque. Aujourd'hui, c'est la première marque de grande consommation avec 9 milliards de CA. Decathlon est un très bon contre-exemple que tu cites dans ton livre. Decathlon fait de l'innovation produit, ce qui démontre par l'absurde que le développement d'une marque est déterminé par sa capacité à innover. Carrefour et Casino peuvent proposer une gamme large mais ne peuvent être moteurs de l'innovation dans la centaine de segments qu'ils couvrent. Cette volonté ne peut venir que des industriels qui investissent en recherche et développement.

FT – Une marque peut-elle mourir ?

GP – J'ai eu à gérer des marques qui sont « mortes » par la suite. La Roche aux fées ou Chambourcy par exemple. Soudain, une branche de l'arbre généalogique meurt, s'arrête. Ce phénomène est lié à certaines circonstances, certaines influences, des stratégies de marché dues à la mondialisation. Chambourcy était pourtant une des marques préférées des Français. Cela pèse malheureusement peu sur l'autel des décisions internationales. Il existe une pièce de théâtre qui raconte l'histoire d'une caissière de supermarché. On y célèbre une minute de silence pour ces marques « mortes sur le champ d'honneur ». Une minute lourde d'émotion pour ceux qui ont géré des marques ou qui ont participé à la décision d'arrêt de vie d'une marque. Un peu comme un médecin qui débranche un malade en fin de vie.

FT – Peut-on ressusciter une marque ?

GP – Oui. Quand on arrête une marque, on arrête en fait d'émettre sur cette marque. En premier lieu, on arrête de produire et de diffuser le paquet qui est son premier media. On ne la vend plus, on ne communique plus. Cette marque n'est pas morte pour autant dans la mémoire collective. Quand on parle de ressusciter une marque, on parle de réactiver quelque chose qui dort, comme une Belle au bois dormant, dans la mémoire des consommateurs. Sur ce point, les publicitaires confondent souvent émission et réception. Astra-Calvé avait mis au point à l'époque un livre de cuisine, La Cuisine de Françoise Bernard qui fut un best-seller avec des centaines de milliers d'exemplaires réédités tous les ans. Le livre de cuisine était le point de base du trousseau par la transmission du savoir de la mère à la fille. Toutes les marques du groupe Unilever étaient présentes dans ce livre qui allait suivre la vie des foyers tout au long de leur vie. Trente ans après, on a l'impression que la marque est morte alors qu'elle continue à émettre à travers ce livre. On peut donc arrêter d'émettre et rester présent dans la tête du consommateur. Du coup, on peut réanimer facilement.

FT – On peut être un Frankenstein des marques ?

GP – Je suis un indéfectible poète. Mieux que l'analogie avec Frankenstein, je préfère être le prince qui, d'un baiser, va redonner vie à la belle endormie.

FT – Plutôt que de s'acheter une conscience, certaines marques n'ont-elles pas plutôt intérêt à retrouver une gène-éthique ?

GP – Je préfère « le gène éthique ». Le consommateur évolue. Il est mieux informé, il décode mieux les techniques du marketing, il est plus curieux, plus ouvert. Il est plus sensible aux nouvelles valeurs portées par les entreprises qui gèrent des marques. Depuis les années 1950, la pratique était d'avoir des marques-produits déconnectées de leur origine d'entreprise. Aujourd'hui, le consommateur a besoin de savoir quelle est l'entreprise qui produit et commercialise les marques et produits qu'il achète. Il veut avoir des informations sur la responsabilité éthique de cette entreprise, ses engagements, au niveau social, juridique, environnemental, etc. Cette couche supplémentaire s'ajoute aux valeurs génétiques des marques. À partir de janvier 2010, l'impact environnemental sera signifié sur les produits.

FT – La génétique et la biologie peuvent-elles sauver le soldat Marketing ?

GP – Je pense que l'analogie avec les sciences est tout à fait légitime dans le domaine de la science que représente la gestion des marques, qui est une science humaine.

6 Les stars sont-elles des marques ?

Si les marques peuvent être considérées comme des êtres vivants, certains êtres vivants sont aussi des marques.

Marylin Monroe, en quelques films et chansons, trois mariages et autres liaisons dangereuses, a inscrit à tout jamais son nom dans l'Histoire. Icône glamour, symbole de la féminité des années 1960, Marylin est devenue une marque qui perdure bien après la disparition de Norma Jeane Mortenson (son vrai nom) en 1962. Cette marque a un patronyme, une image, un public, un bénéfice, une promesse, un langage et des valeurs. La transaction s'opère par un transfert de valeurs qui permet d'acquérir une part de rêve que procurent les stars au destin souvent tragique et au parcours aussi éphémère qu'une étoile filante.

Quelques années plus tôt, James Dean inscrivait son nom dans la légende après une sortie de route prématurée au volant d'une Porsche. Âgé alors de 24 ans, il incarnait à merveille le mal de vivre de cette jeunesse américaine de l'après-guerre. Trois films suffirent à créer le mythe, tant il correspondait à l'époque et aux valeurs du moment. Cette Amérique éternellement adolescente avait trouvé son ambassadeur. La marque James Dean est encore vivante aujourd'hui et le symbole n'est pas près de disparaître.

Ces marques légendaires, universelles et intemporelles, naissent malheureusement souvent après le décès de la personnalité. Lorsque nous avons appris la mort de Michael Jackson, terrassé par une crise cardiaque, le choc fut terrible, la tristesse immense. Le roi de la pop n'était pas seulement un artiste surdoué et éclectique, il faisait partie de notre vie, de nos souvenirs, de notre présent, de notre passé et de notre futur. Michael Jackson est devenue une marque dès son plus jeune âge. À 6 ans, il montait sur scène avec ses frères, les Jackson Five. Sa carrière solo, magistrale, lui permit de réaliser les meilleures ventes d'album de tous les temps avec *Thriller*. Véritable marque hybride, fusion des influences soul de James Brown, du Rythm'n'Blues, du jazz et du groove, il marqua son époque en redonnant à la musique une aura universelle et en rappelant que pop voulait dire populaire. *Black* ou *white* ? Michael Jackson était en fait « blighte », le premier artiste black à être joué sur la très « blanche » MTV, prouvant au monde entier que la réunion entre Noirs et Blancs était possible grâce à la musique. MTV devenait Michael TV. Cette marque n'avait pas fini de nous surprendre. Marque mutante, Michael Jackson changeait de couleur et d'apparence pour symboliser la fusion entre Noirs et Blancs, comme s'il avait été missionné sur Terre pour réaliser ce rêve biblique d'entente et de rapprochement universel entre les peuples. Marque éternellement jeune, il était frappé par le syndrome de Peter Pan, voulant à tout prix retrouver l'enfance qu'on lui avait volée. Marque légendaire, il suscitait des mythes et légendes aussi farfelus qu'improbable. On le suspecta de vivre dans un caisson à oxygène, preuve photo à l'appui. Quelques années plus tard, on découvrit qu'il s'agissait en fait d'une photo prise lors d'une exposition que Michael Jack-

Marque mutante, Michael Jackson changeait de couleur et d'apparence pour symboliser la fusion entre Noirs et Blancs

son visitait. Ces dernières années, la marque fut déstabilisée par deux accusations d'abus sur mineurs pour lesquels il a été relaxé et acquitté, par une vingtaine d'opérations chirurgicales qui ont fini par le défigurer, par deux mariages étranges et enfin par trois enfants qui furent l'objet de vives polémiques. En 2003, la marque Michael Jackson est morte. Le talent semblait l'avoir abandonné, les fans désertaient les concerts et ses titres ne faisaient plus l'unanimité. Michael Jackson, endetté et harcelé par les médias, sombra dans une grave dépression qui le rendit dépendant aux médicaments et aux médecins en tout genre. Aujourd'hui, la star est morte, mais la marque ressuscite !

En à peine 24 heures, tous les albums de Michael Jackson sont en rupture de stock chez les grands disquaires. Une fois de plus, la mort de la star relance la marque. Si une star est mortelle, la marque, elle, est éternelle. Toute star possède de la même façon une Authentique Différence Naturelle qui la détermine et qui la rend unique.

La performance restera sans doute le gène leader de Michael Jackson. Performance vocale, musicale, rythmique, chorégraphique, mais aussi audiovisuelle, car il a donné au clip une narration et un style cinématographique qui ont bouleversé notre façon de regarder la musique. Le *moon walk* a autant marqué les esprits que le petit pas sur la lune de Neil Armstrong.

Autre gène majeur, la révolution. Michael Jackson a révolutionné le monde de la musique en la rendant universelle, en s'adressant à chacun de nous, dans notre part intime, émotionnelle et sensitive. Il y a un avant et un après Michael Jackson.

Troisième gène fondamental, l'enfance, dans sa part de rêve et d'innocence qui existe en chacun de nous. Il est vrai que depuis 2003, l'ADN de la marque a subi une forme de dégénérescence suicidaire, la rendant quasi inaudible. L'électrochoc de la mort de la star a réveillé l'ADN de la marque, qui opère une réinitialisation éclair, recréant avec son public un lien émotionnel basé sur les valeurs qui ont fait d'elle la marque unique qu'elle est devenue. L'ADN laisse une trace indélébile dans toutes les mémoires. En trahissant ses valeurs, la star s'est ainsi coupée du monde qui l'a jadis couronné. La marque est désormais la seule ambassadrice de ce talent inoubliable et son ADN le rend ainsi immortel.

Toutes les stars ne subissent pas, fort heureusement, le même sort.

Brigitte Bardot, Alain Delon, Johnny Hallyday ou Jean-Paul Belmondo sont des survivants d'une époque où les stars mourraient jeunes. Ils sont les témoins, les mémoires vivantes, les références, les repères. Ils ont vu partir ceux qu'ils aimaient et semblent condamner à survivre. On dit parfois que le succès se mesure avec le temps. Une marque qui dure est en effet une marque qui réussit. Avec les stars, on a vu que la marque pouvait survivre à l'individu. La marque laisse sa trace dans le temps et donne aux générations un « supplément d'âme » éternel. Éric Cantona, le « King Éric », restera, par exemple, à jamais la star de Manchester. Il a marqué à vie un club qui attendait le messie depuis longtemps. Ce messie venait d'Outre-Manche, amenant avec lui sa fougue, sa force, son élégance et sa folie. Folie créative qui le rendait imprévisible, surprenant les gardiens de buts et parfois même ses propres partenaires, jouant avec le public comme un torero dans une arène. Le terrain de foot était trop étroit pour un tel talent. Il fallait sortir du cadre sans cesse et se mettre en danger et en scène devant d'autres objectifs. De la pub au long-métrage, le talent reste intact et le goût de la surprise identique. L'ADN de Cantona est basé sur le respect de la différence, la sincérité, la créativité, le goût de la justice, le goût de la victoire et le courage. Ce même respect que le personnage impose partout où il passe

Avec les stars, on a vu que la marque pouvait survivre à l'individu.

est la preuve que la marque Cantona est mondiale et universelle. Voir un stade anglais, dix ans après son départ de Manchester, entonner la Marseillaise quand Éric Cantona entre dans les tribunes en est la plus belle preuve. La plus émouvante aussi.

Ces stars sont aussi choisies pour être porte-parole d'autres marques. Comme nous l'avons vu précédemment, les liens génétiques entre une marque et une star sont nécessaires pour éviter le processus de vampirisation. Cette compatibilité assure à la marque et à la star un effet cumulé qui sert les deux protagonistes.

On peut se demander si le patrimoine génétique de ces stars, vivantes ou disparues, est issu d'une génération spontanée ou de diverses influences.

Si on considère qu'une grande marque, comme une grande star, est une rupture, on peut penser qu'elle n'est la somme d'aucune influence et d'aucun modèle.

Cela est faux. Chaque star, aussi géniale soit elle, a toujours une source d'inspiration, une référence sur laquelle elle puise un système de valeurs. Cette transmission de valeurs acquises combinées aux valeurs innées crée une marque hybride qui a su prendre le meilleur patrimoine génétique dès sa naissance.

Carl Lewis, alors enfant, eut la chance de rencontrer Jesse Owens, son idole qui remporta 4 médailles d'or aux Jeux olympiques de Munich en 1936. Le premier champion noir à braver de son talent le régime nazi d'Adolphe Hitler. Le jeune Carl lui demanda le secret de sa réussite. Impassible, « *old* Jesse » répondit : *« Work hard, but have fun. »* Bosse dur, mais amuse-toi. Toute une philosophie sans laquelle Carl Lewis n'aurait peut-être pas fait la même carrière.

Outre les stars, de nombreux entrepreneurs, acteurs, chanteurs ou hommes politiques sont devenus des marques dans leur domaine et agissent exactement sur le même système de valeurs par rapport à leur environnement.

Cette métaphore nous rassure sur notre volonté de laisser une trace de notre action aux générations à venir. Devenir une marque nous rend immortel.

Conclusion

Pour une gène-éthique des marques

La crise mondiale que nous traversons est peut-être le meilleur moment pour se poser les bonnes questions.

Et si les marques étaient justement les derniers gardiens du temple des valeurs de la société de consommation ?

Naomi Klein critiquait à juste titre le trop plein de marques, de com' et de conso dans son ouvrage *No Logo* (2000, Actes Sud, 2002 pour la traduction française).

J'ai pour ma part toujours pensé que trop de pub tuait la pub, que trop de marques tuait les marques et que seules survivront celles qui ne trahissent ni leurs valeurs ni celles de leur public. Entre « nologo » et « trologo », je préfère le « mieulogo ». Et le mieux réside dans le respect de leur Authentique Différence Naturelle. Un monde sans marque est un monde sans vie, un monde totalitaire. *A contrario* de ce que dit Naomi Klein, nous ne sommes pas que des imbéciles sommés de consommer.

Tout le monde se soucie de responsabilité, d'éthique et de développement durable. Là aussi, certaines marques – se prétendant exemplaires et agissant différemment – vont être démasquées. Le « faites ce que je dis, pas ce que je fais » a trouvé ses limites. La sanction sera beaucoup plus cruelle car les consommateurs sont les nouveaux maîtres du jeu de la société de consommation et de communication. Ils maîtrisent l'information, ils échangent entre eux, ils testent et se recommandent les bons plans. Ils se soulèvent rapidement contre ce qui les choque et il est illusoire de penser qu'on pourra les manipuler comme on a pu le faire pendant des années, quand l'information venait des diffuseurs, des marques et de leurs agents. Ils ont repris la main et ne sont pas près de la lâcher.

Aujourd'hui, le *push* est mort… Vive le *pull*.

Il ne suffit plus de diffuser un produit ou un message pour créer une grande adhésion. Il faut susciter l'envie d'y adhérer et faire venir les gens à soi, leur donner envie de vous consulter et de vous acheter. Il faudra plus que jamais les attirer plutôt que les séduire, au sens étymologique du terme : les faire venir à soi plutôt que de les détourner du droit chemin.

Certaines marques ont déjà adopté cette dialectique pour éviter de rater la vague qui risque de les laisser sur le sable ou carrément au fond de l'océan. Celles qui refusent de croire à cette révolution finiront au terminus des prétentieux. L'ADN des marques est un outil très efficace pour être en phase avec la révolution en cours. C'est au moment où l'on se pose le plus de questions, où on doute le plus, où on ne sait plus quelle direction prendre, qu'il faut revenir sur les fondamentaux. Comme un être humain qui retourne chez les siens (famille, proches) en cas de détresse ou de doute, une marque a besoin de retrouver son Authentique Différence Naturelle pour se redonner de l'énergie et du courage.

Une marque forte n'est pas uniquement celle qui a le plus grand nombre de clients et le plus grand chiffre d'affaires. C'est celle qui a le système de valeurs le plus en phase avec ce monde qui change. Avec ce monde d'après.

Nous avons constaté que ces mutations ne peuvent se faire qu'après avoir vérifié qu'elles sont supportables et compatibles avec les fondamentaux de la marque, avec son socle, son squelette, son essence, son âme.

On a créé un monde de consommateurs et non de citoyens où l'individu veut jouir par la consommation. La crise actuelle symbolise une fin de jouissance. Les marques sont à la fois coupables, complices et victimes. Les arguments publicitaires classiques ne marchent plus et ne suffisent plus. Les consommateurs en ont fini par avoir peur des innovations, considérant que la plupart sont des usurpations et qu'ils en payent toujours le prix fort. Seul Apple semble avoir compris ce phénomène en proposant au consommateur d'apprivoiser la technologie en se servant du design pour le rassurer. On croque dans la technologie comme on croque dans une pomme. La technologie est au service de l'homme et non l'inverse. Voilà ce qui différencie Apple du PC et de sa volonté affichée d'hégémonie (à ne pas confondre avec le parti du même nom...).

C'est au moment où l'on se pose le plus de questions, qu'il faut revenir sur les fondamentaux.

Les marques ont là un rôle de régulateur à jouer. Elles doivent aujourd'hui s'organiser dans un système qui ne pourra malheureusement pas toutes les accueillir. Certaines sont donc condamnées à fusionner, se faire racheter ou disparaître. Elles n'échappent pas à la règle du darwinisme quant à la sélection naturelle. Cette sélection conservera celles qui auront la chance de donner un bénéfice clair au citoyen-consommateur. Celles qui survivront seront les fondatrices et les bâtisseurs de cette nouvelle société de responsabilité qui intégrera les valeurs humaines et sociales, pour dicter les lois de ce nouveau monde capitaliste et financier qui a tant besoin de règles pour durer et de liberté pour prospérer.

Plus que de responsabilité et d'éthique de marque ou d'entreprise, nous devrions parler de « gène-éthique ».

La gène-éthique est la vocation de la marque, ce que la marque doit faire en fonction de sa vision et de son ambition. La gène-éthique est ce qui déterminera la somme de ses actes, somme par laquelle elle pourra être préférée, jugée, consommée, appréciée, aimée ou rejetée.

Les marques en effet, à l'instar des êtres vivants, ne sont au final que la somme de leurs actes. Leur comportement sur un marché est déterminant pour donner une information concrète et importante à un consommateur qui pourra se positionner à son tour.

Les marques n'échappent pas à la règle du darwinisme quant à la sélection naturelle.

Cette responsabilité est révélée par le code génétique de la marque qui insuffle un système de valeurs et engendre un comportement caractéristique, une personnalité propre, un différentiel.

La gène-éthique entraîne aussi une coresponsabilité des marques entre elles. Concurrentes ou non, elles sont toutes responsables de la trace laissée aux consommateurs. Elles s'exposent toutes en même temps dans les médias quand elles communiquent et nous les considérons dans leur ensemble. On a ensuite de l'empathie pour celles qui se distinguent par leur message et leur différence. Il y a donc une vocation globale des marques à mieux faire apprécier la société de consommation.

La gène-éthique n'est pas une politique ou un nouveau truc de directeur des ressources humaines. Elle montre à quel point toute marque possède en elle cette responsabilité immuable qui lui est dictée par ses gènes.

Une marque qui trahit ce pacte trahit la confiance des siens et la confiance de ses consommateurs.

Les scientifiques, bien que méfiants de nature, voient cela, au contraire, d'un bon œil. En sortant de leur cadre naturel, ces emprunts – comme le génome des marques – ne font que valider le modèle d'origine, en démontrant qu'il se duplique un peu partout autour de nous, le rendant de ce fait incontournable. La transversalité des disciplines fait avancer toute recherche, scientifique ou autre.

On arrivera peut-être un jour à lancer le Génoscope des marques, à l'image du Génoscope d'Évry, véritable laboratoire d'observation, autour de spécialistes désireux de mettre leur talent au profit du décryptage et du décodage du génome des marques, de leur Authentique Différence Naturelle, de la gène-éthique et de leur potentiel de mutation.

Il ne s'agit pas de voir du gène partout, mais il faut avouer que nous sommes ici renvoyés à de nombreux systèmes qui nous entourent, régis par un même code qui semble être universel.

Et à un système qui semble être à l'origine de toute création.

Pourquoi avoir peur de voir la réalité génétique en face ?

Tant qu'il y a des gènes, il y a de l'espoir.

Annexes :

Schéma de réalisation d'une marque
Résumé de la génétique des marques
La mutation génétique
le génome des marques

Et de nombreux bonus à découvrir sur le site Internet :
www.legenomedesmarques.com

Résumé de la génétique des marques

La génétique des marques	C'est une vision empruntée au modèle du génome humain qui considère les marques comme des êtres vivants, dotées d'un code génétique qu'on doit décrypter, assumer, respecter et protéger.
Le génome d'une marque	C'est l'ensemble des informations génétiques qui nous renseigneront sur la vérité de la marque. C'est le « miroir de l'âme ».
L'empreinte génétique	C'est l'esprit fondateur, le déterminisme de la marque, le concept, induit par une phrase clé du géniteur. Mot d'ordre ou vision, il influence la naissance de la marque et son évolution.
L'Authentique Différence Naturelle (ADN)	C'est le socle de valeurs fondatrices et génétiques qui, combinées les unes aux autres, confèrent à une marque une personnalité et une identité uniques. C'est la somme de ses gènes.
Le concept génétique	Phrase qui résume en quelques mots la vérité génétique de la marque à travers son histoire, de sa naissance à aujourd'hui.
Le gène	Chaque gène correspond à une valeur fondamentale.
La protéine	Ce que la marque doit créer, produire.
L'évolution génétique	C'est l'évolution naturelle de la marque en fonction de l'influence de l'environnement, dans le respect de son ADN.
La mutation génétique	C'est l'évolution de la marque contrainte par son milieu, dictée par son marché, après avoir vérifié et contrôlé que cette mutation ne pouvait pas lui être fatale.
La gène-éthique	C'est la vocation de la marque, ce qu'elle se doit de faire.

LE GÉNOME DES MARQUES

"Qui maîtrise le génome de sa marque en maîtrise le destin"

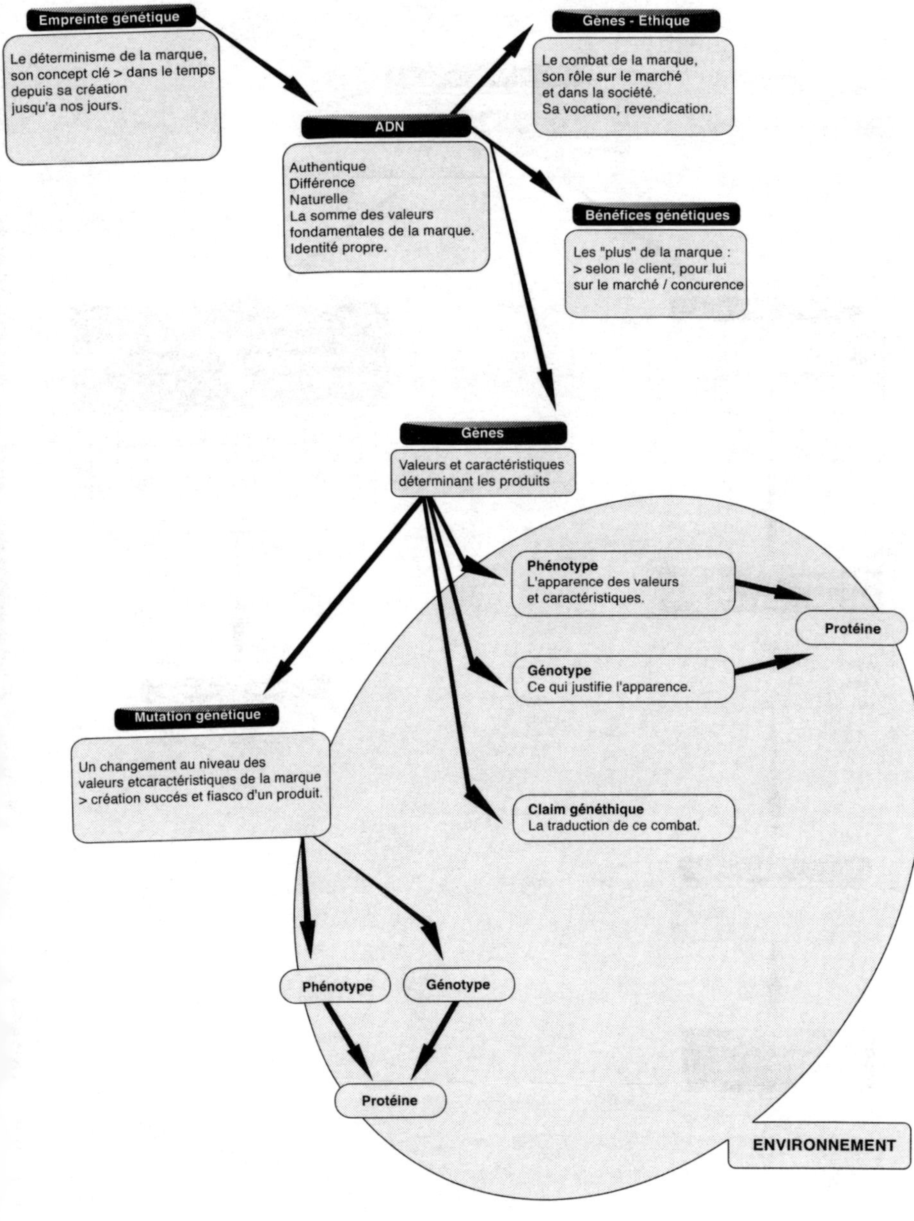

LA MUTATION GÉNÉTIQUE

Elle se fait au niveau des gènes
(L'évolution d'une marque)

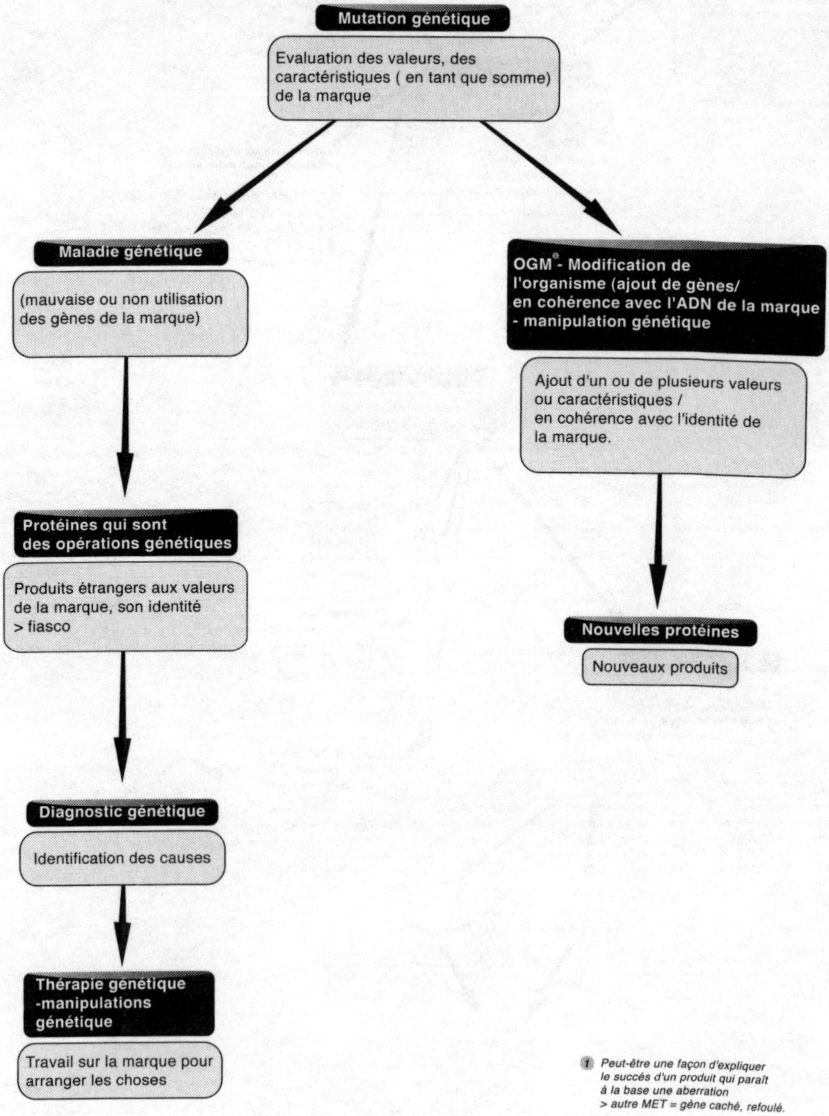

[1] *Peut-être une façon d'expliquer le succés d'un produit qui paraît à la base une aberration > autre MET = gène caché, refoulé.*

LE SCHÉMA DE RÉALISATION D'UNE MARQUE

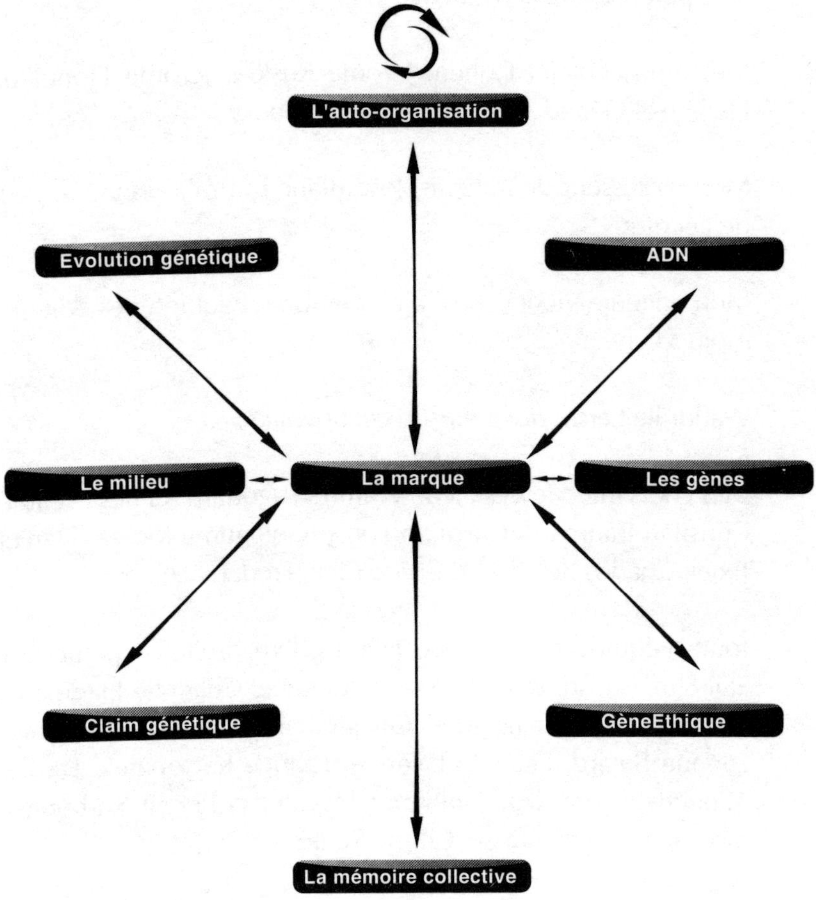

Remerciements :

Mes frères, Michael, Yankel et Jonahan ;

Mes parents, Élie et Mouchy ;

Mes amis, Daniel Cohen, Jérôme Ruskin, Jérôme Doncieux, Hélène et Gérald Azancot, Roland Bruner ;

Mon professeur de français, José Blanc qui m'a donné le goût de l'écriture ;

Mon éditeur, Nicolas de Cointet et toute l'équipe des éditions Albin Michel ;

Wandrille Leroy, qui a illustré cet ouvrage ;

Mes chers interviewés : Jean Wattin-Augouard, Gilles Pacault, Christian Baumard, Christian Polge, Guillaume Klossa, Daniel Tixier, Charles Beigbeder, Bruno Bich, Frederic Lefebvre ;

Toute l'équipe de l'agence Hémisphere droit, en particulier Sali Elmenkouri, ma fidèle collaboratrice, Charlotte Hartmann, Hélène Duvoux-Mauguet, Olivier Rabinel, Édouard Delage, Étienne Batard, Danièle Lalande, Fabrice Kaczmarek, Patrick Allouche, Laura Akal, Laurianne Ducatez et Benoît Narbonnet, mon attachée de presse, Chupa Renié ;

Mes chers clients annonceurs d'hier, d'aujourd'hui et de demain ;

Mes amis publicitaires, Bernard Roux, Jacques Séguéla, Alain Cayzac, Jean-Michel Goudard, Jean Feldman, Bernard Brochand et Denise Donders ;

Un immense merci à mes plus belles créations, Joséphine et Pénélope, mes filles, ainsi qu'à Hélène, ma femme et inspiratrice, qui m'ont soutenu pendant l'écriture de ce livre.

Je remercie également toutes les marques présentées dans cet ouvrage et plus particulièrement celles qui ont accepté que leurs logos y figurent :

© Bell & Ross ;
© Bic ;
© Coca-Cola ;
© La vache qui rit, avec l'aimable autorisation de la société Fromageries Bel, titulaire de la marque ;
© Poweo ;
© Yoplait.

Sources :

Mes Virginités, Richard Branson, Presses de la Cité, 1998 ; *Le Publicitor*, Jacques Lendrevie et Bernard Brochand, Dalloz, 2004 ; *Mémoires de lait*, Albin Michel, 1994 ; *Histoires de marques*, Jean Watin-Augouard, Eyrolles/Trademark Ride, 2006 ; *La Revue des marques*.

Un ouvrage de la collection *New Deal*,
dirigée par Nicolas de Cointet.
nicolas.decointet@albin-michel.fr

22 rue Huyghens - 75014 Paris
www.albin-michel.fr

ISBN 978-2-226-19315-5
Dépot légal : second semestre 2009

Achevé d'imprimer en France
sur les presses de Normandie Roto Impression S.A.S., 61250 Lonrai.
N° d'impression : 093442